KB073387

책 읽는 사람
만드는 사람
파는 사람

"당신에게 가장 필요한 책은
당신으로 하여금 가장 많이 생각하게 만드는 책이다."
_마크 트웨인

책 읽는 사람
만드는 사람
파는 사람

영국의 책사랑은
어떻게 문화가 되었나

권신영 지음

틈새의시간

추천사

치열하게 살아간 이들의 흔적과 지적인 고투, 이성적인 합리성과 자연스러운 아름다운 감정들의 통일, 더 나은 미래를 위한 간절한 희망들을, 책만큼 담을 수 있는 게 과연 있을까?

_인문사회과학 전문서점 '그날이오면' 책임일꾼 김동운

1983년 대한민국 정부는 사상 최초로 관광 여권을 발급했다. 50세 이상의 국민에 한정해 200만 원을 1년간 예치하는 조건으로, 연간 단 한 번의 여행에만 유효한 여권. 학생들이 외국으로 여행을 갈 수 있게 된 것은 그로부터 6년이 더 지난 후였다. 해외여행의 경험담만으로 나이 든 사람들이 젊은이들에게 실컷 뻐길 수 있던 시절이었다.

"영국에선 거지도 길에 앉아 책을 읽더라." 영국을 여행하고 온 어느 교수가 선망으로 눈을 반짝이던 우리 앞에 툭 던졌던 말이다. "왜죠?"라고 물었지만 신통한 대답이 돌아오지 않았다. 그날 이후 40년 동안 궁금했다. 영국인이 공공장소에서 책을 꺼내 드는 이유가 말이다. 이 책을 읽으며 나의 아주 오래된 호기심을 풀었다. 저자는 '공간의 확보와 연결'이라는 관점에서 이를 설명했다. '취향저격'이라는 말이 이만큼 과장 없이 구현된 경우가 또 있던가. 책덕후+영국덕후들을 한껏 자극하는, 더없이 매혹적인 책이다.

_김성신(출판평론가)

영국에서 역사를 공부한 저자가 밝히듯 영국의 책 문화 관찰기로만 이 책을 읽을 수는 없다. 물론 현지에서 얻을 수 있는 풍부한 역사적 사료와 혜안이 더해져 지적 호기심을 자극하고, 책이 한 사회의 근간이 되어가는 치열한 과정, 지적 모험을 통해 새로운 세계를 실제로 개척해나가는 책과 출판의 역할, 또 그 결실이 어떻게 영국의 일상생활 속에 정착했는지를 구체적으로 밝혀가며 책을 둘러싼 사람들의 삶을 그렸다. 무엇보다, 책을 만드는 내게는, '부럽다'와 동시에 '부끄럽다'라는 생각이 맨 먼저 떠오른다. 편견 없이 미래를 내다보며 이전엔 인정받지 못했거나, 존재하지 않았던 사유와 지식을 담대하게 내놓아 세상의 변화를 실제로 일구어낸 19세기 영국 출판인들의 개척 정신, 늘 동어반복을 이어가는 지금의 내게 필요한 것이 바로 그것이다.

그러나 이 책은 무엇보다, 내게 아이가 있다면 '아, 이렇게 키워야 하는구나'라는 생각을 갖게 한 최초의 책이다. 저학년 아이를 둔 학부모나 선생님들이 꼭 참고할 책이다. 저자가 영국에서 두 아이를 키우며, 아이들을 통해 '읽는 개인'의 탄생을 지켜본 경험은 책을 중요시하는 영국 공교육 시스템도 중요하게 작용했겠으나 가정에서 부모의 역할이 무엇인지를 분명하게 보여주고 있다. 자신의 아이가 책 읽는 아이로 성장해나가길 바라는 부모, 저학년 아이들을 가르치는 선생님들에겐 더없이 소중한 경험을 제공할 책이다.

_김영신(불란서책방 출판사 대표)

차 례

3부 책 너머에 존재하는 이야기

일러두기

- 본문에 언급된 도서 중 국내에 소개된 것은 번역판의 타이틀을 그대로 옮겼고, 그 외 미번역 도서들의 경우에는 원제를 실었다.
- 인명의 생몰연대는 필요한 경우에만 병기했다.
- 겹화살괄호(《 》)는 단행본, 장편소설, 소설집, 희곡집, 신문(일간, 주간, 월간, 계간, 부정기간행물 등)을 표시할 때 사용한다.
- 홑화살괄호(〈 〉)는 책의 형태가 아닌 인쇄물, 중·단편소설, 논문, 그림이나 노래와 같은 예술작품의 제목, TV 시리즈나 영화 및 전시회의 이름, 상호, 법률, 규정 등을 나타낼 때 사용한다.

이야기의 나라, 영국

영국은 이야기의 나라다. 생뚱맞게 들릴지도 모르겠다. 산업혁명을 일으킨 자본주의의 나라, 프랑스 같은 대형 유혈 혁명 없이 의회 민주주의를 수립한 나라, 대영 제국을 뜻했던 '해가 지지 않는 나라'처럼 영국을 묘사하는 굵직굵직한 표현에 비하면 간지럽기 짝이 없다. '영국' 하면 따라붙는 축구, 골프, 테니스, 그리고 럭비 종주국이라는 또 다른 정체성에 비하면 역동성과 선명함도 떨어진다. 버킹엄 궁전, 빅 벤, 웨스트민스터 사원, 세인트 폴 성당, 스톤헨지, 런던 타워 브리지, 런던 시내를 오가는 2층 버스, 영국 박물관, 국립 미술관 등 소박하지만 여행할 때 직접 보고 느낄 수 있는 성질의 것도 아니다. 셰익스피어, 찰스 디킨스, 제인 오스틴, 브론테 자매, 아서 코난 도일, 애거사 크리스티, J.R.R. 톨킨, 러디어드 키플링, 버지니아 울프, 조지 오웰, J. K. 롤링 등 저명 작가군을 두고 한 말이라면 확대 해석이라고 반응할 수도 있다. 어떻게 이야기가 한 국가를 설명하는 특성이 될 수 있을까?

영국이 이야기(storytelling) 능력을 국제적으로 발휘한 적이 있었다. 바로 2012년 런던 올림픽에서다. 2008년 베이징 올림픽 폐막식 후 사람들의 시선은 자연스레 다음 개최지인 런던으로 향했다. 사람들 대부분이 역대 최대 비용을 들여 최첨단 기술을 동원해 최대 규모로 호화롭게 올림픽을 마무리한 베이징과 비교될 거라며 우려를 내비쳤다. 당시 런던 시장 보리스 존슨은 베이징 올림픽이 "눈부셨다"라고 찬사를 보낸 후, 중국처럼 천문학적 예산을 쏟아부을 수는 없지만 "우리(영국)만의 달콤한(sweet) 방식"을 선보이겠다고 말했다.[1] 영국은 중국의 오랜 역사와 풍부한 문화를 온갖 기술과 노력을 들여 표현했던 웅장함, 화려함, 일사불란함과의 차이점으로 '달콤함'을 내세웠다. 그 달콤함이란 바로 이야기가 갖는 호소력과 전달력이었다.

런던 개막식의 총 지휘는 〈슬럼독 밀리어네어Slumdog Millionaire〉로 아카데미 감독상을 받은 대니 보일(Danny Boyle)이 맡았다. 그는 기존의 올림픽처럼 자국 문화를 하나하나 순차적으로 나열하는 대신 새로운 방식을 택했다. 소재를 맛깔나게 버무려 기승전결을 갖춘 이야기로 만들어 재미있게 풀어낸 것이다. 이야기의 가능성은 무궁무진하다. 말로써 설명하기 어려운 추상적인 유산까지 끌어올 수 있고, 소개할 수 있는 문화의 수에 구애받을 필요가 없다. 산업 혁명, 자본주의와 이로 인한 그림자, 노동자 파업, 민주주의가 점차 확대되는 과정의 하나였던 여성 참정권 운동,

복지 국가의 상징인 국가 의료 보험 제도 등 영국의 과거부터 현재까지 아우르는 소재를 이야기로 만들었다. 정치적인 성향이 짙고 다소 무겁게 비칠 만한 주제를 소개할 때는《이상한 나라의 앨리스》《피터팬》《101마리의 달마시안 개》《메리 포핀스》《해리포터》 등 영국을 대표하는 아동문학을 깨알같이 집어넣었다. 재치 넘치는 유머도 보여주었다. 영화 〈007〉 시리즈의 제임스 본드에게 여왕 엘리자베스 2세를 에스코트하라는 신박한 임무를 맡겨 실제로 여왕을 데려오는 피포먼스를 선보이는 등 유쾌함을 자아냈다.

'달콤한 이야기' 전략은 성공이었다. 이전 올림픽 개막식 평에서는 찾아보기 어려운 표현들이 나왔다. 개막식이 웅장하고 엄숙한 분위기가 아니라 시종일관 유머와 재치로 가득했고 동화와 현실을 넘나들며 초현실주의적인 면모를 보여주었으며 '질서 정연하지만은 않은' 인간의 모습을 녹여냈다는 반응이 주를 이루었다. 개막식 후 각국의 반응을 보도한 BBC에 따르면 미국《워싱턴 포스트》는 "여러분은 우리(영국) 문화를 적어도 알고는 있다, 최고로 치지는 않더라도"라는 메시지를 전 세계에 명확하게 전달했다고 전했다. 베이징 개·폐막식을 맡았던 왕 닝(Wang Ning)은 런던 개막식이 단순히 문화를 소개하는 차원을 넘어 사회적 파급력까지 보여준 "획기적인" 방식이었다고 소감을 밝혔다. 케냐의 한 언론인은 베이징이 "기술적"이었던 반면 런던은 보다 "인간적"이었다고 평했다.[2] 이야기가 갖는 힘이었다.

그렇다면 평상시 영국의 이야기 능력은 어디에서 볼 수 있을까? 일단은 책이다. 15세기 금속 활자로 유럽에서 인쇄 혁명이 시작될 당시 영국의 책 문화는 프랑스, 네덜란드, 독일, 이탈리아 등 유럽 대륙 국가들에 한참 뒤처져 있었다. 하지만 그 이후 영국 사회는 수백 년간 따끈따끈한 신상품인 책에 열광했고 책에 대한 사회적 사랑은 첫 번째로 독자적인 문학 장르인 영문학의 탄생을 가져왔다. 그러면서 대중에게는 문학이 유행으로 전파되었다. 성인 사이에서도 "크리스마스 선물은 책이지"와 같은 공식이 통용될 만큼 책은 인기 만점이었다. 아동 문학의 장도 함께 열리면서 영유아에게 책을 읽어주는 스토리타임과 베드타임 스토리 문화가 정착했다. 학교에서는 학생들이 책을 통해 주체적으로 사고하고, 글로 자신을 표현하는 교육을 받았다. 학생들이 이야기를 '듣는' 수동적 존재에서 '읽고 쓰는' 능동적 개인으로 성장할 수 있게 된 것이다.

영국의 '책' 이야기는 더 있다. 우리 주변에 '당연히' 그리고 '그저' 있는 책과 연관된 제도 및 존재들 말이다. 우선 작가가 있다. 인세를 받아 생계를 유지하는 전업 작가는 언제 등장했을까? 인세의 법적 근거인 저작권은 누가 언제 만들었고 왜 필요했을까? 우리는 아인슈타인이 공들여 알아낸 $E=mc^2$과 더불어 각종 수학 공식은 마음껏 사용하면서 책은 왜 원하는 만큼 복사하면 안 되는 것일까? 서구에는 불법 복사판을 찍어내던 '악명 높은' 원조 해적이 없었을까? 작가는 어떻게 글을 발표했을까? 과연 단행본으로

만 소설을 발표했을까?

작가의 글은 출판사를 통해 책이라는 상품으로 완성된다. 작가와 출판사가 떼려야 뗄 수 없는 밀접한 관계에 있는 이유다. 그런 만큼, 작가와 출판사 사이에 얽힌 재미난 뒷이야기들이 많다. 가령, 출판사와 작가는 언제나 사이가 좋았을까? 이들은 단순한 계약관계였을까? 또 전 세계 출판사 중 가장 오래된 출판사는 어디이고 몇 살이나 되었을까? 현재 전 세계 '빅5(Big Five)' 출판사의 시작은 어땠을까? 그들의 성공 비결은 '막대한 자본'이었을까? 신문, 잡지, 여성지, 아동지, 시사지, 《네이처》 같은 유명 과학 잡지 등은 누가, 언제 만들었을까? 발행 간격에 따라 나뉘는 계간지, 월간지, 주간지는 또 언제 생긴 것일까? 서평도 빼놓을 수 없다. 요즘에는 영화나 연주회를 보고 난 후 SNS나 개인 블로그에 리뷰를 올린다면, 예전에는 서평을 주로 썼다. 이 서평(비평)의 기원은 어디에 있을까?

생산 단계가 지나면 소비로 넘어간다. 여기서 서점이 등장한다. 예나 지금이나 서점은 독자들에게 책을 전해주는 매개체다. 지금은 대형 서점이나 인터넷 서점에서 책을 손쉽게 구매할 수 있지만, 과거에는 주로 개인이 운영하는 '서점'이 책을 접할 수 있는 유일한 통로였다. 그 옛날 책값은 얼마였을까? 무엇을 기준으로 값을 책정했을까? 서점은 누가 운영했을까? 인터넷은커녕 전화도 없던 시절, 출판사는 어떻게 신간이 나왔다고 광고했을까?

물론 구매하지 않고 다른 방법으로 책을 얻을 수 있었다. 바로 도서관에서 빌려보는 것이다. 도서관은 어떻게 진화하여 각 지역 사회의 문화 중심지로서 자리하게 되었을까? 모든 이에게 무료로 책을 빌려주는 공공 도서관은 누구의 생각이고 필요한 이유는 무엇이며 언제 등장했을까? 요즘 유행하는 북클럽은 언제 탄생했을까? 과연 지금과 같은 모습이었을까? 이 모든 질문의 중심에는 영국의 '이야기' 문화가 있다.

1부와 2부는 책과 관련된 영국의 문화 관찰기다. 책은 인쇄물이 종이에서 디지털 형태로 전환되는 현시점에서 이전에 비하면 생명력이 위태로워진 상황이다. 책보다는 휴대폰을, 긴 호흡이 필요한 장문보다는 짧은 글을, 시간을 들인 숙성함보다는 즉자적이고 신속함을, 문자를 읽고 '생각'하기보다 영상을 보고 '느끼는' 것을 선호하는 시대에 책의 앞날이 밝지만은 않기 때문이다. 그러나 비판과 비난의 경계가 흐릿해지는 반지성적 흐름을 극복하기 위해서는 깊이 있는 토론 문화가 필수이고, 토론을 위해서는 좀 더 긴 글을 읽고 분석적으로 사고하는 능력을 길러야 한다는 의견도 여전히 우세하다. 인류의 미래에서 책의 역할을 다시 설정해야 하는 이 시점에, '책이란 물건은 과연 무엇인가'라는 질문은 의미심장하게 다가온다.

3부에서는 인쇄물 너머에 있는 이야기 문화를 소개한다. 영국의 공간은 낡았지만 농축된 이미지를 갖는다. 이유는 이야기를 곳곳에 심으려는 노력과 이야기가 담긴 공간을 무너뜨리지 않으려는 사회적 경향성에 있다. 길 이름은 전자를, 건물에 붙어 있는 파란 명판(blue plaque)은 후자를 각각 대표한다. 이들은 끊임없이 변하는 시대적 가치에 따라 논쟁에 휘말리기도 하지만 무차별적인 도시화와 재개발 등 경제 논리가 공간을 독점하는 것을 저지했고 지금도 그렇다. 우리 삶에 언제나 중요한 질문, '무엇으로 공간을 채워야 하는가?' 영국은 이에 대한 참고가 될 수 있다.

쓰는 사람
만드는 사람
파는 사람

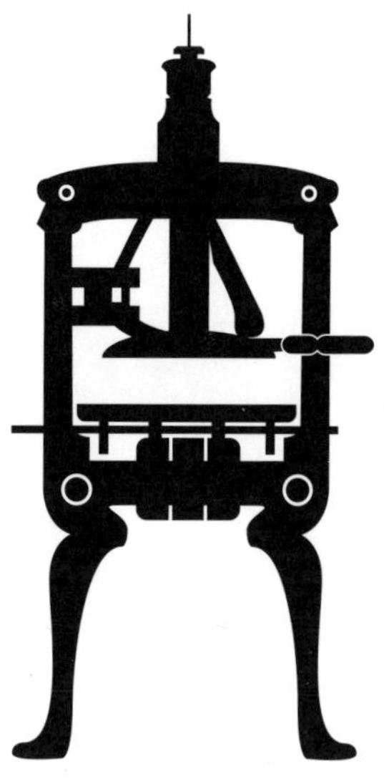

2022년 2월 18일, 케임브리지의 작은 동네 서점인 데이비드(G. David Bookseller)에 갔다. 그날 그곳에 간 것은 고집, 불운 그리고 감각적 판단의 복합적 결과물이었다. 나는 아침부터 창밖을 내다보며 시내에 갈까 말까, 갈까 말까를 끊임없이 고민했다. 비는 오락가락했지만 바람 소리가 예사롭지 않았다. BBC는 수십 년 내 최악의 폭풍으로 기록되는 유니스(Eunice)로 인한 해안 지역의 피해 상황을 연달아 보도하는 중이었다.

내 다리 힘으로 저 바람을, 그것도 자전거로 뚫는다는 건 불가능해 보였다. '어어어' 하며 휘청거리다 엎어질 게 뻔하다. 운이 좋아 엎어지지 않는다고 해도 안경에 잔뜩 들러붙은 빗방울을 손등으로 닦아내며 짜증을 부리겠지. 어찌어찌 갔다 치자. 볼일을 다 끝내고 돌아올 때쯤이면 밖에 세워두었던 자전거 의자는 흠뻑 젖어 있을 테고, 보기에도 민망할 만큼 엉덩이 부분만 시커멓게 집중적으로 젖을 거다. 게다가 그 척척한 불쾌함이라니. 나도 모르게 고개를 저었다. 굳이 나간다면 40분을 걸어 나가 일을 보고 다시 걸어 들어와야 한다.

케임브리지 시내까지 기어이 나가려고 했던 이유는 두 가지다. 개인적인 볼 일도 있었고, 겸사겸사 도서전(book fair)에 갈 욕심도 있었다. 도서전은 18일에서 19일 동안 시청(Guildhall)에서 열리기로 되어 있었다. 이 행사는 내 기억 속의 '장 서는 날'과 흡사하다. 물론 5일 장이 아니라 1년 장이다. 책 상인들은 책 상자를 가득 싣고 일주일에 한 번씩 장소를 바꾸며 전국을 돈다. 2022년 도서전의 시작은 1월 9일 엑서터 탑쉠(Exeter Topsham)을 시작으로 15일은 요크(York), 그다음은 셰익스피어 생가가 있는 스트랫퍼드어폰에이번(Stratford−Upon−Avon)이었다. 온라인 도서전으로 한 주 쉰 후 예정된 곳이 케임브리지였다. 여기서 전시가 끝나면 버밍엄(Birmingham), 에든버러(Edinburgh), 옥스퍼드(Oxford), 제인 오스틴이 살았던 바스(Bath) 등을 거친 후 마지막 12월 3일 런던에서 열리는 크리스마스 도서전을 끝으로 1년의 대장정을 마무리한다.[3]

발상이 예스럽다고 해서 과거의 보부상 같은 이미지를 떠올리면 곤란하다. 이 행사는 지역 서점 도서전시회 연합(Provincial Booksellers Fairs Association, PBFA) 주관이다. 이 단체는 고서적 및 중고 서적을 다루는 전국 서점 연합으로 1974년에 결성되었다. 모든 것의 시작이 우연적이고 소박하듯 서점 연합도 마찬가지였다. 1970년대 초 책상인이었던 게리 모스델(Gerry Mosdell)은 "도서전"이라는 이름으로 사람들 앞에 책을 내놓으면 어떨까 생각했다. 그의 아이디어는 1972년 런던 켄싱턴 에덴 호텔에서 처음으로 실현되었다. 취급 종목은 고서적, 각종 초판본, 포스터, 출판되기 전의 작가들이 남긴 메모나 초고 등이었고 그 활동이 지금까지 이어지고 있다. 정가가 없는 시장이라 신뢰성이 다소 떨어질 수 있다는 점을 고려하여 연합회는 '공정한 가격 책정을 약속한다'고 공언한다.[4]

1년에 한 번. 다른 일까지 한 번에 처리하려면 토요일보다는 금요일. 반드시 나가야 했다. 비바람을 뚫고 걷는 데만 집중해서 시내에 도착하니 약간의 두통이 밀려왔다. 은행 일을 본 후 근처 라이온 야드(Lion Yard)에 들어가 커피를 한잔하면서 몸도 녹이고 정신을 가다듬었다. 그러고는 걸어서 2분 거리인 시청으로 갔다. 그런데 이건 또 뭔가. 불가피한 사정으로 도서전을 취소한다는 공지문이 붙어 있다. 허탈함에 잠시 서 있는 동안, 공지문을 보고 발길을 되돌리는 사람들 숫자가 꾸준히 늘어났다.

어디로 가야 할까. 폭풍을 뚫고 나왔는데 그대로 빈손으로 돌아가기는 좀 많이 억울했다. 책… 책… 책…. 약이 바짝 오른 상태였다. 책벌레는 절대 아니었지만, 이상하게도 그 순간만큼은 무엇으로든 보상받고 싶었다. 사방을 둘러보았다. 광장–시청–교회로 연결된 중세의 도시 구조 3박자를 그대로 유지하고 있는 케임브리지 중심가가 눈에 들어왔다. 광장에는 지역 상인들이 텐

데이비드 서점 외경 (©권신영)

트를 치고 장사를 하고 있다. 장터로 활용되는 광장은 꽤 웅장한 중세 교회와 나지막한 상가 건물로 둘러싸여 있다. 그리고 이들 사이사이로 구불구불한 옛길이 거미줄처럼 나 있다. 빗줄기는 점점 더 강해지고 있었다. 우물쭈물할 시간이 없었다. 잠시 고민하다 가장 가까운 서점, 시청과 교회 사이의 비좁은 골목길 끝에 있는 숨어있다시피 한 서점으로 향했다.

이렇게 우여곡절 끝에 들어간 서점이 '데이비드 북셀러'다. 그야말로 작은 동네 서점이지만 1896년에 개장한 이래 130년 가까이 구석진 자리에서 인터넷의 공습을 이겨낸 저력 있는 서점이다. 창립자 구스타브 데이비드(Gustave David)의 증손자 데이비드 애스플린(David Asplin)과 그의 파트너 닐 애덤스(Neil Adams)가 운영하고, 신간과 중고 및 고서적을 다 같이 취급한다. 서점 앞 유리창에 또 붙어 있는 도서전 취소 공지문을 보니 가라앉던 짜증이 다시 올라왔다. '후우' 큰 숨을 내쉰 후 들어갔다.

신간이 놓인 곳을 지나 중고 및 고서적이 있는 곳으로 갔다. 오래된 책에서 풍기는 냄새를 맡고 있자니 정신이 몽롱해진다. 신간 서적 구역과 확연히 다른 냄새다. 소명을 다하고 자연으로 돌아갈 준비를 하는 종이 냄새가 먼지와 뒤섞여 뿜어내는 텁텁함. 내가 기억하는 냄새와 닮아있다. 한여름 잔뜩 가물었다가 소나기가 좌악 내리면 지열이 식으면서 올라오는 김과 함께 퍼지는 냄새. 약간 상쾌하면서도 꿉꿉한 흙냄새 말이다. 책 보호차 최대로 낮춘 조명과 자리 경쟁에서 밀려 바닥을 차지한 책들 속에서 나를 괴롭혔던 비바람을 잊었다. 한껏 약 올랐던 마음도 서서히 풀렸다.

데이비드 서점 내부 (©권신영)

1장 책 만드는 사람들

런던은 19세기 영국 지성계의 핫플레이스였다

도서전은 마지막 순간에 취소된 듯했다. 도서전에 내놓을 예정이었던 책들이 정리되지 않은 채 상자에 담겨 한쪽에 잔뜩 쌓여 있었다. 나처럼 도서전을 찾았다가 이곳으로 발길을 돌린 이들이 이미 있었고, 또 계속 들어왔다. 아쉬움을 표하는 사람들의 말을 배경음 삼아 책을 둘러보기 시작했다. 웬 장난질인가. 1930년대 출판된 길이 5센티미터짜리 초미니 셰익스피어 희곡집이 있었다. 그런가 하면, 들고 다니기도 버거울 초대형 16세기 책도 있었다.

이리저리 둘러보다 19세기 영국 지성계를 논할 때 빠질 수 없는 중요한 책을 만든 두 쌍의 저자와 출판사를 발견했다. 한 쌍은 19세기 중반 아이돌급 인기를 구가했던 찰스 디킨스(Charles Dickens, 1812−1870)와 채프먼&홀(Chapman & Hall, 1834)이다. 1834년에 설립된 채프먼&홀은 '디킨스'를 말할 때 자동으로 함께 호명되는 출판사다. 신생 출판사였지만 무명의 디킨스와 작업, 일약 스타 작가와 주요 출판사가 되었다. 여러 번 거절당한 J. K. 롤링(J. K. Rowling)의 《해리 포터*Harry Potter*》를 출판하여 작은 신생 출판사에서 세계적 출판사로 발돋움한 블룸즈버리(Bloomsbury, 1986–)의 19세기 판이다.

다른 한 쌍은 찰스 다윈(Charles Darwin, 1809–1882)과 "다윈의 출판인"으로 불리는 존 머레이 하우스(John Murray House) 출판사다. 1768년에 설립된 이 출판사는 19세기 전반에 조지 바이런(Lord Byron, 1788–1824)의 시집과 제인 오스틴(Jane Austen, 1775–1817)의 후기 소설을 출판하여 이미 영국 출판계에서는 알아주는 곳이었다. 반면, 다윈은 '아직 뜨지 않은' 과학자였다. 서구 기독교 세계관에 정면으로 도전하는 무명의 과학자가 쓴 문제작을 내부 반대에도 불구하고 출판사 사장은 기꺼이 출판하기로 마음을 굳혔다. 이때 형성된 신뢰로 다윈은 죽을 때까지 자신의 모든 원고를 머레이 출판사로 보냈다. 서점에는 이 둘의 합작품 중 가장 기념비적인 저서 《종의 기원*On the Origin of Species*》(1859)과 《인간의 유래와 성선택*The Descent of Man, and Selection in Relation to Sex*》(1871)이 유리문이 있는 책장에 꽂혀 있었다.

디킨스와 다윈의 책 서지에는 공통점이 있다. 바로 '런던'이다. 존 머레이와 채프먼&홀이 책을 만들어 상품화했던 곳, 출판 산업의 심장. 18–19세기 영어권 출판의 선두주자는 1위 런던, 2위 더블린, 3위 에든버러, 4위 필라델피아이고 보스턴, 글래스고, 뉴

다윈의 《종의 기원》(상)과 《인간의 유래와 성선택》(하) (©권신영)

욕, 옥스퍼드, 뉴캐슬, 케임브리지가 그 뒤를 잇는다. 1750년에서 1790년까지 출판한 총 양을 보면, 런던에서만 115,481권에 달한다. 2위인 더블린의 14,073권보다 약 8배나 앞선다. 그리고 2위에서 10위 도시의 출판물을 모두 합한 것보다도 많은 양이다.[5] 책이 지식 자본임을 고려할 때, 이 통계는 수많은 문인과 지식인의 통찰력과 새로운 아이디어들이 런던으로 모여들었던 당시의 모습을 보여준다. 그리고 발행인의 손을 통해 활자로 인쇄되고 책의 형태로 사회 곳곳에 배달되어 담론을 형성하고, 차곡차곡 문화적 힘을 쌓아 올렸던 곳도 런던이었다는 것을 의미한다. 책을 상품으로 본다면 인쇄 자본이 런던에 집중되어 있었다는 뜻이다. 누가 뭐라 해도 19세기 런던은 문화 및 지식 산업에 있어 절대적인 영향력을 지닌 곳이었다.

런던은 1470년대 윌리엄 캑스턴(William Caxton, 1422–1491)이 인쇄기를 도입하면서 출판 산업의 중심지로 성장했다. 당시 유럽은 1450년경 독일 인쇄업자 요하네스 구텐베르크(Johannes Gutenberg)가 금속 활자를 막 발명한 참이었다. 그는 자신이 개발한 신기술로 구텐베르크 성경을 인쇄했고 이후에 손으로 직접 쓰는 필사본과 목판 인쇄는 빠른 속도로 금속 활자로 대체되었다. 네덜란드, 벨기에, 쾰른 등지에서 상업에 종사하며 유럽의 변화를 목격했던 캑스턴은 20여 년 지난 시점에 런던 웨스트민스터 지역에 최초의 인쇄소를 세웠다. 인쇄업자로 변신한 캑스턴은 1476년 영국 자국 시장을 목표로 초서(Geoffrey Chaucer, 1343?–

영국 도서관(The British Library)에 있는 옛날 인쇄기의 모습이다. (©권신영)

1400?)의 《캔터베리 이야기*The Canterbury Tales*》를 인쇄해 판매했다. 이후 출판 산업은 현재 세인트 폴(St. Paul) 성당 부근의 처치야드(Churchyard)와 파터노스터 로우(Paternoster Row)에 밀집해 형성되고 점차 런던 서쪽, 현재 중고책 서점 거리가 있는 채링 크로스(Charring Cross)까지 확장되었다.

당시 런던의 '책 만들기'는 네덜란드, 이탈리아, 프랑스, 독일 등 유럽 대륙 국가들보다 한참 뒤처져 있었다. 출판 양으로 보면 16세기 말 영국이 생산하는 인쇄물의 양은 유럽 전체 인쇄물의 3퍼센트에 불과했다.[6] 언어적으로 보았을 때도 영어책은 존재감이 미미했다. 17세기 네덜란드의 유명한 책 상인이었던 디 엘제비어(The Elzevier)가 발간한 1634년 판 카탈로그를 보면, 500권 이상이 프랑스어, 300권 정도가 이탈리아어다. 영어로 된 책은 7권 정도였다. 18,000여 권을 생산한 1674년 카탈로그에는 영어로 쓰인 책이 단 19권뿐이었다.[7]

초기 영국 출판 산업이 지지부진했던 이유는 소비자층의 특성 때문이었다. 18세기 중반까지만 해도 영국에서 책을 구매하고 문자를 해독할 수 있는 층은 귀족층과 지식인층에 국한되었고 이들이 주로 읽었던 책은 신학과 고전이었다. 이들은 라틴어와 프랑스어를 자유롭게 구사할 수 있었기 때문에 영어로 번역된 책보다는 원서 그대로 읽었다. 게다가 수입산 책을 선호했다. 영국 내에서 생산되는 책은 종이 질, 인쇄 및 제본 기술, 가격까지 모든 면에서 경쟁력이 없었다. 처음에는 프랑스나 벨기에산 책이 강세였으나 점차 네덜란드산을 선호하는 추세로 변했고, 네덜란드는 18세기까지 영국 출판 시장을 주도했다.

자국 시장에서도 주도권을 갖지 못했던 런던의 출판 및 인쇄업계가 열세를 딛고 눈에 띄게 성장한 시기는 17세기 중반 이후부터다. 영국 내전(English Civil War, 1642–1651)을 시작으로 명예혁명(Glorious Revolution, 1688–1689)을 겪은 때로 왕정주의자와 의회주의자 간의 정치적 갈등과 가톨릭과 프로테스탄트 간의 종교적 갈등이 최고조에 달한 때였다. 극심한 사회적 갈등이 최종적으로 입헌 군주제로 잠재워지기까지 많은 사회적 변화가 있었지만, 그중에서도 인쇄물이 증가하는 현상이 단연 두드러졌다.

이 시기 영국에서는 탈기독교적, 탈왕정 등 금기시되던 사회 질서를 뒤십는 생각들이 팸플릿 형태의 인쇄물로 만들어져 여기저기 뿌려졌다. 사람들은 인쇄물을 읽으며 현 정치 상황에 대한 궁금증을 해소했고 자유롭게 의견을 나누었다. 인쇄물이 공론장으로 기능할수록 사상가들은 인쇄물을 통해 의견을 개진하고 대중적 기반을 넓혀갔다. 글을 통한 대중과의 소통은 통치체제가 입헌 군주제로 전환된 이후에노 계속되었나. 영국 의회는 새로 제정된 법 조항을 1500–1600부씩 책자 형태로 인쇄하여 적극 홍보했다. 결과적으로 신문과 정기 간행물의 수가 폭발적으로 증가했고 상류층에 국한되었던 독자층은 중산층으로 점차 확대되었다. 인쇄 매체 소비자가 늘어나면서 대중 문학 장르도 서서히 자리를 잡았다. 소설, 요리책, 농업 등을 다룬 과학 기술책, 아동 문학, 음악 악보 등 상업 출판 영역이 슬슬 기지개를 켰다. 그러나 책은 여전히 값비싼 상품이었기에 저렴한 가격으로 살 수 있는 중고책 시장과 책 경매 시장도 뒤따라 형성되었다.[8]

18세기 중반 무렵, 인쇄 문화를 보유할 만큼 사회적 저변이 다져졌던 영국 출판 산업은 경제 변혁기로 접어들게 되었다. 산업혁명의 상징인 증기 기관차가 개발된 이후 영국 전역은 철도로 연결되기 시작했고 이로 인해 공간적 제한이 어느 정도 해소되었다. 런던과 지방 도시와의 격차가 줄면서 인쇄물 수요가 전국적으로 빠르게 늘었다. 신문을 예로 들어보겠다. 1713년에 약 250만

부에 그쳤던 1년 공식 판매 부수가 1835년에는 3,100만 부, 1851년에는 8,500만 부로 30배 이상 증가할 정도였다.[9]

가파르게 늘어나는 인쇄물 수요를 기증기 인쇄기(steam driven)가 뒷받침해주었다. 노동 집약적인 기존 구조에서 벗어나 인쇄물을 대량으로 생산할 수 있게 되었지만 동시에 출판에 대한 위험도도 같이 높아졌다. 신문과 달리 책은 수요를 정확히 예측하기 어려운 특성이 있어 판매가 예상보다 저조할 경우 막대한 손해를 볼 수밖에 없었기 때문이다. 위험도를 줄이는 과정에서 구매자를 미리 모집하는 일종의 구독제가 나타났다. 출판의 전문화도 함께 이루어졌다. 인쇄업자가 출판과 판매를 겸하는 관행이 18세기에서 19세기에 걸쳐 점진적으로 사라지고 기술, 기획, 경영, 판매로 분리되었다. 서점협회(Bookseller's society)와 같은 출판업자 단체가 조직되고 불법 복사를 막기 위한 저작권 논의도 점차 활발해졌다.

찰스 다윈과 존 머레이 출판사

서점에서 만난 "다윈의 출판사" 존 머레이 하우스는 영국 출판 시장이 급속도로 팽창하던 18세기 중후반에 설립된 출판사로, 19–20세기 런던 출판계의 거물이다. 이 회사의 대표적인 출판물로는 19세기 초반 조지 바이런과 제인 오스틴의 책, 19세기 후반기 찰스 다윈, 20세기 초 아서 코난 도일(Arthur Conan Doyle,

1859−1930)의 작품을 꼽을 수 있다. 존 머레이 하우스는 과감하게 실험적인 모험도 감행했다. 과학 분야와 더불어 여행(주로 안내서 형태였다), 고고학, 정치·문학·시사 잡지 등 기존 출판 영역에서 혁신을 꾀했고 유럽에 국한되었던 판매로를 전 세계로 확장했다. '출판 왕가' 머레이 하우스는 약 250년간 존 머레이 7세까지 이름을 대물림하며 가족 경영을 고집했다. 그러나 시시각각 변하는 21세기 출판 시장에서 기존의 방식은 경쟁력이 없었다. 결국, 2002년에 경영권을 포기하고 현재는 세계 출판계의 빅5 중 하나인 아셰트(Hachette Livre)의 계열사로 흡수되었다.

출판사의 역사는 스코틀랜드 에든버러에서 태어난 존 머레이 1세(John Murray, 1737−1793)까지 거슬러 올라간다. 1768년, 존 머레이 1세가 런던 출판의 중심부 세인트 폴 성당 부근의 파터노스터가(街) 옆 플리트 스트리트(Fleet Street)에 있던 한 출판 및 인쇄 회사를 인수하면서 오늘날의 존 머레이 하우스로 거듭난 것이다. 존 머레이 하우스의 대중적인 성공은 창업자의 아들인 머레이 2세에 와서야 가능해졌다. 그는 1806년, 마리아 룬델(Maria Rundell)이 쓴 《A New System of Domestic Cookery》를 출판했는데, 당시 약 50만 부가 팔렸다. 1,000부도 다 팔기 어려운 현재로서는 정말 꿈만 같은 이야기로 들릴 것이다. 《A New System of Domestic Cookery》가 19세기 영국 부르주아 여성들에게 성경과 같은 존재로 군림하면서 출판사에 크나큰 부를 가져다준 덕분에 머레이 하우스는 안정적으로 책을 펴낼 수 있게 되었다. 6년이 지난 1812년에는 시인 조지 바이런의 《차일드 해럴드의 편력*Childe Harold's Pilgrimage*》을 내면서 연이은 대성공을 거두었다.

머레이 2세는 출판사를 런던 부유층이 거주하는 메이페어 알베말가 50번지(50 Albemarle Street, Mayfair)로 옮겼다. 이후 머레이 2세는 이곳에서 "머레이의 오후 4시 친구들(Murray's 4 O'clock Friends)"이라는 별칭으로 런던 문인들과 사교 모임을 가졌다. 머레이 2세와 그의 문인 친구들은 "역사상 가장 큰 문학 범죄"를 저지른 것으로 악명이 자자하다. 머레이 2세와 친구이기도 했던 시인 바이런은 1818년에서 1821년까지 약 3년간 쓴 회고록 원고를 보내지만, 머레이와 문학 친구들은 바이런 사망 직후인 1824년 5월 그 원고를 태워버렸다. 바이런의 사생활이 담긴 글이 외부로 노출될 경우 사회적 논란에 휩싸일 것을 우려해 보호 차원에서 내린 결정이었다. 그러나 얼마 지나지 않아 분서 사건은 밖으로 알려졌고 그 일로 머레이 2세는 지금까지도 영문학계로부터 욕을 먹고 있다.

그렇지만 머레이가 기여한 바도 크다. 19–20세기를 대표하는 시사잡지 《Quarterly Review》(1809–1967)를 창간한 장본인이었고, 여성 작가가 책을 출판하는 것이 하늘의 별따기였던 시기였는데도 머레이는 제인 오스틴의 후기 작품 《엠마*Emma*》(1815) 《노생거 사원*Northanger Abbey*》(1818) 《설득*Persuasion*》(1818)을 출판했다.

찰스 다윈을 만난 이는 존 머레이 3세(1808–1892)다. 그는 당시

'잘나가는' 사업가였다. 아버지 대의 성공을 이어받아 1830년경부터 회사 경영에 직접 참여해 《Murray's Handbook for Travellers》(1836–1910) 시리즈를 출간하고 있었다. 자신의 취미인 여행을 콘텐츠로 삼은 소박한 책으로 영국 국내 여행과 이탈리아, 독일 등 유럽 대륙 여행을 소개했다. 하지만 때는 유럽이 중동 아시아와 북아프리카 쪽으로 진출하며 여행을 꿈꿀 수 있는 지리적 공간이 넓어지던 때였다. 머레이 3세는 시대적 흐름을 기민하게 읽어냈다. 1840년대에는 터키와 이집트를 추가했고 1850년대는 시리아와 팔레스타인까지 핸드북 시리즈에 넣으면서 여행 서적 시장을 차츰차츰 선점해 나갔다.

이것이 끝이라고 생각하면 오산이다. 중동 아시아와 아프리카 진출을 둘러싼 영·프·독 제국주의 경쟁이 격렬해질수록 여행기 출판 시장 경쟁도 극심해졌다(결국 이 지역 여행 컨텐츠를 둘러싼 출판사 간 경쟁은 아들 머레이 4세 때까지 이어진다).[10] 머레이 3세는 출판계 대표로서 영국 총리 등 최고위 정치인들과 영국 작품을 해외에서 보호할 방법을 논의하는 등 정치적 변화까지 모색했다.

출판계의 거물 머레이 3세에게 1845년 어느 날, 무명의 다윈이 찾아왔다. 지질학자 찰스 라이엘(Charles Lyell, 1797–1875)이 다리를 놓은 덕분에 성사된 만남이었다. 라이엘은 "세계는 초자연적인 사건이 아닌, 끊임없이 일어나는 작은 변화들, 가령 부식이나 지진 등에 의해 형성된다"고 주장한 지질학자다. 그의 책 《지질학의 원리*Principles of Geology*》(1830–1833)를 출판한 곳이 바로 존 머레이 사다. 다윈은 미약하게나마 천지창조론을 뒤흔드는 라이엘의 책을 비글호 항해 중에 읽었다. 1836년 영국에 도착한 직후 다윈은 라이엘을 찾아가 평소에 품고 있던 생각을 조심스레 공유했고 둘은 이내 절친한 동료 사이로 발전했다. 수년이 지난 1845년, 다윈은 라이엘에게 출판사에 대한 고민을 털어놓았다.

영국으로 돌아온 후, 다윈은 몇 년에 걸쳐 비글호 항해 기간에 써놓은 메모를 정리해 책을 쓰고 1839년 헨리 콜번(Henry Colburn) 출판사와 3권의 책을 냈다. 하지만 출판사와의 계약이 마음에 들지 않아 출판사를 바꾸려던 참이었다. 라이엘은 자신이 책을 낸 출판사 사장 머레이 3세에게 다윈을 소개했다. 머레이 3세는 기꺼이 다윈의 책을 단행본으로 재구성해서 《Home and colonial library》 시리즈의 일부로 출판했다. 45년간 이어질 아름다운 인연의 시작이었다.

1859년 다윈은 《종의 기원》 원고를 머레이 3세에게 보냈다. 불안한 마음이 컸다. 첫 만남 이후 14년간 다윈은 몇 권의 책을 썼고 그때마다 머레이 3세는 출판해주었다. 그러나 그 책들은 머레이에게 의미 있는 상업적 성공을 가져다주지 못했다. 게다가 다윈은 이번 원고가 불러올 엄청난 사회적 논란을 이미 인지하고 있었다. 그는 라이엘에게 보낸 편지에 머레이 3세가 종교적 이유로 출판을 거부할지도 모른다며 두려운 마음을 드러냈다.

"내 책이 주제가 그래서 그렇지, 그렇게까지 정통에서 벗어난 것은 아니라고 (머레이에게) 말해야 할까? 난 인간의 기원에 대해 논한 것이 아니고, 천지창조 논의를 건드리지 않았고 단지 사실만을 제시할 뿐이다. 사실로부터 나온 결론이라 내게는 타당해 보인다. 그렇게 말해야 할까, 아니면 아무 말도 하지 않는 게 나을까?"[11]

세계 과학사에 한 획을 그을 원고가 거절될까 봐 노심초사하는 중년의 찰스 다윈이다.

머레이의 반응은 의외였다. "나는 출판에 어떤 망설임도 없습니다. 찰스 라이엘 경의 책과 같은 조건으로 기쁘게 출판하겠습니다"라고 답했다.[12] 확고한 지지에 다윈은 좀 더 솔직해진다. "원고를 보면 수익을 낼 수 없을 거라 판단할 수도 있습니다. 출판 결정을 취소해도 됩니다.(…)가볍게 읽을 수 있는 원고가 아닙니다. 어느 곳은 대단히 건조하고 어느 부분은 난해합니다"라고 솔직하게 토로했다. 실제로 머레이는 사업가로서 다윈의 책이 출판사의 평판에 끼칠 영향과 경제적 결과까지 고려하여 결정을 내려야 했다. 회사 내부에선 역시나 반대 의견이 압도적이었다. 논란의 소지가 너무 많다는 게 이유였다. 하지만 머레이는 계약을 유지하기로 결론을 내렸다.[13]

출판은 그럭저럭 마무리되었으나 원고 수정이란 문제가 기다리고 있었다. 다윈은 다음과 같이 편지를 써 보냈다.

많이 수정할 부분이 없을 것이라 말했던 것으로 기억합니다. 제가

> 생각한 것을 솔직하게 썼습니다만, 오류가 꽤 있습니다. 글 스타일이 믿기 어려울 만큼 나쁘고 글이 명료하지도 않고 부드럽지도 않습니다. 수정 과정이 많을 것 같습니다. 저로 인한 비용과 시간 낭비에 대해 대단히 죄송하게 생각하고 있습니다. 원고가 이 정도로 나쁜 건 저도 믿기 어렵습니다.[14]

이번에도 머레이 3세는 모든 비용을 출판사가 부담하겠다고 답장했다. 다윈은 "많은 호의와 배려에 감사드립니다"라고 답했고 친구 라이엘은 원고를 직접 감수했다.

머레이는 판매에도 상당한 노력을 쏟았다. 인터넷은커녕 전화도 없던 19세기 출판사가 책을 홍보하는 방식은 "책 판매를 위한 저녁 식사(Sale Dinner)"가 전부였다. 출판사 측에서 책 상인들을 초대해 신간을 발표하고 서점이 즉석에서 대량으로 주문하면 출판사가 할인 가격을 제시하는 행사였다. 애초 머레이가 초판으로 1,250부를 찍겠다고 했을 때, 다윈은 혹시 책이 팔리지 않아 머레이에게 경제적 피해를 입힐까 봐 우려를 표했다. 놀랍게도 저녁 식사 자리에서만 1,493부를 주문받았고 머레이는 초판 즉시 재판에 들어가야 했다.[15] 다윈의 두려움과 초조함을 상쇄시킨 머레이 3세의 배짱, 용기와 믿음, 그리고 친구 라이엘의 지지와 조력 속에 세상에 나온 책이 《종의 기원》이다.

예상대로 《종의 기원》은 뜨거운 찬반 논쟁에 휘말렸다. 기독교계를 선두로 다윈의 스승이자 근대 지질학의 창시자 중 한 명인 애덤 세지윅(Adam Sedgwick, 1785–1873)은 강하게 비판했다. 지지자로는 다윈의 다른 스승 존 스티븐스 헨슬로(John Stevens Henslow, 1796–1861)와 토마스 헨리 헉슬리(Thomas Henry Huxley, 1825–1895)가 있었다. 흥미로운 것은 정작 《종의 기원》 출판에 결정적인 공로를 세운 머레이 3세와 친구 라이엘이 온건 반대파였다는 점이다. 생각은 달랐지만, 상대에 대한 믿음과 존중이 있었기에 가능한 일이었다.

서로에 대한 신뢰와 존경은 다윈이 세계적 석학 반열에 오른 이후에도 변하지 않았다. 《종의 기원》 이후에도 다윈은 자신의 모든 저서를 머레이 3세에게 맡겼고 그는 그때마다 기꺼이 책을 내주었다. 72살의 노학자가 된 다윈은 1881년 초 어느 날 머레이를 찾아갔다. 죽기 1년 전이다.

> "내가 또 책 한 권을 가져왔어요. 몇 년간 열심히 공을 들인 책입니다. 내게는 아주 흥미로운 책인데, 주제가 썩 매력적인 건 아니라 대중이 관심을 보일지는 모르겠어요. 지렁이에 관한 책이에요."[16]

세상을 들었다 놓은 대학자라고 하기엔 떨림과 겸손함이 가득한 말이다. 이때 머레이가 받은 원고가 다윈의 마지막 저서 《지렁이의 활동과 분변토의 형성*The Formation of Vegetable Mould Through the Action of Worms*》(1881)이다. 이후 머레이 3세는 다윈의 기록물을 모은 《The Life and Letters of Charles Darwin》(1887)

까지 출판하며 "(찰스) 다윈의 출판인"이라는 명예로운 타이틀을 얻게 되었다.

다윈과 존 머레이 3세가 수십 년간 교환한 편지는 현재 스코틀랜드 중앙 도서관(National Library of Scotland)에 보관되어 있다. 머레이 가가 250년간의 회사 기록물을 기증한 덕분이다. 평생 이어진 두 사람의 품격있는 관계 때문에 "(편지 꾸러미 속에서) 악의적인 말을 찾는다면 상당한 돈이 될 것"이라는 우스갯소리가 나올 정도다.[17]

찰스 디킨스와 채프먼&홀

제임스 레이븐(James Raven)의 표현에 따르면 출판인은 "지식의 산파"다.[18] 생각을 담은 원고를 책의 형태로 만들어 세상에 내놓는 역할은 그다지 어려울 것 같지 않지만, 이들에겐 원고를 보는 혜안이 필요하다. 특히 다윈처럼 미래 기준으로 위대하나 당대 기준으로는 위험한 생각을 품은 사람일수록 이들의 특별함을 온전히 이해할 수는 없더라도 가능성을 알아주거나 적어도 편견 없이 들어줄 누군가가 필요한 법이다. 그런 면에서 출판인 머레이 3세를 만난 다윈은 운이 좋았다. 머레이 3세처럼 용감한 출판인은 또 있었다. 위험을 무릅쓰고 시대를 앞선 사람의 생각을 세상으로 날랐던 이들은 네덜란드의 책상인 보나벤처와 에이브러햄 엘제비르(Bonaventure and Abraham Elzevir)다. 이들은 시력을 잃고 '이단적' 생각으로 종교 재판에 걸려 연금 상태에 있던 갈릴레오 갈릴레이(Galileo Galilei, 1564–1642)의 마지막 저작 《새로운 두 과학*Two New Sciences*》(1638)을 세상에 내놓았다.

반면 지식의 산파를 찾지 못해 작가가 고생한 경우도 허다하다. 조지 오웰의 《동물 농장*Animal Farm*》(1945년 8월) 원고는 1년 반 동안 여러 출판사를 떠돌았지만, 번번이 퇴짜를 맞았다. 제임스 조이스(James Joyce, 1882–1941)의 《율리시스*Ulysses*》도 마찬가지였다. 20세기 근대 문학에서 가장 중요한 저서 중의 하나로 꼽히건만 영국 내에서 출판사를 찾지 못해 파리에서 출판되었다. 해외에서 간신히 출판되었지만 정작 영국에서는 금지당하는 바람에 약 15년간 유령처럼 해적판으로 암암리에 읽혔다.

찰스 디킨스는 조지 오웰이나 제임스 조이스처럼 출판사로부터 바람을 맞은 적이 없었다. 그는 말하자면 19세기의 BTS로, 어마어마한 팬덤을 지니고 있었다. 출판사들은 앞다투어 최고의 조건을 내걸면서 그를 데려오기 위해 피 터지는 경쟁을 벌였다. 그러나 디킨스가 글을 썼던 35년 동안 함께한 출판사는 단 세 곳에 불과했다. 첫 번째 행운아는 채프먼&홀로 디킨스의 초창기(1836–1837, 1840–1844)와 후기(1858–1870)에 작업을 함께했다. 두 번째 출판사는 리처드 벤틀리(Richard Bentley, 1819)다. 이곳은 디킨스가 스타 작가로 뜨자 1837년 문학잡지 《Bentley's Miscellany》를 출간하고 디킨스에게 전격적으로 편집장 자리까지 제안하며 마음껏 글을 발표할 수 있도록 자리를 마련해주었다. 이 기간에 발표된 디킨스 작품이 최초로 사회 소설이라는 장르를 열었던 《올리버 트위스트*Oliver Twist*》(1838)다.

하지만, 디킨스는 2년 후 다시 채프먼&홀로 돌아갔다.

세 번째는 브래드버리&에반스(Bradbury & Evans, 1830)다. 인쇄소로 출발한 이 회사는 당시 채프먼&홀의 출판물도 인쇄하고 있었다. 브래드버리&에반스는 출판 산업으로 진출한 후 디킨스를 설득한 끝에 1845년부터 1857년까지 12년간 같이 작업했다. 디킨스는 이때 《데이비드 코퍼필드*David Copperfield*》(1849)를 쓰면서 활발하게 작품 활동을 했으나 둘 사이에 분쟁이 일면서 다시 채프먼&홀로 돌아갔다. 그리고 역대 소설 중 시작이 가장 강렬한 작품 중의 하나로 꼽히는 《두 도시 이야기*A Tale of Two Cities*》(1859)와 디킨스의 역작 《위대한 유산*Great Expectations*》(1860-1861)을 발표하면서 역사에 길이 남을 위대한 작품을 남겼다.

채프먼&홀은 디킨스의 출판사로 불린다. 디킨스와 시작과 끝을 같이 했고 가장 오랫동안 작업한 출판사이기 때문이다. 디킨스와 채프먼&홀의 관계에서 기간보다 더 주목해야 할 부분은 실험 정신이다. 이 둘은 19세기 후반을 풍미했던 연재소설의 시대를 열었다. 요즘은 디킨스의 소설이 모두 단행본으로 묶여 나오기 때문에 19세기 영문학 전공자가 아니면 잘 모르는 사실이지만, 《크리스마스 캐럴*A Christmas Carol*》(1843)처럼 일명 '노벨라(novella)'로 불리는 글, 즉 소설이라고 하기엔 너무 짧은 글을 제외하고는 디킨스의 작품은 전부 연재소설이었다.

물론 연재소설이 19세기 영국 빅토리아 시대에 처음 등장한 것은 아니다. 하지만 디킨스를 계기로 유행을 타기 시작했고 20세기 초까지 작가들 대부분이 연재 형식으로 작품을 발표했다. 오늘날의 웹소설과 비슷하다고 보면 된다. 물론 과거에는 요즘처럼 글을 올리는 간격이 매우 짧거나 그 횟수도 그리 많지 않았다. 주로 몇 주에 한 번, 한 달에 한 번씩 글을 냈다. 글은 잡지에 연재하거나 각 회를 지렴한 가격의 분책(fascicle)으로 만들어 단독으로 출판하기도 했다.

연재소설은 당시 작가와 출판사 모두에게 유리한 방식이었다. 우선, 독자층을 넓힐 수 있었다. 단행본은 제작비가 많이 들어가고 그만큼 가격이 비쌀 수밖에 없었다. 그에 비해 연재소설은 단가가 저렴하여 저소득층도 부담 없이 책을 읽을 수 있었다.[19] 더 넓은 독자층을 확보하는 것은 모든 작가의 꿈이다. 연재 형식은 원하는 만큼 수정하기 어렵고 마감 시간에 쫓겨 촘촘한 플롯으로 완성도를 높이기보다는 우연성에 기대게 된다는 단점도 있지만, 독자와 호흡하며 이야기를 끌고 갈 수 있다는 장점이 크다. 전업 작가로서 정기적인 수입을 보장받을 수 있다는 점도 작가들에겐 매력으로 다가온다. 연재소설이 흥행에 성공하면 작가는 단행본으로 책을 낼 때 출판사와의 계약에서 유리한 위치를 점할 수 있었다.

출판사로서도 나쁘지만은 않았다. 잡지나 분책에 광고를 넣어 부수적인 수입을 올릴 수 있었기 때문이다. 또 성공한 연재소설

THE ARCHBISHOP OF CANTERBURY AND THE DANES.

[Child's History of England, Frontispiece.

A CHILD'S
HISTORY OF ENGLAND

By CHARLES DICKENS

ILLUSTRATED

LONDON
CHAPMAN & HALL, Ltd.
1906

《찰스 디킨스의 영국사 산책》 (©권신영)

이라면 이듬해 발간하는 단행본이 성공할 확률도 그만큼 높아지므로 단행본 출판 시 감수해야 하는 위험을 조금이나마 줄일 수 있었다.[20]

디킨스와 출판사 채프먼&홀의 인연은 1835-36년으로 거슬러 올라간다. 에드워드 채프먼(Edward Chapman)과 윌리엄 홀(William Hall)이 의기투합해 두 사람의 이름을 딴 출판사를 세운 지 2년 정도 지난 시점이었다(당시 대부분의 출판사는 창업자의 이름에서 따왔다). 세간에는 채프먼은 문학적 안목이 뛰어났고 홀은 사업 감각이 좋았다고 알려져 있다. 이들은 1836년에 소설을 시리즈 형식으로 실을 잡지 《The Library of Fiction or Family Storyteller》(1836-1837)를 기획한 후 디킨스에게 글을 부탁했다. 보즈(Boz)란 필명으로 활동하던 디킨스는 무명이지만 이제 막 작가로 주목받기 시작한 때였다. 그는 자신의 작품 《보즈의 스케치 *Sketches by Boz*》 중 몇 개를 기고했다. 이후 출판사는 디킨스에게 정기적으로 연재소설을 집필해달라고 요청했고, 디킨스는 그의 첫 소설 《픽윅 보고서*The Posthumous Papers of Pickwick Club*》(《*Pickwick Papers*》로 더 많이 알려져 있다)를 1836년 3월부터 이듬해 11월까지 분책으로 연재하여 어마어마한 인기를 얻게 되었다. 이후 이들이 다시 함께 작업한 《니콜라스 니클비*Nicholas Nickleby*》(1839)와 《크리스마스 캐럴》도 연달아 히트를 쳤다. 서로 윈-윈이었다. 어렸을 때 구두에 광내는 공장에서 일하는 등 경제적 어려움을 겪은 디킨스는 부와 작가로서 명성을 얻었고 신생 출

판사 채프먼&홀은 단숨에 중견 출판사로 성장했다.[21]

데이비드 서점에서 내가 펼쳐 들었던 《찰스 디킨스의 영국사 산책*A Child's History of England*》 역시 연재물이었다. 《픽윅 보고서》가 분책 형식이었다면, 이 책은 1851년 1월부터 1853년 12월까지 디킨스가 편집자로 있던 문학 잡지 《Household Words》에 연재되었다. 이 잡지는 원래 브래드베리&에반스가 발행인이었으나 출판사가 채프먼&홀인 것으로 보아 디킨스가 발행권을 채프먼&홀에 넘겼거나 저작권이 완료된 시점에 나온 듯하다.

채프먼&홀은 19세기에 문학을 출판하는 방식에 '연재소설'이라는 방법을 도입해 혁신을 거두었고 창업자가 일선에서 물러난 후 20세기 초까지도 비교적 탄탄대로를 걸었다. 하지만 1930년대에 이르러 대공황을 겪으면서 재정난을 피하지 못했고, 결국 출판사 메테운(Metheun)에 인수되었다. 이후에도 출판업계의 생존 경쟁에 따라 여러 번의 인수 합병 단계를 거쳐 현재는 테일러&프랜시스 그룹(Taylor & Francis Group, 1852–)으로 편입되었다.

내가 그날 고서점에서 우연히 만난 두 책. 어딜 가나 흔히 볼 수 있다. 웬만한 도서관에 소장되어 있고 내용도 비슷비슷하다. 오히려 종이의 질, 인쇄 기술, 디자인, 제본 양식은 예전 것보다 월등하다. 그렇지만 이들을 이제는 사라진 출판사 존 머레이와 채프먼&홀이 낸 책과 견주긴 어렵다. 그들에겐 책이 나올 때까지 저자와 출판사가 나누었던 교감과 신뢰, 도전 정신, 떨림, 추억 등 쫄깃쫄깃한 이야기가 담겨 있기 때문이다.

2장 책을 복사할 권리

《엠마》는 어디에

고서점에 가면 무엇에 홀린 듯 지갑을 연다. 데이비드 서점에 간 그날도 그랬다. 이유 없이 거슬리는 옛 활자와 편집 방식을 견디며 끝까지 읽을 확신도 없고 구매할 계획도 없었지만 '뭔가 사고 싶다'는 충동이 마구 일었다. 가격은 천차만별이었다. 《찰스 디킨스의 영국사 산책》은 2파운드(약 3천 원)로 가격은 아주 바람직했으나 종이가 부스러지기 직전이었다. 존 머레이 판 찰스 다윈의 《종의 기원》은 보기만 해도 소장 욕구가 마구 일지만 무려 300파운드(약 45만 원)나 했다. 주머니 사정에 맞지 않았다. 그 와중에 1930년대 인쇄된 제인 오스틴의 네 번째 작품 《엠마》가 눈에 들어왔다.

제인 오스틴(1775–1817). 19세기 초반 영국 여성 소설가. 작품도 많이 회자되지만 그녀는 이름을 밝히지 않은 채 글을 발표한 것으로 유명하다. 첫 작품 《이성과 감성*Sense and Sensibility*》(1811)의 저자 난에는 "숙녀(A Lady)"로, 두 번째 작품인 《오만과 편견*Pride and Prejudice*》(1813)에서는 "《이성과 감성》의 작가"로, 세 번째 작품 《맨스필드 파크*Mansfield Park*》(1814)에는 "《이성과 감성》과 《오만과 편견》의 저자"로, 《엠마》에서는 "《오만과 편견》의 저자"로 계속 이름을 숨겼다. 그리고 사후 출간된 《설득》과 《노생거 사원》에서는 작가 약력이 그녀의 이름을 대체했다. 책 제목 밑 저자 표기에서 그녀의 이름을 볼 수 있게 된 것은 사후 15년이 지난 1830년대다.

내가 집어 든 《엠마》는 아쉽지만 당연하게도 작가 이름이 분명히 박혀 있었다. 파란 가죽 커버에 종이 질도 좋았고 가격도 10파운드(약 1만 5천 원 정도)로 적절했다. 그런데 출판사가 거슬렸다. 콜린스(Collins, 1819–)였다. 이 출판사는 영어 사전으로 유명해졌지만 영국 범죄 소설의 대모 애거사 크리스티(Agatha Christie, 1890–1976)가 작품 대부분을 맡겼던 출판사이기도 하다. 이상했다. 내가 알기론 제인 오스틴의 출판사는 토마스 에거톤(Thomas Eggerton)과 존 머레이 두 군데다. 첫 세 작품은 에거톤에서, 뒤의 세 작품은 존 머레이에서 출판했다.

내가 틀렸나? 고서적 담당자에게 책을 보여주며 《엠마》를 출판한 곳이 원래 콜린스가 아니지 않냐고 물어봤다. 담당자는 하던 일을 멈추고는 희미하게 웃더니, 존 머레이가 찍은 초판을 찾냐고 되물었다. 중고 및 고서적 계에 몸담은 후 30년간 "《엠마》 초판을 찾았지만 여태 구경도 못 했다"라고 답했다. "영국에서 제일 비싼 여자(여성 작가)"이고 "초판이 경매 시장으로 나오면 아마 1억은 훌쩍 넘길 것"이라며 고개를 흔들었다. 초판? 그녀의 이름이 없는 그녀의 책이라니! 구경이라도 할 수 있다면 영광이겠다만 산다는 건 언감생심이다. 나는 그저 시기에 상관없이 제인 오스틴과 존 머레이 이름이 같이 놓여 있는 책을 원했다. 두 이름이 함께 있는 것이라면 20세기 후반 것도 기꺼이 구매할 의향이 있었다. 하지만 담당자는 그것마저도 고개를 저었다.

제인 오스틴의 책은 출판사만 바꾼 채 군데군데 있었다. 담당자는 저작권이 소멸되고 그녀에 대한 재평가가 이루어지면서 많은 출판사에서 책을 찍었다고 배경을 설명해주었다. 그리고 책장을 쫙 한번 훑더니 1930년대 출판되어 2만 원대에 팔고 있는 《엠마》를 추천했다. "빨간 가죽 표지에 인도산 종이로 만든 책"이라며 손으로 한번 쓰윽 쓰다듬더니 "아름답지 않냐"고 물었다. 좋아 보였지만 첫 판권을 가진 출판사가 아닐 바에야 내 예산 안에서 제일 오래된 것이어야 했다. 그날 나는 서점 주인이 권해준 《엠마》 대신, 주머니를 탈탈 털어 1910년대에 발행된 《이성과 감성》을 샀다.

궁금했다. 첫 판권을 가진 존 머레이 발행 《엠마》는 어쩌다 고서점 주인도 보지 못할 만큼 드문 책이 되었을까. 존 머레이의 판권은 언제 끝난 것일까. 19세기 제인 오스틴은 어떤 형식과 절차를 밟아 출판사와 계약했을까. 무게가 나가는 책이 대서양을 건너긴 어려웠겠지만 그래도 영어권이면 미국, 캐나다, 호주에라도 있지 않을까. 툭툭 계통 없이 튀어나오는《엠마》의 행방에 관한 그날의 호기심은 19세기 저작권을 중심으로 돌고 있었다.

Copyright. 저작권으로 번역되는 이 단어는 '복사'와 '권리'가 붙은 합성어로 문자 그대로 '복사할 권리'다. 현재 국제적으로 통용되는 복사할 권리는 저자가 가지고 있고 출판사는 저자와 계약한 기간 내 배타적 발행권을 갖는다. 작가가 저작권을 행사할 수 있는 기간은 최소 저자 사후 50년이다. 그러나 많은 국가에서 저자 사후 70년을 기준으로 둔다. 저작권이 종료된 이후에는 동의가 없어도 누구나 사용할 수 있는 공공 영역(public domain)으로 들어간다.

현재 원칙은 간단해 보이지만, 사실 단어 하나하나가 거대한 질문이다. 저작권 개념은 누가 만들었을까. 왜 하필 '복사할 권리'일까. 책이 활자화된 생각이고 지식임을 감안할 때 생각이 개인의 재산이 될 수 있을까. 개인의 재산이라면 왜 모두에게 개방되어야만 하는 것일까. 책은 시계, 차, 컴퓨터와 동일한 종류의 물건으로 취급해야 할까. 이 권리는 국제적으로 동시에 인정받았던 것일까. 특허권은 각 나라 모두 20년으로 통일했는데 저작권은 왜 '사후'를 넣어 작가의 인생을 표현하고 기간을 주관적으로 만든 것일까.

최초의 저작권법

작가들이 "복사할 권리(저작권)"를 갖게 된 건 1710년, 세계 최초의 저작권법 '앤여왕법(Statute of Anne)'을 통해서다. 1710년 이전에는 저자가 일시불을 받고 원고를 넘기면 작품에 관한 모든 처분 권한이 영구적으로 출판인에게 넘어갔다(이를 요즘에는 '매절'이라고 한다). 1710년 영국은 오랜 관행을 뒤집고 저자가 출판사에 주는 권리는 '발행'에 대한 것일 뿐 작품에 대한 권리는 저자에게 귀속된다고 판단했다. 저작권과 발행권을 분리한 것이다.

18세기 초, 영국 법원이 역사적 판결을 내린 이유를 살펴보려면 17세기 중반 영국 내전으로 거슬러 올라가야 한다. 이때는 왕정과 의회라는 정치 체제를 두고 왕정주의자와 의회주의자가 전쟁을 불사할 만큼 격렬히 대립한 격동기였다. 영국 왕실은 기존 질서에 반하는 사상이 사회 곳곳으로 스며드는 것을 막기 위해 출판물을 사전 검열하는 출판법(Printing Ordinance, 1643, 1662)을 제정했다. 이 법에 따라 정부는 런던 내 출판사를 20개로 제한했고 출판물을 미리 검열했다. 당시 검열 기관은 런던 출판의 중심지 세인트 폴 성당 주변인 파터노스터 로우에 있던 스테이셔너스 컴퍼니(Stationer's Company)다. 이 기관은 중세 책 상인들의 독점적 길드 조직으로 1403년 설립되었고 1557년 왕실로부터 공식 인정(Royal charter)[22]을 받았다(이 조직과 스테이셔너스 홀이라 불린 이들의 건물은 아직도 런던에 있다). 출판법에 의거하여 이들은 무

허가 출판물을 발견하는 즉시 작가 및 출판인의 집과 가게를 뒤지고 체포했다. 하지만 격동기에 생각이 퍼져나가는 것을 막을 수는 없었다. 17세기 말 런던에 암암리에 책을 내는 출판사는 이미 60개 이상이었고, 소위 '불온' 서적은 사회 곳곳에 퍼져 있었다.[23]

허가제에 의한 출판 독점 구조는 의회 민주주의로 전환(1689)된 이후 자유 경쟁 질서로 대체되었다. 언론은 자유라는 기회를 얻었지만 예상치 못한 부작용에 직면했다. 해적판이 범람하게 된 것이다. 제도를 오용했던 이들은 인쇄기를 구입한 후 기존의 책들을 마구잡이로 찍어 저렴한 가격에 팔았다. 작가에게 원고료를 지불하고 정당하게 경제 행위를 하던 출판인들의 피해가 눈덩이처럼 불어났고 출판인들은 시장 질서를 위해 허가제를 부활시켜야 한다고 청원을 넣었다. 이는 몇몇이 출판을 좌지우지하는 독점 경제로 돌아가는 것을 뜻했기에 의회는 받아들이지 않았다. 그러자 출판인들은 허가제가 출판인을 포함해 저자까지 보호하는 방안이 될 것이라는 논지를 내세웠다. 당시 영국은 인쇄 산업이 발달하면서 글을 업으로 삼는 전문 작가층이 형성되고 있었다. 이들은 문학뿐 아니라 종교개혁, 계몽주의, 이성주의 등 사상계까지 아우를 정도로 그 스펙트럼이 광범위했다. 출판계가 주장한 작가 보호의 필요성은 의회도 공감했다.

영국 하원의 입장은 분명했다. '독점 경제를 의미하는 허가제는 부활시키지 않되 작가층을 해적판으로부터 보호한다'였다. 두 숙제를 동시에 해결하기 위해 의회는 1710년 "복사할 권리"를 출판인으로부터 거두어들여 저자에게 주었다. 이것이 세계 최초의 저작권법으로 인정받는 법안인 앤여왕법이다.

이 법은 21세기 저작권법과는 많이 다르다. 무엇보다 기간이 아주 짧다. 앤여왕법은 저자에게 14년+14년, 총 28년을 보장했다. 첫 14년이 끝나면 저작권은 자동으로 저자에게 귀속되고 저자가 재계약 여부를 결정할 수 있다.[24] 두 번의 기간을 합쳐 총 28년이 지나거나 그 중간에 저자가 사망하면 저작권은 소멸되고 작품은 누구나 사용힐 수 있는 공공재가 된다. 앤여왕법을 시행하기 이전에 발표된 작품은 21년간 저작권을 보장했다.

앤여왕법은 현재 출판업의 기본 구도를 탄생시켰다. 우선 저작권과 발행권이 분리되었다. 1710년 전까지 작가는 출판인에게 원고를 넘기는 순간, 존재감이 사라져버렸다. 다시 작가에게 저작권을 귀속시킴으로써 작가는 출판계의 주요 행위자로 떠올랐다. 첫 14년과 갱신 14년으로 이전보다 강한 협상력을 갖게 된 저자는 출판인을 견제할 수 있었다. 동시에 의회는 출판인의 발행권을 보장함으로써 출판 시장에서 합법/불법의 경계를 명확히 구분했다. 두 번째로 공공 영역을 설정하여 저작권과 발행권을 동시에 제한하는 장치로 삼았다. 14+14년, 28년이 지나면 작품은 누구나 사용할 수 있는 공공재가 되는 것이다. 이로써 책이라는 지식은 출판 산업의 핵심인 작가와 출판인, 그리고 책을 구매할 수 있는 몇몇 소비자뿐만 아니라 어떤 시점에 이르면 모든 사회가 마음껏 자유롭게 공유할 수 있다는 생각을 법으로 못을 박은 셈이었다.

책 상인들의 전투

1710년 법으로 출판계에 일었던 혼란이 잠재워진 것으로 보였으나 앤여왕법이 보장한 '14+14년' 저작권이 끝나가는 1730년대 후반, 영국 출판계는 다시 요동쳤다. 바로 1730년대 후반부터 1770년대 중반까지 40년간 이어진 "책 상인들의 전투(the Battle of the booksellers)"다. 이들의 갈등은 런던계와 스코틀랜드계에서 불거졌다. 당시 스코틀랜드 출판계는 저작권이 소멸된 작품을 발간하는 복제(reprint) 시장을 공략했고 이는 기득권을 쥐고 있던 런던 출판계에 위협으로 다가왔다. 런던계는 앤여왕법 제정 당시 저작권을 저자에게 양보했지만 해적판을 불법화시켰던지라 경제적 손해를 줄일 수 있었다. 하지만 저작권이 끝나고 작품이 누구나 사용할 수 있는 공공 영역으로 들어가면서 더는 독점적 발행권을 주장할 수 없게 된 것이다. 이들의 입장에서 공공 영역은 해적 세계와 다름없었다. 주인 없는 바다에서 내키는 대로 노략질을 일삼는 해적처럼, 공공 영역에서는 누구나 모든 작품을 마음껏 사용할 수 있었다. 그러니 이 시장을 주도하는 스코틀랜드계는 해적과 다를 바 없었다. 원하는 것은 무엇이든 대량으로 복제하여 돈을 벌어들였기 때문이다.

저작권과 발행권의 시한부성이 마음에 들지 않았던 런던 출판계는 이해관계가 부딪칠 때마다 스코틀랜드 출판업자를 법정으로 불러냈다. 이들은 영구적 권한을 부여했던 과거 관습법

(common law)을 앞세웠고 스코틀랜드 출판업자들은 1710년 앤여왕법으로 맞섰다.[25]

판결에 따라 양쪽이 엎치락뒤치락하던 중 마침내 도널드슨 대 베켓(Donaldson v. Becket, 1774) 사건이 논란에 종지부를 찍었다. 사건의 발단이 된 책은 제임스 톰슨(James Thomson, 1700-1748)의 《사계*The Seasons*》(1730)였다. 런던 책상인 토마스 베켓(Thomas Becket)이 출판권을 가지고 있었지만, 스코틀랜드의 책상인인 알렉산더 도널드슨(Alexander Donaldson)은 저작권 보호기간이 완료되자 이를 복제해 팔았다. 이에 베켓은 그를 '해적질'한다고 고발하고 법정에 세웠다. 영국 법원은 그간의 법적 해석을 아울러 "작가란 누구인가?" "생각이 집이나 자동차처럼 개인에게 배타적으로 귀속되는 재산일 수 있는가?" "저작권은 특허권과 어떻게 다른가?" 등을 둘러싸고 종합적인 해석을 내놓았다.

영구 저작권을 원했던 런던 책 상인들은 재판에서 작품이 작가에게 귀속된 재산임을 강조했다. 이 주장은 철학자 존 로크(John Locke, 1632-1704)의 노동 개념을 기반으로 한다. 로크에 따르면 노동은 특정 물건의 소유권을 주장할 수 있는 결정적 근거다. 가령, 같은 사과라도 내 노동력이 들어간 사과는 내 것이지만, 남의 노동력이 들어간 사과는 타인의 것이다. 이 같은 맥락에서 런던 책상인은 문학 작품은 작가가 노동을 투입해 만들어낸 열매이므로 작가의 재산이고, 여타 물건과 마찬가지로 자기 작품에 대한 영구적 권리를 갖는다고 해석했다. 그리고 출판사는 작가로부터 그 권리를 샀기 때문에 그 권리 역시 영구적이어야 한다는 논리를 펼쳤다. 이것이 영국의 관습법에 담긴 기본 전제이며 1710년 법은 관습법을 보조하는 역할이라고 주장했다.[26]

스코틀랜드 출판계도 마찬가지로 작가의 권리를 인정했다. 다만 그 권리에 한계를 두어야 한다고 주장했다. 책, 즉 활자화된 생각은 일반적인 재산, 다시 말해 집이나 자동차, 전화기와는 본질적으로 다른 상품이라는 것이 이유였다. 물건은 개인이 배타적으로 소유하고 사용하지만, 생각을 담은 책은 사회 전체의 이익을 위해 널리 유통되어야 하는 상품이라며 책의 특수성을 근거로 들었다. 책이라는 상품의 성질을 고려했을 때 저작권은 특허권과 마찬가지로 법으로 유효 기간을 정해야 한다는 주장을 펼친 셈이다.[27] 공리주의 철학의 기초를 닦은 스코틀랜드 철학자 데이비드 흄(David Hume, 1711–1776)의 사고방식이 엿보이는 대목이다.

판사들은 스코틀랜드 출판업자 도널드슨의 손을 들어주었다. 그에게는 개인적으로 두 번째 승리였다. 1년 전인 1773년, 저작권이 완료된 토마스 스택하우스(Thomas Stackhouse)의 저서를 복제했을 때 런던 출판업자 힌튼(Hinton)이 그를 고소한 적이 있었다. 당시 스코틀랜드 법정은 영구 저작권이 관습법 내에 존재한다는 원고 측 주장을 인정하지 않았다. 스코틀랜드 판결의 영향 아래 도널드슨 대 베켓의 싸움에서 법정은 "작품은 작가의 노동이 들어간 재산이므로 작가의 권리를 보장하는 것이 맞지만 영구적 권리는 인정하지 않았"다. 작가권을 영구적으로 인정하면 소수 출판인이 지식 유통을 독점하는 구조가 성립될 것이고, 이들이 경제적 이익을 위해 가격을 올리는 경우 지식은 일부 계층에 국한되어 대중이 지식을 획득할 수 있는 통로가 막힐 것이라고 판단한 것이다. 저자의 권리만큼 지식의 공리성을 중시한 판결이었다.

저작권을 둘러싼 갈등이 일단락된 후 영국은 "영문학의 황금기"라 불리는 19세기로 접어들었다. 작품이 법적으로 보호받을 수 있게 되자 업으로 글을 쓰는 작가들이 더욱더 늘어났고, 이들이 쏟아내는 작가적 상상력과 실험으로 아동 소설, 과학 소설, 추리 소설, 가정 소설, 로맨스 소설 등 새로운 장르가 열렸다. 소비자인 독자층도 노동자 계층과 여성까지 확장되었다. 지식의 공리성을 강조한 공적 영역 덕분에 저작권이 완료된 문학 작품은 저렴하게 복제되었다. 저작권이 끝나지 않았더라도 책을 공동 구매해 돌려 읽는 북클럽이나 책을 대여하는 상업 도서관이 등장하면서 누구나 쉽게 책을 빌려 읽을 수 있게 되었다.

유통 시간을 획기적으로 단축한 철도 건설도 영문학이 번성하는 데 일조했다. 철도 덕분에 도시에 집중되었던 지식이 지방 농촌까지 수월하게 전달되었기 때문이다. 농업 기술을 담은 책은 생산력을 향상시켜 농촌의 생활 수준을 높였고, 시와 소설은 도시와 농촌의 문화적 격차를 줄였다. 19세기 후반기 영국은 사실상 모든 이가 문학을 즐기는 수준에 달했다.

"영문학의 황금기"를 맞이한 19세기 영국은 저작권법을 수정 및 발전시켰다. 그 첫걸음이 '1814 저작권법(1814 Copyright Act)'

이다. 이 수정법은 앤여왕법과 마찬가지로 28년을 보장했다. 하지만 작가가 그 기간을 넘어 생존할 경우, 사망할 때까지 저작권을 연장시켰다.

1816년에 발표된 《엠마》에는 1814 저작권법이 적용되었다. 하지만 제인 오스틴은 법이 보장하는 28년을 채우지 못하고 사망하여 그녀의 저작권은 오빠 헨리 오스틴과 언니 카산드라 오스틴에게 넘어갔다. 1831년, 존 머레이는 오스틴의 모든 작품을 출판하려고 했으나 어떤 이유인지 이들은 저작권을 존 머레이 경쟁사인 리처드 벤틀리(Richard Bentley) 사에 팔았다. 이후 벤틀리는 '스탠다드 노벨(Standard Novels)' 시리즈의 일부로 1833년 제인 오스틴 전집을 발간했다.[28] 최초로 그녀의 이름을 달고서.

해외 해적판이 성행하다

작가 이름이 없는 《엠마》는 출판된 1816년 바로 그해 바다를 건너갔다. 어디까지 책이 전해졌는지 정확히 알기 어렵지만 확실하게 알려진 곳은 미국이다. 런던에서 《엠마》가 출판되자마자 그중 한 권이 배로 대서양을 건넜다. 먼저 미국에 도착한 책은 필라델피아 출판 사업가 매튜 카레이(Mathew Carey, 1760−1839)의 손에 전해졌다. 그는 곧장 500부를 찍어 미국 내에서 본격적으로 판매했다.[29] 엇비슷한 시기에 책은 영국 해협도 건넜다. 그리고 얼마

지나지 않아 프랑스어판 《엠마》가 프랑스 출판 시장에 모습을 드러냈다.[30]

제인 오스틴은 해외에서 판매된 책의 원고료로 얼마나 받았을까? 안타깝게도 '0원'이다. 그보다 더욱 안타까운 사실이 있다. 제인 오스틴 본인은 《엠마》가 해외에서 읽힌다는 사실조차 몰랐을 가능성이 크다는 것이다. 미국 출판과 프랑스 번역판 모두 저자의 동의 없이 출판되었기 때문이다. 만에 하나 그 사실을 알았더라도 그녀가 외국 출판사에 조처를 취할 수 있는 법적 근거는 없었다. 그녀의 저작권은 영국 내에서만 인정되었다. 영국 작품은 프랑스와 영국이 양국 저자를 상호 보호하기로 약속한 1852년이 되어서야 보호받게 되었다. 미국에서는 그보다 훨씬 늦은 1891년, 미국이 국제 저작권법을 인정할 때 비로소 가능해졌다. 작가들이 좀 더 많은 국가에서 보호를 받게 된 것은 '베른 협약(Berne Convention)'이 체결된 1886년이다. 그러나 이 시기는 이미 오스틴의 《엠마》 저작권이 소멸한 때였다.

해외에서 해적판이 되어 떠돈 《엠마》는 국제적인 분쟁으로 확장될 가능성이 농후했다. 인쇄 기술의 원죄인 '복제'가 얽힌 문제였기 때문이다. 국제 해적판은 국내에서 불거진 갈등보다 좀 더 노골적이고 야만적이었다. 18세기 중반 영국 국내 출판인들은 최소한의 도리는 지켰다. 대부분 저작권이 끝난 작품을 두고 싸웠기 때문이다. 그러나 19세기 국제 사회는 저자에 대한 예의 따위는 아랑곳하지 않고 저작권 자체를 완전히 무시한 채로 책을 복제했다. 어처구니가 없는 일이었다. 《엠마》가 출판된 1816년 당시, 여타 국가에 저작권이란 개념은 생소하지 않았다. 법률화 자체는 영국보다 느렸지만 프랑스와 독일 역시 각자의 방식에 따른 저작권 개념과 법이 있었다.

출판사들의 경제적 이해관계 속에 발달한 영국식 "복사할 권리"와 달리, 프랑스와 독일은 작품과 작가는 떨어뜨릴 수 없는 관계로 법이 개입할 수 없는 자연권, 즉 온전히 작가에게 귀속되는 "저자의 권리" 측면에서 저작권 개념을 발전시켰다. 그 결과 양국의 저작권은 영국보다 길었다. 19세기 중반 프랑스는 작가 사후 최대 20년까지 권리를 보장했고 독일은 그보다 더 긴 사후 40년까지였다.[31] 미국의 경우 1790년에 저작권법을 제정했는데 영국의 1710년 법을 모델로 참고하여 14+14년제를 택했다.

인쇄 기술과 교통수단의 발달로 책 무역의 규모도 커지고 점차 바깥으로 뻗어나가면서 해외 저자가 문제로 떠올랐다. 영국 작가 작품을 프랑스가 프랑스 영토에서, 그 반대로 프랑스 작가 작품을 영국이 영국 내에서 권리를 인정하고 보호해줘야 하는지를 결정해야 했다. 그리고 작품을 보호한다면 양국 저작권이 다른 상황에서 영국법과 프랑스법 중 어느 쪽을 적용할지도 문제였다. 다양하고 새로운 문제가 제기되었지만 이에 대한 논의는 전무했다.

그 와중에 1820년대 이후 해외 해적판이 급속도로 늘어났다. 가장 노골적으로 영국 책을 무단으로 인쇄했던 곳이 언어적 제약이 없는 미국이었다. 미국 출판사는 필라델피아와 뉴욕을 중심으로 런던 신간이나 문학잡지 등을 작가의 동의 없이 배로 1부 가져온 후 해적판을 만들어 싼 가격에 유통했다. 1820년대 미국에 유통된 문학 작품 70퍼센트 이상이 영국 작가의 해적판일 것으로 추정될 정도다.[32]

여기에 그치지 않았다. 미국 출판사들은 미국산 해적판을 캐나다로 수출까지 했다. 캐나다 처지에서는 대서양 너머의 비싼 영국 책을 수입하기보다 가까운 미국에서 값싼 해적판을 들여오는 편이 합리적이었다.[33] 정치적으로는 대영 제국 소속이지만 당시 영국 저작권법은 국내법으로 캐나다에 적용되지 않았기 때문에 불법도 아니었다. 영국 작가와 출판계는 속수무책이었다. 미국과 캐나다 내에 유통된 해적판을 처벌하자니 법적 근거가 없었다. 또 미국 저작권법은 미국 시민과 영주권자에 국한하여 적용되었기 때문에 영국 작가가 국적을 바꾸거나 미국에 직접 거주하지 않는 한 미국에 책을 등록하여 권리를 주장할 수도 없었다.

미국의 과도한 "문학 해적질(literary piracy)"에 1836년 영국 출판사와 작가는 미국 출판사가 작가 동의 없이 내용까지 자의적으로 수정한다며 미국 의회에 비-미국인 작가를 보호할 방법을 강구하라고 청원했다.[34] 심지어 당대 스타 작가로서 해적판의 최대 피해자가 된 찰스 디킨스는 직접 미국을 찾아갔다. 그는 1842년 1월부터 6월까지 약 반년간 머물 예정이었다. 미국 사회는 "그레이트 보즈(Great Boz, 디킨스의 초기 필명)"를 외치며 성대한 파티를 개최하는 등 그를 환대했고 디킨스는 주요 도시를 순회하며 기회가 될 때마다, 심지어 타일러 대통령과 가졌던 워싱턴 D.C. 만찬에서도 국제 저작권의 필요성을 강조했다.[35]

하지만 미국 사회는 디킨스가 제기한 국제 저작권 문제에 그가 과민하다며 회의적인 태도를 보였다. 이들은 저작권이 반민주적이라고 주장했다. 모든 인류의 공공 재산인 언어로 이익을 보는 것은 바람직하지 않고 책은 보다 공공의 이익, 대중 계몽을 위해 기여해야 한다는 논리였다. 이들에게 복제는 엘리트의 지식 독점을 막는 수단이고 대중이 싸게 문학에 접근할 수 있는 통로였다. 이들의 논리는 당시 보호 무역주의를 취했던 미국의 경제 원칙과도 맞아떨어졌다.

물론 미국에서도 저작권을 지지하는 층이 있었다. 1843년 결성된 미국 저작권 클럽(The American copyright club)은 해적판이 갖는 도덕적 문제, 작가들에게 끼치는 경제적 피해, 작가 동의 없이 자의적으로 수정하여 문학 작품을 훼손하는 것, 미국이 영국 문학계에 과도하게 의존하여 고유의 작품을 만들어내지 못하는 문제 등을 이유로 국제 저작권법을 지지했다.[36] 하지만 이들은 소수로 영향력이 미미했다. 영국으로 돌아온 후 디킨스는 "나는 실망했다. 내가 보러 간 공화국이 아니었다. 내 상상 속의 공화국이 아니다"라고 하면서 미국 사회를 혹평했다.

영국 작품의 해외 해적판은 급기야 자국까지 서서히 잠식했다. 주로 유럽 대륙을 타고 들어왔다. 당시 프랑스나 독일에서 발행되는 영국 작가의 복제판은 영국 본토 책의 5분의 1 가격으로, 대륙으로 여행을 갔던 영국인들이 돌아올 때 사 들고 왔다. 프랑스 출판인 길리냐니(Galignani)는 개인 수준의 밀수를 넘어 아예 대놓고 런던에 복제판을 공급할 대리인을 두었고, 바일리에르(Bailliere)는 런던에 복제 가게를 열었다.[37]

런던 도심까지 잠식해온 해적판은 일종의 경고 신호였다. 단기적으로 작품의 가격을 떨어뜨려 작가와 출판사에 막대한 경제적 피해를 입히는 것은 물론, 장기적으로는 문단계와 출판계가 동시에 쇠퇴의 길로 갈 수 있었다.

해적판과의 전쟁

1842년 영국은 저작권법을 대폭 수정하며 해적판과의 전쟁을 선포했다. 우선 저작권을 작가 생애+7년(혹은 42년)으로 늘렸다. 저작권 보호 대상을 명확히 한정하기 위해 출판인들은 책을 출간할 때 반드시 스테이셔너즈 컴퍼니에 등록해야 하며, 출판 후 한 달 내에 영국 도서관이나 옥스퍼드, 케임브리지 등 몇몇 주요 대학 도서관에 실물을 보내야 한다고 명시했다. 그리고 저작권법 적용 범위를 대영 제국 전체로 확장했다. 인도, 캐나다, 호주, 카리브해 섬 국가 등으로 유입되는 미국 해적판 및 모든 해외 해적판을 불법화한 조치였다. 불법 해적판이 발견될 시에는 압수하거나 벌금형을 적용할 수 있다고 단단히 엄포를 내렸다.

이론적으로는 가능한 일이었다. 그러나 현실적으로 이 법이 캐나다로 유입되는 미국 해적판을 막을 수 있을지 영국도 확신할 수 없었다. 미국과 캐나다는 워낙 국경이 광범위했고 그만큼 수요도 많았다. 캐나다에서 해적판을 사는 이상, 밀수를 막을 길은 없어 보였다. 결국, 마지막으로 내놓은 해법은 정면승부였다. 미국산 해적판과 경쟁할 수 있는 저렴한 책을 대영 제국 전체에 제공할 필요성이 제기된 것이다. 이에 1843년 5월 17일, 영국 총리 윌리엄 이워트 글래드스톤(William Ewart Gladstone)과 출판계 대표 존 머레이 사의 존 머레이 3세, 롱맨(Longman, 1724–) 사의 토마스 롱맨(Thomas Longman), 그리고 작가 대표로 찰스 디킨스가 만나 이 문제를 논의했다. 3개월 후, 머레이 3세는 가급적 가장 낮은 가격으로 식민지 시장에 내놓을 전집을 만들겠다는 결정을 내렸다. 그렇게 나온 것이 1843년부터 1849년까지 발간된 총 49권의 《Home and Colonial Library》 시리즈다. 주로 인도, 캐나다, 호주 같은 식민지 위주로 수출되었고 프랑스와 독일 시장에도 조금씩 진출했다.[38]

하지만 《Home and Colonial Library》는 미국산 해적판과 벌이는 경쟁에서 밀릴 수밖에 없었다. 몇몇 작품은 저작권이 만기되었지만 대다수 작품은 저작권이 살아 있어 작가들에게 인세를 주어야 했고, 무거운 책을 대서양 건너 캐나다까지 배로 운송하는 비용도 만만치 않았다. 무엇보다 소비자인 캐나다 사람들은 습관적으로 구매하던 미국산 해적판을 멀리해야 할 특별한 이유를 찾지 못했다. 가령, 영국은 캐나다 작가를 영국 작가와 동등하게 보호해주지 않았다. 영국 본토에서 출판하여 등록된 책만 저작권을 보호받을 수 있었다. 가격 경쟁에서 밀리고 캐나다 사회를 설득할 구체적인 대안을 제시하지도 못했던 영국은 미국 해적판과의 경쟁에서 패배했다.

결국 한발 물러난 영국은 1847년에 해외 복제법(Foreign Reprint Act)을 제정했다. 미국산 해적판 수입을 용인하되 국경에서 관세를 부과하고 여기서 걷은 돈으로 자국 작가들에게 부분적으로나마 보상하겠다는 의도였다. 그러나 실제로 거두어진 관세 총액은 미미해서 이마저도 실패였다.[39] 국제 저작권법으로 해적판을 금하지 않는 한 궁극적으로 해결되기 어려운 문제였다.

영국은 1838년 국제 저작권법을 제정하기에 이르렀다. 해외 작가라도 작품을 정식으로 등록한 후 스테이셔너즈 컴퍼니와 영국 박물관에 한 부씩 기증하면 영국 작가들과 동등하게 작가 생애로부터 약 7년간 저작권을 보호하는 법이었다. 여기에는 '쌍방 보호'라는 전제가 있다. 예를 들면, 프랑스가 영국 작가의 작품을 보호할 때 영국도 프랑스 작가를 보호하고, 프랑스가 보호하지 않으면 영국도 이 법을 적용하지 않는다는 뜻이다. 각 국가의 이해관계가 달랐고 저작권 보호 기간이 각각 달랐기 때문에 쌍방 합의까지는 시간이 오래 걸렸다. 영국은 8년이 지난 1846년에야 지금의 독일인 프러시아와 쌍방 보호 조약(Bilateral Treaty between

Prussia and Britain)을 체결하는 데 성공했다. 프랑스와는 1852년에 서명했다.

양자 간 보호에서 더 나아가 1886년에는 다자간 저작권 보호 조약이 만들어졌다. 일명 '베른 조약'으로 영국, 벨기에, 독일, 프랑스, 이탈리아, 스페인, 스위스 등 10개국이 스위스 베른에 모여 서명했다. 베른 조약은 국제 저작권 질서의 기본 틀로 기능하는데, 2020년 기준으로 약 180여 회원국이 이 조약을 따른다. 프랑스 국제 문학-예술 연합회(Association Littéraire et Artistique Internationale)의 주도하에 이루어낸 성과였다. 이곳은 1878년에 결성된 단체로, 평소 저작권 문제에 관심을 가졌던 《노트르담의 꼽추*The Hunchback of Nortre-Dame*》(1831)와 《레미제라블*Les Miserables*》(1862)의 작가 빅토르 위고(Victor Hugo, 1802-1885)가 창립 멤버로 참가하여 명예 회장을 역임하면서 국제 저작권 운동을 각국에 호소했다. 베른 조약이 체결되는 모습까지 보았다면 드디어 작가들이 정당한 권리를 획득하게 되어 환호했겠지만, 아쉽게도 그는 조약이 체결되기 1년 전에 사망했다.

해적판의 대장 미국은 당시 베른 조약에 참여하지 않았다. 그러나 《톰 소여의 모험*The Adventures of Tom Sawyer*》(1876) 《허클베리 핀의 모험*The Adventures of Huckleberry Finn*》(1885)을 쓴 마크 트웨인(Mark Twain, 1835-1910) 등 미국에서도 국제적 베스트셀러 작가들이 등장하면서 상황이 달라졌다. 미국이 그랬던 것처럼 영국 출판사들이 해적판을 만들어 영국 내에서 팔기 시작한 것이다. 미국 작가들도 저작권 보호에 적극적인 목소리를 냈고, 눈덩이처럼 불어나는 자국 작가들의 경제적 피해에 미국은 1891년 국제 저작권법(International Copyright Act)을 제정하기에 이른다. 미국은 100년이 지난 1988년이 되어서야 베른 조약에 가입했다.

상태가 좋은 존 머레이 사의 초판 《엠마》가 지금 경매 시장에 나온다면 1억을 넘길 것이라는 고서적 담당자의 추측도, 초판이 아니더라도 존 머레이 사의 《엠마》는 귀하다는 말도 맞을 터다. 지금과 달리 19세기 전반기의 저작권은 유효 기간이 짧았다. 그럼에도 질문이 또 남는다. 《엠마》의 저작권이 소멸되고 공공 영역에 들어간 후 존 머레이는 왜 더는 책을 찍지 않았을까? 한창 책을 출판하는 도중에 저작권을 경쟁사에 빼앗겨서 기분이 나빴던 것일까, 아니면 어느 날 출판했는데 데이비드 서점 고서적 담당자가 못 본 것일까? 풀리지 않는 의문을 안은 채로 다른 책들을 마저 둘러보기로 했다.

3장 이야기를 파는 사람들

역사를 찾아서

데이비드 서점에서 한 시간 반 정도 더 머물렀다. 흥미로운 책을 발견할 때마다 고서적 책임자에게 질문을 던졌고 그걸 또 전문가답게 찰떡같이 해석해서 받아주는 덕에 나는 상당히 영양가 높은 지식을 얻었다. 서점을 나갈 무렵 실례를 무릅쓰고 "이곳에서 얼마나 일하셨냐"고 개인적 질문을 던졌다. "43년". 15세에 토요일에만 일하는 '토요일 소년(Saturday boy)'으로 일을 시작했지만, 책을 좋아하다 보니 어느새 이 서점 주인의 파트너가 되었고 여태 같은 일을 하고 있다고 답했다. 43년이 주는 묵직함에 내가 입을 다물지 못하자 그는 웃으며 "저기 더 오래된 사람도 있다"라며 가게 입구 계산대에 있는 사람을 가리켰다. 창업주 구스타브 데이비드의 증손자로 50년 넘게 자리를 지키는 중이란다.

나는 마지막으로 "왜 'bookseller'라는 이름을 고수하세요?"

라고 물었다. 도발적이지만 정말 궁금했던 부분이다. 서점은 영국식 영어로는 "bookshop", 미국식으로는 "bookstore"다. "bookseller" 역시 직역하면 책상인으로 책을 파는 사람이긴 하지만 현대식 출판 구조보다 중세에 더 적합했을 단어다. 기획, 인쇄, 출판, 판매가 전문화된 현재 출판 산업 구조에서 서점은 책 상품화 과정의 최종 단계인 판매만 맡는다. 반면, 중세의 책상인은 만능인이었다. 작가에게 돈을 주고 원고를 사서 작업장에서 인쇄기를 돌렸고 직접 제본까지 한 후 지기 가게에서 책을 팔았다.

내 질문의 뜻을 정확히 파악한 고서적 담당자는 "오래된 느낌을 버리고 싶지 않아서"라고 답했다. 지극히 영국스러운 답이었다. 그리고 "뭐 내가 팔고 있는 게 책이지 않냐"며 이상할 것도 없다고 했다. 덧붙여 "저기 헤퍼스(Heffers)는 실제로 옛날에 책도 만들어 팔았"다며 미처 몰랐던 옛이야기, 귀가 번쩍 뜨이는 뒷이야기를 해줬다. 그가 말한 헤퍼스는 데이비드 서점에서 약 300미터 떨어진 곳에 위치한 서점이다. 1876년 케임브리지에서 개장해 지금까지 지역 서점으로 명맥을 유지하고 있다.

가게 골목을 빠져나와 시청 앞 장터를 바라보고 섰다. 천천히 시내에 있는 책 파는 곳을 하나씩 떠올려보았다. 350미터 이내에 서점 다섯 개가 있다. 50미터만 더 가면 나오는 케임브리지대 대학 출판사 직영 서점을 필두로 그 뒤에는 지역 서점인 헤퍼스, 모든 기차역과 공항에 있는 스미스(WHSmith), 영국 전역에 체인점을 보유한 최대 규모의 서점 워터스톤스(Waterstone), 그리고 방금

WHSmith 서점 (©권신영)

까지 내가 있었던 데이비드 서점. 사실 두 개 더 있었다. 첫 번째는 갤로웨이&포터(Galloway & Porter, 1902−2010)로 장장 100년 동안 운영했던 서점이다. 문을 닫는다는 소식이 퍼졌을 때 모두가 안타까워한 기억이 난다. 작은 독립 서점만이 아니다. 지역 상권을 모조리 삼켜버릴 것 같았던 미국 대형 서점 보더스(Borders)도 한때 있었다.

책을 판다는 공통분모 아래 지금까지 남아 있는 다섯 개 서점들은 각각 근대 출판 산업이 발달하는 과정에서 주요한 자리를 차지하고 있다. 진취적으로 새로운 것을 시도하는 과정이자 냉혹한 시장 경쟁에서 살아남기 위한 노력이기도 했다. 결과도 각각 달랐다. 누구는 세계적으로 뻗어나갔고 누구는 서글프게도 떠밀렸고, 누구는 기적적으로 소생했다.

트리니티 1번지 맥밀런_서점에서 세계 최대 출판사로

트리니티(Trinity)가 1번지. 광장을 사이에 두고 시청과 마주 보고 있는 상가에 들어선 첫 번째 가게의 주소다. 그야말로 최고의 명당이다. 케임브리지를 대표하는 고딕풍의 킹스 칼리지 채플이 코앞에 있고 학생, 주민, 관광객으로 항상 북적거리는 곳이라 장사가 잘될 수밖에 없다. 기념품이나 먹거리를 팔아야 할 것 같지만 의외로 영국에서 가장 오래된 '책 파는 터'라는 타이틀을 보유하고 있다. 1581년 윌리엄 스칼렛(William Scarlett)이 처음으로 책을 판 이래 지금까지 약 450년간 다른 어떤 업종도 트리니티가 1번지를 차지하지 못했다. 그야말로 '책의 마을'이다.

현재 '최고령 책 터'의 주인은 케임브리지대학 출판부다. 현존하는 출판사 중 전 세계에서 가장 오래된 곳으로 그 역사는 16세기로 거슬러 올라간다. 헨리 8세는 왕권을 강화하는 과정에서 교회에 귀속된 땅을 케임브리지대학에 몰아준 것으로 유명한데, 그 유명세에 걸맞게 "모든 형태의 인쇄물"을 찍을 권한을 케임브리지대 출판부에 주었고, 대학 출판부는 1584년에 첫 책을 출판했다. 아이작 뉴턴(Issac Newton, 1642–1726/27)의 《자연철학의 수학적 원리*Mathematical Principles of Natural Philosophy*》(1687)를 세상에 내놓은 곳이기도 하다.

영국에서 가장 오래된 책 터와 세계에서 가장 오래된 출판사. 최고령들의 만남은 점잖기만 하다. 간판부터 인테리어까지 "상업적인 성공에는 관심 없어요"라고 말하는 듯하다. 각종 문구류부터 전자제품까지 온갖 물품을 팔고 프랜차이즈 카페까지 들어선 21세기 대형서점에 비하면 밋밋하기 그지없는 서점이다. 학술서와 학술잡지, 교과서 등 다소 딱딱한 종목을 주로 출판하여 요리책이나 여행책, 동화책처럼 눈을 행복하게 하고 마음을 방방 뜨게 만드는 책은 없다. 다만 가끔씩 바깥에 서서 유리창에 진열된 책 제목을 찬찬히 훑어보고 곱씹다 보면 머리가 묵직하게 채워지는 충만함을 느낄 수 있다.

대학 출판부가 16세기부터 트리니티 1번지에 자리 잡은 것은 아니다. 만남의 시작이 1992년부터였으니 인제 약 40년, 책 파는 터의 역사 중 10퍼센트 정도를 차지할 뿐이다. 그렇다면 나머지 400년이란 긴 시간 동안에는 누가 이곳에서 책을 팔았을까? 바로 다니엘(Daniel MacMillan, 1813–1857)과 알렉산더 맥밀런(Alexander MacMillan, 1818–1896) 형제가 있다. 맞다. 아마 어디서 들어본 이름일 것이다. 현재 전 세계 출판계 '빅5'에 들어가는 맥밀런, 조금 더 일기 쉽게 설명하자면 전 세계 모든 과학도가 평생에 단 한 번만이라도 글을 실고 싶어 하는 꿈의 잡지 《네이처 *Nature*》(1869–)를 발간하는 출판사다.

두 형제는 스코틀랜드 애런섬(Isle of Arran)의 한 가난한 농가에서 태어났다. 어렸을 때 아버지가 돌아가시면서 형 다니엘은 지역에 있는 책상인의 도제로 들어갔다. 겨우 열 살을 갓 넘긴 때였다. 이후 약 20년간 글래스고와 런던에 있는 서점에서 보조로 일했다. 오랜 세월 끝에 다니엘은 동생과 같이 1843년 런던에서 책방(판매+출판)을 열지만 임대료가 비싸 얼마 지나지 않아 케임브리지 트리니티가 17번지로 사업장을 옮겼다. 출판물로 어느 정도 부를 쌓은 후 형제는 트리니티 1번지로 가게를 이전했고 1850년에 회사 이름을 맥밀런&코퍼레이션(Macmillan & Co.)으로 확정했다.[40]

서점을 케임브리지로 이전하면서 두 형제는 이전과 다른 완전히 새로운 삶으로 접어들었다. 케임브리지는 영국 출판문화의 수도 런던에 비하면 열악한 곳이지만 '대학 도시'라는 특성상 책 수요가 꾸준했고 지식인들과 교류할 기회도 많았다. 형제는 이들과 즐겨 교류했고 곧 트리니티 1번지에 있는 형제의 가게는 케임브리지 지식인들이 모여드는 "비공식적 살롱"이 되었다. 지식인들과 곧잘 교류하고 이들과 출판 계약을 맺는 등 다른 출판사에 비해 상대적으로 유리한 위치에 서자 두 형제는 사업 비중을 판매에서 출판으로 조심스레 옮겼다. 출판 분야도 처음에는 교재가 중심이었지만 문학으로 확장했다.

케임브리지는 맥밀런 형제가 사업 기반을 굳히는 데 도움을 주었다. 그러나 이들이 더 큰 성장을 도모하기에는 작은 세계였다. 1857년, 사업 감각이 뛰어났던 형 다니엘은 죽으면서 동생 알렉산더에게 런던으로 사업을 확장하라는 조언을 남겼고 동생은 형의 조언대로 우선 런던에 지점을 하나 냈다. 이후 몇몇 출판물이 전국 단위로 성공하면서 알렉산더 맥밀런은 1863년에 케임브리지를 완전히 정리하고 본사를 런던으로 옮겼다.[41]

맥밀런이 떠나고 맥밀런 형제의 조카이자 이들 밑에서 도제공으로 일했던 로버트 보우스(Robert Bowes)가 트리니티 1번지 가게를 인수했다. 그는 보우스&보우스(Bowes & Bowes)로 이름을 바꾼 후 계속 책을 팔았다. 이 서점은 100년 이상 트리니티 1번지를 지켰으나 1986년에 맨체스터 지역 서점 쉐라트&휴즈(Sherratt & Hughes)에 인수되었다. 그리고 다시 몇 년 지나지 않은 1992년 케임브리지대학 출판사가 직영 서점을 열었다.[42]

19세기 케임브리지의 지역 책상인 맥밀런은 판매에서 출판으로 영역을 전환하면서 런던으로 진출하게 되었다. 이는 19세기 영국에서 종종 볼 수 있었던 경우로, 자본주의 시장 경제가 자리 잡는 근대 사회로 전환되면서 발생한 소위 '전문화' 과정이다. 쉽게 말하면 원고 선택에서 인쇄, 제본, 판매까지 책과 관련된 전 과정을 맡았던 중세 책 산업이 단계별로 세분화되는 현상이라고도 볼 수 있다. 사전 편찬으로 유명한 출판사 롱맨도 맥밀런처럼 판매와 출판을 병행하다 출판으로 완전히 전환했다. 반대로 현재 영국의 가장 오래된 서점 해차드(Hatchards, 1797)는 판매와 출판을 병행하다가 판매(서점) 쪽으로 방향을 잡았다. 지금은 합병해서 출판업계의 '빅5'가 되었지만 과거 따로따로 있었던 영국의 콜린스와 미국의 하퍼(Harper, 1817–)는 인쇄업이 출발점이었다.

맥밀런의 성공적인 영역 전환에는 지리적 장점이 있었다. 케임브리지는 영국 지성계에 쉽게 접근할 수 있는 지역이었기 때문이다. 여기에 동생 알렉산더의 뛰어난 문학적 감각이 덧붙여지면서 시너지를 낸 것이다. 이 둘이 만들어낸 첫 성공작이 1855년 찰스 킹즐리(Charles Kingsley, 1819–1875)의 소설 《서쪽으로 가는 배여!*Westward Ho!*》였다. 킹즐리는 역사학자, 소설가, 시인인 동시에 기독교 사회주의자로서 노동조합과 노동자 대학 설립을 시도한 사회 개혁가이자 찰스 다윈의 친구이기도 하다. 맥밀런은 2년 후, 작가이자 정치인인 토마스 휴스(Thomas Hughes, 1822–1896)의 《톰 브라운의 학창시절*Tom Brown's schooldays*》(1857)을 출판했고 또 한 번 성공했다. 이후 1862–1863년 찰스 킹즐리의 〈The Water–Babies, A Fairy Tale for a Land Baby〉를 자사 잡지 《Macmillan's Magazine》(1859–1907)에 연재했다가 연재가 끝난 후 단행본으로 출간했는데, 이 역시 큰 성공을 거두었다.

1863년 본사를 런던으로 이전한 후에도 뛰어난 문학 작품과의 인연은 계속되었다. 맥밀런은 1865년 루이스 캐롤(Lewis Caroll, 1832–1898)의 《이상한 나라의 앨리스*Alice's Adventures in Wonderland*》를 출판했고, 이후 작품 《거울 나라의 앨리스*Through the Looking-Glass*》(1871)도 계약했다. 러디어드 키플링(Rudyard Kipling, 1865–1936)도 맥밀런과 계약한 작가였다. 19세기 말에서 20세기 초까지 영국의 가장 대중적인 작가에 1907년 노벨 문학상을 받은 키플링의 《정글북*The Jungle Book*》(1894), 《킴*Kim*》(1901)도 맥밀런의 손을 거쳐 세상에 나왔다. 문학 영역에서 이룬 성공을 바탕으로 맥밀런은 1867년 미국을 선두로 캐나다, 호주, 인도 등 주요 영어권 국가에 지사를 두어 해외까지 사업장을 확장했다.

맥밀런은 여기서 멈추지 않았다. 다시 한번 도전 정신을 발휘하여 잡지 시장까지 진출했다. 1859년 과학, 문학, 예술 등 논픽션 분야의 시사 교양지 《Macmillan's Magazine》을 발간한 것이다. 유럽에서 연재물이라는 출판 형식이 등장한 것은 대략 17세기다. 초기는 시장이 작아서 가격이 비쌌고 그로 인해 대중적 접근성은 더더욱 떨어져 활성화되지 못했다. 그러나 1830년대 전후로 접어들면서 상황은 바뀌었다. 런던에 집중되어 있던 독서 문화가 지역 도시로 확산되고, 노동자 계층의 문맹률이 현저히 떨어지면서 독자층이 넓어지자 출판사들은 질이 떨어지는 종이를 사용한 저렴한 가격의 잡지를 발간했다. 현존하는 최고령 시사잡지인 영국의 《스펙테이터*The Spectator*》(1828)도 이 무렵 발간되었다. 맥밀런이 연재물 시장에 뛰어든 1850년대 후반은 이미 연재물이 우후죽순 나오던 때로 다소 늦은 편이었다. 후발 주자인 맥밀런은 토마스 하디(Thomas Hardy)의 《더버빌가의 테스*Tess of the d'Urbervilles*》(1891) 연재를 거절해 출판계에서 두고두고 회자되는 착오를 저지르기도 했지만 동시에 잡지에 실린 글에 작가의 이름을 밝히게 하는 등 선구적인 모습도 보였다(그전까지는 잡지에 실린 글 대다수가 익명이었다).

첫 잡지가 자리잡은 1869년 11월, 맥밀런은 과학 잡지 《네이처》를 발간했다. 과학 잡지는 이미 여러 출판사가 시도한 분야지만 1860년대 영국 국내 시장에서 연거푸 고배를 마시고 있었다. 전망이 어두운 시장에 맥밀런이 도전장을 내밀게 된 배경은 "담배 의회(Tobacco Parliament)" 때문이었다. 케임브리지에서 사업하던 시절, 자기 가게를 '비공식 살롱'으로 활용하여 지식인들과 치열한 토론을 벌였던 맥밀런은 런던에서도 그렇게 하길 바랐다. 담배를 피우며 그곳 지성인들과 과학과 예술 영역의 핫한 주제들을 함께 나누고 토론하는 것 말이다. 이 구상은 "담배 그리고 술(Talk, tobacco, and tipple)"이라는 모임으로 구현되었다. 케임브리지에서 쌓은 인맥 덕에 그는 런던에 있는 지성인들과도 쉽게 연결되었다.

이 모임에 참가한 대표적 인물이 "다윈의 불독"으로 불리며 다윈의 진화론을 열띠게 방어했던 과학자이자 《멋진 신세계*Brave New World*》를 쓴 올더스 헉슬리(Aldous Huxley, 1894−1963)의 할아버지 토마스 헨리 헉슬리, 그리고 미립자와 빛의 산란 관계를 통해 하늘이 파랗게 보이는 이유를 설명하고 지구 온난화 현상을 처음 지적한 물리학자 존 틴들(John Tyndall, 1820−1893)이다. 맥밀런은 이들과 벌인 논의 끝에 잡지를 발행하는 것으로 결정했다. 헉슬리가 남긴 기록에 의하면 맥밀런이 최종적으로 잡지 이름으로 '네이처'를 선택했다고 한다.

《네이처》는 19세기 말까지 무려 30년간 적자였다. 발간 2년째인 1871년에도 구독자는 200명을 채 넘기지 못했고 광고 수입은 전체 출판 비용의 절반에 지나지 않았다. 심지어 맥밀런은 편집장에게 "나는 《네이처》에 대해 걱정이 많다. 아무래도 성공할 것 같지 않다"고 우려가 가득 담긴 편지를 보낼 정도였다. 잡지에 대한 긍정적인 반응은 의외로 유럽 대륙에서 들려왔다. 1873년 프랑스를 필두로 해서 노르웨이, 이탈리아, 벨기에, 네덜란드가 비슷한 이름으로 과학 잡지를 발간한 것이다. 잘하면 가능성이 있을 것도 같은 잡지를 재정상의 이유로 접느냐, 아니면 가격을 올려 버틸 것이냐는 기로에서 맥밀런은 후자를 택했다. 4펜스에서 6펜스로 가격을 올리는 대신 지면을 24면에서 28면까지 늘렸다.

이후에도 계속 적자를 면치 못했지만 1890년대 이르자 《네이처》는 어느새 과학자들이 가장 먼저 연구 결과를 발표하고 싶은 학술지가 되어 있었다. 게다가 대중도 점차 관심을 보이기 시작했다. 전자, 동력 비행, 엑스레이, 전화기 등 실생활과도 직결된 연구 결과를 실은 덕분이었다. 그리고 1925년 레이몬드 다트(Raymond Dart)가 〈오스트랄로피테쿠스*Australopithecus africanus: The Man-Ape of South Africa*〉라는 글을 이곳에 투고했다. 인간의 기원이 아프리카에서 시작되었다는 것부터 다윈의 진화론까지 증명한 이 논문은 세계적으로 센세이션을 일으키며 《네이처》를 단숨에 최고의 반열에 올렸다. 그리고 지금까지 그 명성을 유지하고 있다. 수십 년의 적자 경영에도 사업을 지켜낸 알렉산더 맥밀런의 고집과 확신이 없었다면 지금의 《네이처》는 없다.[43]

트리니티 20번지 헤퍼스_만능을 꿈꾸었던 서점

맥밀런 출판사가 기반을 닦았던 트리니티가 1번지에서 길을 따라 북쪽으로 250미터 정도 가면 오른쪽에 빨간 벽돌 건물과 선명히 대비되는 파란 간판의 가게가 나온다. 트리니티 20번지 헤퍼스 서점이다. 헤퍼스는 20세기 케임브리지에서 '헤퍼스의 시대'를 열었다.

1876년에 개점한 서점은 당시에 대단한 세를 형성했다. 과거 헤퍼스는 사업 전략 면에서는 맥밀런과 대조적인 행보를 보였다. 앞서 말했듯이 맥밀런은 서점과 출판사를 병행하다 출판에 집중하기로 결정을 내린 후 런던으로 진출했다. 반면, 헤퍼스는 케임브리지라는 지역성을 유지하며 대신 인쇄, 출판, 판매까지 책과 관련된 모든 분야로 사업을 확장했다. 이는 전문화라는 시대 흐름과는 다른 길이었다. 하지만 헤퍼스는 21세기 사회가 아쉬워하고 그리워하는 미덕인 '지역성'을 고집스럽게 지킨 셈이다.

헤퍼스는 문구점에서 출발해 서점으로 바뀌었다. 유럽이나 미국 서점의 역사를 살펴보면 문구점과 서점을 함께 운영한 경우가 꽤 있다.[44] 1725년 벤저민 프랭클린이 뉴욕 시내의 "작은 책 상인의 가게(Little Bookseller's Shop)"에 들어갔더니 책은 없고 "오로지 종이, 음악 악보, 몇몇 학교 책"밖에 없다고 불평한 것이 대표적인 예다.[45] 당시 문구점은 종이, 봉투, 필기구, 약, 우표, 각종 연재물, 지도, 노래 악보 등을 취급했다. 극장이 근처에 있으면 연극이나 오페라 콘서트 티켓을 팔기도 했다.[46] 문구점 헤퍼스는 물건의 종류가 훨씬 더 다양했다. 기본 상품 목록으로 바늘, 지갑, 장난감, 게임, 차, 안경, 담배, 지팡이를 갖추어 놓았고 성경책도 있었다. 심지어 전보 우편 업무까지 맡았다.

1880년대 미국의 유명한 찬송가 가수 아이라 생키(Ira D. Sankey)와 선교사 드와이트 무디(Dwight L. Moody)가 케임브리지를 방문한 이후 이들은 주 종목을 책으로 전환했다. 선교사가 강

헤퍼스 서점 (©권신영)

연하는 날이면 강연장, 즉 지금의 시청 건물인 길드홀 앞에서 이들이 발간한 찬송가를 팔았다.

찬송가 판매가 예상밖의 큰 성공을 거두면서 헤퍼스는 인쇄물로도 충분히 장사가 된다는 것을 깨달았다. 이후 "주일학교(Sunday school)나 초등학교"를 위해 "특별히 엄선된 책" 판매를 기획했다. 주변 학교를 일일이 방문하여 카탈로그와 샘플을 배포했고 필요한 책은 런던에서 공수해왔다.[47]

헤퍼스는 19세기 말, 책 판매로 점차 기반을 닦아놓은 다음 20세기 초에는 출판과 인쇄업으로 진출했다. 헤퍼스가 처음 출판한 것은 기독교와 관련된 55장짜리 소책자였다. 이때가 1889년이다. 기회를 엿보던 헤퍼스는 1909년 케임브리지에 있는 인쇄회사를 하나 인수하고 이후 매년 40여 종씩 책을 출판했다. 《The Music Review》《Italian Studies》《History of Science》 등 학술잡지도 발간했다. 개별 맞춤 제작 문구도 주요 사업 아이템이었다. 20세기부터 오늘날의 '커스터마이징' 제품을 팔았을 정도로 헤퍼스의 사업 감각은 남달랐다. 연말이 되면 크리스마스카드 주문 제작을 받았고 여러 회사의 수첩도 만들었다. 영국의 유명 백화점인 셀프리지(Selfridges), 해러즈(Harrods), 존 루이스(John Lewis), 포트넘&메이슨(Portnum & Mason) 등이 주 고객이었다.[48]

1960년, 바야흐로 시민운동의 시대가 도래했다. 헤퍼스는 상업화와 사회 운동의 결합이라는 새로운 흐름을 마주했다. 서점들도 나름의 방식으로 사회 운동에 참여했다. 영국 책 판매인들은 '대안적 책상인 연합(Federation of Alternative Booksellers)'을 결성하여 인종과 여성, 동성애 등 여러 인권 운동에 힘을 실어주었다. 그리고 그 안에서 '급진적 책상인 연합(Federation of Radical Booksellers)'(1975)을 결성했다. 사회 운동 메시지를 전하는 서적들을 전문적으로 취급하는 "급진적 서점(Radical bookshop)"이 런던에 새롭게 등장하기 시작했다. 급진적 서점에서는 주로 아나키즘, 동성애, 흑인과 제3세계 운동, 아일랜드 문제, 페미니즘 등에 관한 서적을 취급했다. 이들은 판매에 그치지 않고 두 달에 한 번씩 《Radical Bookseller》 잡지도 발간했다.[49]

헤퍼스는 사회 운동을 특화한 쪽은 아니었다. 대신 '가격'에 집중하여 1964년에 저가 도서만 취급하는 헤퍼스 문고판 서점(Heffers Paperback Shop)을 열었다. 당시 펭귄(Penguin) 출판사는 질은 좋지 않지만 가격이 저렴한 종이와 소프트 커버를 사용한 저가 도서를 출판했다. 책값이 내려간 덕분에 독자들도 전보다 책을 마음껏 사 읽었고, 마침내 저가 도서의 시대가 열리게 되었다. 문고판 서점은 펭귄의 전략에 발을 맞춘 아이디어였다. 1965년에는 아동 서적만 전문으로 판매하는 헤퍼스 어린이 서점(Heffers Children's bookshop)을 별도로 개장했다.

1960년대 후반부터 1970년대 초반, 헤퍼스는 최전성기를 맞이했다. 단행본, 연재물 발행과 그에 따른 인쇄업까지 모두 성공적이었다. 케임브리지 시내에만 네 군데나 서점이 있었다. 1967년 케임브리지대에 입학한 찰스 3세(당시 찰스 황태자)가 "헤퍼스의 고객"이라고 말했고 그 후로 '황태자가 방문한 서점'이라는 고급스러운 이미지가 덧붙여지면서 전국적인 인지도까지 얻었다. 그리고 1970년, 헤퍼스는 1960년대 후반부터 추진해왔던 계획을 실행에 옮겼다. 현재 위치인 트리니티가 20번지로 본점을 이전한 것이었다. 옛 서점과 불과 500미터 떨어진 곳이었지만, 서점 내 8만 권을 옮기느라 일주일 밤낮이 소요되었다. 이전한 지 일주일이 지났을 즈음 옛 서점에서 흠이 있거나 오래 묵었다 싶은 책 수천 권을 할인 판매했는데, 얼마나 많은 인파가 모여들었는지 지역 신문에 보도될 정도였다. 헤퍼스는 "대학과 일반인을 위한 서

헤퍼스 서점에 있는 Elmer 코끼리 의자다. 헤퍼스가 호황을 누리던 때에
아동 서점이 따로 있었지만, 세가 기울면서 크기를 줄였다. (©권신영)

점"이라는 구호를 내걸고 자신만만하게 첫걸음을 내디뎠다. 첫해 새로운 본점의 판매액은 그전 해보다 두 배나 늘었다.[50]

하지만 소규모 자본으로 운영되는 지역 서점의 한계는 생각보다 빨리 찾아왔다. 날로 발달하는 인쇄 기술을 따라가려면 대규모 자금이 필요했는데, 이는 지역에 기반을 둔 서점으로선 매우 버거운 일이었다. 출판부와 연재물 역시 이렇다 할 수익을 내지 못했다. 결국 1975년 헤퍼스는 인쇄 및 출판업에서 손을 떼고 1979년에는 연재물 발간도 중지했다. 1980년대 후반부터 시작된 서점의 대형화 추세 속에서 헤퍼스는 경쟁에서 밀려났다. 그리고 1999년 옥스퍼드의 독립 서점인 블랙웰(Blackwell)에 합병되고 말았다. 하지만 헤퍼스의 역사를 존중하는 블랙웰의 배려로 서점 이름만은 그대로 유지할 수 있었다.

1879년 벤자민 헨리 블랙웰(Benjamin Henry Blackwell, 1849–1924)이 세운 블랙웰은 '옥스퍼드의 헤퍼스'다. 헤퍼스와 마찬가지로 가족이 대를 이어 운영해 왔고 옥스퍼드대학 부근에 자리한 독립 서점인 데다가 한때 출판업도 겸했다. 둘의 차이점이라면 1990년대 서점의 대형화에 대응한 방식이다. 헤퍼스가 케임브리지를 고집한 반면, 블랙웰은 런던에 지점도 내고 영국 전역 대학 앞에 있는 서점을 적극적으로 인수해 서점을 20개 이상으로 늘려 연합 그룹으로 키웠다.

하지만 21세기 온라인 서점의 등장으로 블랙웰도 치명타를 입었다. 위기에 좀 더 잘 대응할 수 있으리라는 믿음에서 블랙웰은 2010년 존 루이스(John Lewis)식 기업 모델을 계획했다.[51] 존 루이스 모델이란 직원들이 회사의 소유권을 나눠 갖는 형태를 말한다. 그러나 회장 줄리안 블랙웰은 영국 최대 서점 그룹인 워터스톤스에 흡수되는 쪽으로 방향을 틀었다. "회사를 직원들에게 넘기고 싶은 마음은 굴뚝같지만, 미래에도 경쟁력을 유지하기 위해서는 새 소유주, 새로운 생각, 그리고 투자가 필요하다는 것도 인정할 수밖에 없다"고 이유를 설명했다.[52] 결국 헤퍼스는 블랙웰과 함께 2022년 2월, 자동적으로 워터스톤스로 넘어갔다.

워터스톤스_서점, 그 존재를 지켜라

헤퍼스가 트리니티 1번지를 중심으로 북쪽 300미터 거리에 있다면, 워터스톤스는 동쪽으로 150미터 정도 가면 나온다. 소설과 논픽션, 특화한 아동 도서, 학술서적, 카드·엽서, 수첩 같은 간단한 문구류를 파는 데다가 커피숍까지 들어선 서점으로 21세기 대형서점의 공식이 4층 건물에 꽉 차게, 그러나 세련되게 채워져 있다. 1982년에 설립된 신생 서점이지만 공격적인 경영으로 현재는 300개에 가까운 체인을 둔 최대 규모의 서점으로 성장했다. 체인에는 영국 서점의 역사에서 상징적인 곳, 제일 오래된 서점이자 오스카 와일드(Oscar Wilde, 1854−1900)를 필두로 작가들이 사랑했던 런던 해차드 서점도 있다. 워터스톤스가 2022년 2월 옥스퍼드의 블랙웰을 인수하면서 케임브리지 헤퍼스까지 계열사 목록에 넣었다.

워터스톤스가 공격적으로 몸집을 불린 방식에서 고려해야 할 두 가지 측면이 있다. 하나는 서점 대 서점의 관계다. 대형 체인 서점이 작은 독립 서점을 인수해 자본을 집중화하는 과정에서 지역 고유의 서점이 점차 사라지기 때문이다. 다른 하나는 '진짜' 서점 대 온라인 골리앗 아마존과의 관계다. 서점의 존재 자체를 위협하는 가상 서점 아마존과 본격적으로 경쟁하기 위해 서점들이 힘을 모으는 준비 과정, 다시 말해 일종의 몸집 불리기다. 이 관점에서 보면 워터스톤스의 대자본은 작은 서점에는 일종의 안전망인 셈이다.

워터스톤스와 블랙웰은 합병 당시 후자, 즉 아마존과의 경쟁에 비중을 두는 듯했다. 블랙웰 대표 데이비드 프리스콧은 "워터스톤스가 우리 직원, 서점, 그리고 성장하는 전자 상거래 투자에 대한 계획을 세워놓았다"고 하면서 이번 인수가 서점의 "미래를 보장할 것"이라고 말했다. 미래란 무기력하게 소멸되지 않는 서점을 뜻할 것이다. 그렇다면, 골리앗 아마존에게 뺏긴 시장 지배력을 되찾을 전략은 무엇일까. "블랙웰(옥스퍼드)과 헤퍼스(케임브리지)는 우리가 가장 존경하는 유산이요, 서점계의 걸출한 이름이다"[53]라고 한 워터스톤스 대표의 발언은 꽤 의미심장하다. 새로움 대 새로움, 혹은 기술 대 기술이 아니라 문화와 전통을 되살리겠다는 의지가 느껴진다.

워터스톤스 서점 (©권신영)

"영국은, 어느 나라보다도, 오래된 병을 깨뜨리지 않고 새로운 술을 담을 능력이 있다." 영국의 전후 질서를 세운 총리 클레멘트 애틀리(Clement Atlee, 1883–1967, 재임 기간 1945–1951)가 남긴 말로, 신–구 요소가 대치할 때 유연하게 대처하는 영국 사회의 특성을 표현한 것이다. 영국에서 전통과 근대는 정면충돌하지 않았다. 근대 자본주의와 민주주의가 전통의 틀에 담겨 서로 타협하며 나란히 갔기 때문에 영국에는 훼손되지 않은 옛것의 느낌이 그대로 남아 있는 편이다. 물론 끊임없이 변화를 추구하는 근대의 속성도 지니고 있다. 대신 전통의 틀 안에서 적절한 속도로 서서히 바뀌어 간다.

오래된 술잔에 새 술 담기. 옛 서점은 온라인 시대에 대응할 아이디어를 제공할 수 있다. 우선 구독제(subscription)다. 구독의 기원은 대략 17세기로 거슬러 올라가는데, 이는 일종의 보험이었다. 책 판매 부수를 예측할 수 없는 상황에서 값비싼 책을 만들어야 했던 출판인들은 경제적 위험을 줄이기 위해 책을 구매할 사람을 미리 어느 정도 모으고 이들에게 돈을 받은 후 책을 찍었다. 요즘 한국에서도 유행하는 일종의 클라우드펀딩인 셈이다. 20세기에는 책 구독제에서 변형을 가해 발전된 끝에 종이 신문과 잡지 구독제로 바뀌었지만 21세기에 들어서 신문과 잡지가 온라인으로 바뀌면서 기존 구독제는 치명적인 타격을 받았다. 독자들이 굳이 시간을 들여 따로 구독할 필요가 없어졌기 때문이다. 신문사의 웹사이트에 직접 가지 않고도 포털을 통해 주요 사회 이슈를 알 수 있게 된 환경 속에서 사실상 무의미한 것이 되었다. 동시에 독자와 "검증된(trusted)" 뉴스 브랜드가 분리되면서 언론의 권위는 흔들렸고, 이와 더불어 독자 구독료가 사라지면서 광고로 수익을 낼 수 있는 기반도 약화했다. 기성 저널리즘이 알고리즘의 작은 변화에도 휘둘릴 수 있는 환경에 처하자 뉴스의 질이 떨어질 것이라는 우려가 일었던 배경이다.

그러나 구독 문화는 되살아나고 있다. 크리스마스 선물로 시사잡지 구독권이 오가고, 손주 생일에 《내셔널 지오그래픽*National Geographic*》(아동판) 구독권을 선물하는 할머니들이 있다. 책도 마찬가지다. 워터스톤스 서점은 왕실에 서적을 공급하는 고급 이미지와 직원들의 전문성이 두드러지는 런던 해차드 서점을 통해 맞춤형 구독제(Bespoke subscription)를 실시하고 있다. 방법은 간단하다. 우선 서점 측과 상담 시간을 잡아 자신의 취향을 상세히 이야기하고 1년 치 구독비를 낸다. 한 달에 한 번씩 서점이 '그 사람'만을 위해 책을 선정한 후 책을 고급스럽게 포장해서 배달한다. 종류는 소설, 논픽션, 소설과 논픽션 반반, 아동 도서, 여행서 등 다섯 가지다. 양장본(하드커버)인지 무선 제본(소프트 커버)인지에 따라 가격이 다르지만, 한 달에 2만–5만 원 정도를 생각하면 된다. 책에 대한 애착이 강한 영국 사회에서 개인화된 '나만을 위한' 구독권은 이제 매력적인 선물 아이템으로 자리 잡는 추세다.

케임브리지 헤퍼스의 경우 서점에 정기적으로 들러야 하는 이유가 몇 가지 있다. 우선 전문화된 섹션이 있다. 예를 들어 헤퍼스의 범죄 소설 부문은 범죄물을 좋아하는 독자들 사이에서 정평이 나 있다. 인터넷의 익명성이나 판매 부수가 아닌 서점의 이름을 내건 "헤퍼스의 선택" 코너도 있다. 아동 도서 쪽으로 가면, 직원이 책을 읽고 손으로 추천한 이유를 직접 쓴 카드가 이곳저곳에 붙어 있다. 인터넷상으로는 알 수 없는 한 사람의 역사가 고스란히 깃든 한물간 헌책에서 풍기는 냄새도 빼놓을 수 없다. 게다가 매달 마지막 주 화요일에 열리는 독서 모임(reading group)은 고갈되는 사회성을 보충해주기도 한다.

데이비드 서점_지역 사회와의 연대

내가 들어갔던 데이비드 서점은 어떻게 해서 살아남았을까? 무례하기 짝이 없는 생각이지만 살벌한 책 판매 경쟁에서 도무지 이 서점이 살아남을 이유가 없다. 시내 중심가에 있지만 하도 구석진 곳이라 골목 앞 사인이 없으면 아예 있는지 없는지 모르고 지나칠 수도 있다. 케임브리지 대학 출판부라는 든든한 뒷배경이 있는 것도 아니다. 맥밀런이나 헤퍼스 같이 영역을 확장하는 도전 정신도 없었다. 철도 건설에서 비롯될 사회적 변화를 읽어내고 전국의 모든 기차역을 파고들어 판매 활로를 넓혔던 스미스(WHSmith)와 같은 기민함도 없었다. 그런데도 이 서점은 케임브리지에서 유일하게 인터넷이나 외부 대자본에 의지하지 않고 그들만의 방식으로 가게를 유지하고 있다.

데이비드 서점은 자판대로 시작했다. 고서적 담당자에 의하면, 19세기 말부터 1970년대 말까지 시청 앞 광장 장터에 텐트를 치고 매일 같이 책을 팔았다고 했다. 어디선가 영국에서 책을 가판대에 놓고 판다는 소리는 들어본 적이 있었다. 가장 유명한 것이 19세기 맨체스터의 "제임스 웨더리(James Weatherley)" 도서 가판대였고,[54] 이는 1970년대 '책버스'로 변형되기도 했다.[55] 가판뿐이 아니었다. 책을 직접 짊어지고 다니며 파는 책 행상인, 출판사 카탈로그를 들고 개인 집을 일일이 방문했던 판매인도 있었다. 서점 내부에는 가판에서 책을 팔았던 과거의 현장을 보여주는 흑백 사진이 여기저기 걸려 있었다. 책이 과연 변덕스럽고 습한 영국 날씨를 어찌 견뎌냈을지 자연스레 궁금해졌다.

가판대의 주인은 서점의 창립자인 구스타브 데이비드였다. 그는 1860년 파리에서 태어나 스위스로, 그리고 런던에 살다가 1896년 케임브리지로 거처를 옮겨 1936년 11월에 사망할 때까지 주욱 살았다. 그의 하루는 오전에 무거운 책들을 싸서 옮겨 가판에 하나하나씩 진열하고, 저녁에는 그 반대로 책을 옮기는 작업으로 마무리되었다. 40년간 광장 장터에 천막을 치고 책을 파는 모습은 그 무엇보다 시각적으로 강렬했을 터다. 변함없는 모습 덕에 그는 어느새 지역 사회의 유명인이 되어 있었다. 그가 사망했을 때, 케임브리지 대학은 그를 기리기 위해 《David of

Cambridge: Some Appreciations》란 책을 만들었다. 50여 쪽의 짧은 분량의 책으로 그의 서점을 자주 이용했던 몇몇 대학교수들이 그를 기억하며 쓴 글을 모은 것이다. 책의 상업적 성공률은 0퍼센트이지만, 놀랍게도 케임브리지 대학 출판사는 이 책을 2015년에 다시 출판했다.

책 저자 중 한 명은 케임브리지 대학에서 고전을 가르치던 테롯 레이블리 글러버(Terrot Reaveley Glover)다. 단골손님이던 그는 매주 금요일에 신상품이 들어온다는 것까지 알고 있었다. 그의 말에 의하면 목요일과 일요일은 서점이 문을 닫는 날이었다. 일요일은 공휴일이고 목요일은 데이비드가 런던에서 열리는 책 경매에 가는 날이기 때문이다. 그의 행보를 꿰고 있던 글러버는 금요일을 강조했다. 데이비드가 런던에서 갓 구해온 따끈따끈한 책을 볼 수 있다며 금요일이 안 되면 차선으로 토요일 아침에 방문하기를 권했다. 운이 좋으면 아직 팔리지 않은 책을 손에 넣을 수 있을지도 모르기 때문이다. 그는 데이비드를 이렇게 기억했다.

> 그(데이비드)는 학자가 아니었다. 겨우 문자를 깨우친 사람이었다. 그는 아무것도 쓰지 않았다. 그는 대학에 자리를 갖고 있지도 않았고 학위도 없었다. 하지만 지난 세대에서 그만큼 케임브리지에 깊은 영향을 끼친 이는 없었다. 사람들이 지식을 추구하도록 자극을 주었고, 생각하고 가르치는 수백 명에게 진실로 큰 기쁨을 주었다.[56]

개인뿐 아니라 케임브리지 대학 도서관도 데이비드를 기억한다. 케임브리지 대학 도서관 블로그에는 데이비드가 초기 과학, 여행, 식물학 분야에 있어 양질의 고서적을 상당수 소장하고 있었다고 평가했다. 그리고 런던 도서 경매에 꾸준히 참가했던 데이비드가 오랫동안 대학 도서관에서 고서적을 구매할 때 직접 나서서 거래를 주선했고, 어떨 때는 소장본을 도서관에 직접 기부했다며 감사를 표하고 있다.[57] 현재도 고서적은 데이비드 서점의 최강점이다. 대형서점이나 온라인 서점이 절대 취급할 수 없는 영역으로 일반적인 책의 역사뿐 아니라 제본 방식, 활자, 판본 크기, 그림 인쇄, 심지어 사용된 종이 종류까지 각종 전문 지식과 경험이 절대적으로 필요하기 때문이다.

데이비드 서점이 지역 사회와 맺은 깊은 연대와 틈새로 중고 서적, 고서적을 취급한 전략은 2020년 코로나 위기 때 진가를 발휘했다. 나는 그날 코로나 봉쇄 때 상황이 어떠했는지 물어봤다. 3개월간 지속된 봉쇄 기간에는 슈퍼마켓 등 필수적인 가게를 제외하고는 문을 닫아야 했고, 사람들도 필수적인 일을 제외하고는 집에 머물러야 했다. 여행객들로 1년 내내 붐볐던 시내가 텅 비었다. 그리고 겨우 2년 만에 다시 열게 된 도서전도 다시 취소되었으니 경제적 피해가 상당했을 것 같았다. 고서적 담당자는 문을 닫아야 하는구나, 라고 체념 직전까지 갔지만 놀랍게도 2020년은 최고의 연말 중 하나였다고 기억했다.

단 한 명의 손님 덕분이었다. 이론 물리학자 스티븐 호킹

(Stephen Hawking)의 첫 번째 부인인 제인 호킹(Jane Hawking)이 서점을 찾아온 것이다. 그녀는 호킹 박사의 인생을 그린 2014년 영화 〈사랑에 대한 모든 것The Theory of Everything〉의 실제 주인공이다. 그리고 집에 있는 호킹의 책을 처분하고 싶다고 말했다(스티븐 호킹 박사는 2018년 케임브리지에서 작고했다). 서점은 흔쾌히 응했고 자택 내부에 남아 있던 호킹 박사의 책 일체를 받아 "특별한 장소에서 왔다"는 설명을 달아 상품으로 내놓았다. 상황이 상황이라 홍보도 부족했는데 반응은 기대 이상이었다고 한다. 겨울 방학을 앞둔 대학생들이 가족에게 줄 크리스마스 선물로 이 책들을 사기 시작했고, 입소문이 나면서 해외에서도 구매의사를 밝혀 왔다고 했다. 그때를 생각하는 고서적 책임자는 기적과 같은 순간이었다는 듯 고개를 저으며 웃음을 지었다. 죽은 스티븐 호킹 박사가 자신이 평생 몸담았던 지역 사회의 유일한 독립 서점을 위기에서 구한 것이다.

4장 책을 빌려주다

책 빌려주기의 시작

스티븐 호킹 박사가 기적적으로 동네 독립 서점 데이비드를 살린 동화 같은 이야기에 쓸데없고 속물스러운 생각이 불쑥 끼어들었다. '그 책들은 얼마였을까?' 값이 일괄적이지는 않았을 터인데 책방 주인은 어떤 기준으로 가격을 산정했을까? 보통 중고책은 상태가 좋아야 값어치가 있지만, 이 에피소드에서는 책 소유주가 주인공이었다. 너덜너덜하더라도 호킹 박사가 남긴 흔적들, 가령 책을 구입한 날짜나 이름이 쓰여 있거나, 본문에 그어진 밑줄에 본인의 생각을 적은 친필 메모 같은 것이 많을수록 먼저 손이 나가지 않았을까. 혹여 호킹 박사가 투병 생활로 들어가기 전에 썼던 두툼한 친필 노트가 끼어 있었다면 주인은 경매용으로 아예 따로 빼놓지 않았을까. 또다시 호기심이 발동했다.

책 경매와 중고 시장은 책이 팔린 후에도 계속되는 책의 삶을 보여준다. 중산층도 부담스러울 만큼 책이 비쌌던 17-19세기, 새 책을 구입할 형편이 안 되는 사람들은 중고책을 사서 읽었다. 사람들이 옛 중고책 시장에서 책을 사 읽던 기억을 '지금까지' 품고 있는 곳이 런던 채링크로스의 헌책방 거리다.

중고책이라고 해서 꼭 싼 것만은 아니었다. 소장 가치가 높은 책을 보유한 개인 도서관을 정리한다는 소식이 뜨면 영국 상류층은 예전에도 들썩였고 지금도 마찬가지다. 책 경매를 통해 성장한 대표 기업이 현재 전 세계 예술품 경매계의 큰손 소더비(Sotheby's, 1744-)다. 책에 관한 한 해박한 지식으로 유명했던 책 상인 새뮤얼 베이커(Samuel Baker, 1713-1778)는 1744년 존 스탠리(John Stanley's) 경의 개인 소장 도서를 런던에서 열흘간 성공적으로 경매했고 이를 발판으로 그는 책과 지도 등 인쇄물 경매 사업에 본격적으로 뛰어들었다. 19세기에는 영역을 그림 쪽으로 확장했다. 지금은 런던 크리스티스(Christie's, 1766-)와 같이 21세기 경매계의 양대 산맥을 이루고 있다.[58]

경매와 중고가 인간의 소유욕을 겨냥해 파생된 시장이라면, 일시적으로 점유하는 "책 빌려주기" 시장도 있다. 데이비드 서점이 자리한 골목 앞에 서자 "책 대여" 영역의 역사 속 경쟁자가 하나, 둘, 셋. 모두 세 군데나 눈에 띄었다. 먼저 왼쪽으로 시선을 돌리면 시청 앞 광장을 대각선으로 가로질러 있는 스미스(WHSmith)가 보인다. 사람이 많이 모이는 기차역에서 신문 가판대로 사업을 시작한 스미스(WHSmith)는 1860년부터 1961년까지 약 100여

년간 영국 전역의 기차역에서 책 대여 사업을 벌였다. 그리고 데이비드 서점 골목에서 그대로 직진하여 시청을 지나 페티커리(Petty Cury) 길 중간에 있는 부츠(Boots, 1849–)가 두 번째다. 부츠는 약과 화장품 등 건강, 미용용품을 주업종으로 삼았다. 그러다가 뜬금없이 1899년, 뒤늦게 책 대여 사업에 뛰어들어 1966년까지 매장 안에서 "순환도서관(Circulation library)"을 운영했다. 마지막 경쟁자는 "책 빌려주기" 생태계의 절대 강자인 케임브리지 공공도서관(1853–)이다. 이곳은 부츠 바로 건너편, 도보로 1분 이내에 닿는 거리에 있다. 모든 이에게 무료로 책을 빌려주는 공공도서관은 앞선 두 영리 도서관과 100년 동안 경쟁을 벌였고 최종적으로 승리했다. 그 결과 200년간 출판사와 독자의 연결 고리로서 문학 대중화에 지대한 영향을 끼친 영리 대여 도서관은 역사 속으로 사라졌다.

우리에겐 순환도서관이 필요해

스미스(WHSmith)와 부츠가 19–20세기 중반까지 운영했던 "순환도서관"은 상업적 도서관으로 연간 회비를 낸 회원에게 책을 대여해주는 방식으로 운영된다. 책을 향한 영국 사회의 동경과 애정에 서서히 불이 붙던 18세기에 처음 나타나 "책에 대한 굶주림"(book hunger)이라는 표현까지 등장할 정도로 책 사랑이 지극했던 19–20세기 전반기에 최전성기에 달했다.

당시 영국인의 책 사랑은 계층별로 달랐다. 상류층은 경쟁적으로 개인 도서관을 만들었다. 이 유행은 목사, 법조인이나 학자 등 전문직과 일부 학생까지도 물들어 500권, 1,000권 등 크고 작은 개인 도서관 수가 19세기에는 수만 개에 달했다.[59] 개인 도서관 열풍 속에서 책 마니아에 해당하는 '비블리오파일(Bibliophile)'이란 단어가 성행했다. 책을 읽는 것도 즐기지만 책 존재 자체를 숭배하는 사람이란 뜻이다. 이들이 결성한 모임이 지금도 꾸준히 활동하고 있는 록스버러(Roxburghe) 클럽이다. 이 클럽은 1812년 록스버러 공작의 개인 도서관 경매를 계기로 형성되었다. 1471년 베니스에서 출판된 보카치오(Giovanni Boccaccio, 1313–1375)의 《데카메론*Decamerone*》 초판본이 경매 리스트에 있다는 소식에 영국 책 마니아들은 열광했다. 유명한 상류층 책 마니아들이 지켜보는 가운데 《데카메론》은 이전 기록을 갈아치우며 역대 최고가로 팔렸다. 그날 저녁 흥분을 가라앉히지 못한 책 마니아들은 술을 곁들인 저녁을 함께했고, 이후 매년 모여 그날을 기념하다가 정기적인 모임을 갖게 되었다.[60] 현재는 회원 수를 40명으로 제한한 채 희귀본을 번갈아 출판하고 있다.

책을 갖고 싶은 마음은 누구보다 컸지만, 가격을 감당할 수 없었던 중산층과 저소득층은 자구책으로 돌려 읽는 방법을 택했다. 알음알음으로 책을 빌려 읽던 개인 간의 영역을 제도적으로 확장했다. 북클럽을 조직하여 회비를 거두어 책을 구매한 후 순서대로 돌려보는 방식 말이다. 이들은 충분히 돌려 읽고 난 후 회원 내부에서 경매에 부치거나 중고 시장에 내다 팔았다. 그리고 모인 돈으로 다시 새 책을 마련하는 데 보탰다. 팔기보다 책을 아예 소장하고 싶은 이들은 방 하나를 마련해 북클럽 소유의 도서관을 만들기도 했다.

북클럽이 유행했다는 것은 당시 도서관의 접근성이 낮았다는 사실을 방증한다. 교회 성직자를 위한 교구 도서관(Parish library), 옥스퍼드나 케임브리지 등의 대학 도서관엔 소수만 접근할 수 있었다. 물론 모두에게 활짝 열린 공공도서관도 있었다. 모직 사업가 험프리 체텀(Humphrey Chetham)이 기부한 돈으로 1653년에 완공된 맨체스터의 체텀 도서관이 대표적이다. 중앙 도서관 역할을 하는 영국 박물관 도서관(the British museum library)도 1753년에 세워졌다. 그렇지만 공공도서관은 영국 내 열 손가락도 되지 않았다. 근처에 살아서 이용할 수 있더라도 관외 대출은 불가능했고 영국 도서관을 제외하고는 예산의 한계로 선택의 폭도 좁았다. 이 틈새를 파고들어 등장한 사업 형태가 "순환도서관"이다.

순환도서관은 런던의 책상인 라이트(Wright)가 1730년경에 시작한 것으로 알려져 있다. 명칭은 약 10년이 지난 1740년, 새뮤얼 팬코트(Samuel Fancourt)가 자신이 솔즈베리에 세운 도서관을 "순환도서관"이라는 이름으로 광고를 낸 뒤로 공식적인 이름이 되었다. 주로 출판과 연계된 인쇄업자, 제본업자, 책 상인들이 이 사업 모델을 받아들였고 영국 사회는 뜨겁게 호응했다. 1801년에는 스코틀랜드 웨일스를 제외하고 잉글랜드에만 1,000개가 넘는 순환도서관이 들어섰다. 인구 2,000명이 넘는 지역에는 대체로 있었던 셈이다. 각 순환도서관의 장서는 평균 5천 권 정도였지만, 작을 경우는 500여 권, 규모가 큰 경우 7천여 권까지 소장하기도 했다. 1770년에는 출판물의 40퍼센트를 순환도서관에서 사갈 만큼 순환도서관은 출판사에 있어 확실하면서도 안정적인 판매처였다. 분야별로 보았을 때 순환도서관이 보유한 장서의 약 20퍼센트가 소설이었다.[61]

순환도서관은 특히 중산층 여성 사이에서 인기가 높았다. 책을 살 수 없는 사람들의 선택지는 북클럽이나 순환도서관 둘 중 하나였다. 주로 남성은 정치·경제·종교·철학 분야의 책을 구매하는 북클럽을 선호했고, 여성은 소설을 많이 소장한 순환도서관으로 몰렸다. 순환도서관은 소설에도 등장한 적이 있다. 《오만과 편견》에 순환도서관을 등장시켰던 제인 오스틴도 연회비가 2기니(현재 가치로 따지면 약 30–40만 원)인 베이싱스토크(Basingstoke)의 미시즈 마틴 순환도서관 회원이었다. 그 순환도서관은 한 번에 2권씩 빌려 갈 수 있었지만, 돈을 더 내면 몇 권 더 빌릴 수 있었다. 중산층 여성들의 취향에 맞춰 도서관에는 작은 모임을 열 수 있는 방이나 카드놀이를 할 수 있는 방을 따로 마련해두었고 당구대도 비치되어 있었다. 쇼핑도 가능해서 향수, 고급 스타킹, 장난감, 담배, 모자, 각종 문구류 등을 살 수 있었다.[62]

그러다 1842년 19세기 영국 대중문화의 꽃 무디스 도서관(Mudie's select library)이 혜성같이 등장했다. 소박한 출발이었다. 찰스 에드워드 무디(Charles Edward Mudie)는 자신이 경영하던 런던 블룸즈버리 지역의 문구류 가게에서 조그마하게 책 대여 산업을 시작했다. 전략은 두 가지였다. 하나는 "가격"이다. 무디스는 연회비를 1기니(약 15-20만 원)로 정하고 한 번에 한 권씩 빌려 가게 했다. 당시 4기니에서 10기니를 받았던 런던 순환도서관들과 비교했을 때 파격적으로 낮은 가격이어서 1826년, 같은 동네에 개교한 런던 대학(University College London) 학생들이 몰려들었다. 두 번째는 도서관의 이름대로 "엄선(select)"을 내세웠다. 그는 자신의 이름을 걸고 "양질의 책"을 약속했다. 시, 역사, 전기, 여행, 모험기, 과학, 종교, 소설 등 다양한 분야를 아우르되 당시 중산층의 도덕성을 기준으로 부적절하거나 수준이 떨어지는 책은 걸러냈다. 부모들이 자녀가 봐도 무방한지 판단하는 데 시간을 쓰지 않아도 된다는 점은 다른 순환도서관들과 비교했을 때 큰 매력으로 다가왔고 예상은 제대로 적중했다.[63]

무디스는 무서운 속도로 성장했다. 사업 개시 10주년이 되던 1852년 무디스는 런던 최고 번화가 옥스퍼드가로 본점을 옮겼다. 도서관으로 들어서자마자 보이는 원형의 그레이트홀 벽에는 신간을 비롯한 16,000권이 진열되어 있었다. 그레이트홀뿐 아니라 서고 책들이 알파벳 순으로 정렬되어 있었고, 직원들은 알파벳 순으로 정렬된 고객 카드를 이용하여 반납과 대출 사무를 처리했다. 무디스 순환도서관은 택배 업무까지 맡았다. 도서관에서 운행하는 밴은 런던 시내 가정집을 돌아다니며 책을 수거하고 새 책으로 교환해줬다. 지역적으로도 런던을 넘어섰다. 수천 권의 책들이 갓 닦인 철도를 따라 맨체스터, 버밍엄 등 각 지역에 있는 지점으로 배달되었다. 무디스는 대중적으로 인기가 있을 것 같은 책은 한 번에 3천 권 이상 구매했고, 1850년대 무디스가 소유한 전체 총 장서는 백만 권이 넘을 정도로 그 수가 어마어마했다.[64]

무디스는 또한 새로운 책을 도시관에 비치하기 위해 기한이 지난 책은 중고 시장에 내놓았다. "엄선된 중고책(well-selected second hand books)"이란 타이틀로 50만 권 정도를 중고로 판매했고, 그래도 팔리지 않는 책들은 재활용 용도로 분해했다.[65] 책이 문학적으로 소장할 만한 가치가 있는지 정해지는 마지막 과정이었다.

무디스는 출판사와 독자층에 직간접적으로 막강한 영향력을 행사했다. 무디스의 추천 리스트는 암묵적으로 독자가 책을 선택하는 데 영향을 끼쳤다. 이를 출판사 입장에서 보면 자기 회사 책이 무디스 리스트에 오른다는 것은 곧 책을 광고할 절호의 기회였다. 셀럽이 읽은 책은 순식간에 베스트셀러 Top100에 오르는 것과 같은 효과라고 보면 된다. 동시에 판매 부수를 예측하기 어려운 출판 시장에서 순환도서관은 출판사의 주요 고객이면서 사업상 안전장치였다. 순환도서관과 우호적인 관계를 맺어야 했던 출판사들은 무디스에 책을 반값에 제공했다. 그리고 더 나아가 투자까지 아끼지 않았다. 무디스가 1860년대 유한 책임 회사로 전환할 때 필요한 자금이 10만 파운드였다. 무디스가 반을, 나머지 반은 출판계의 큰손 존 머레이와 리처드 벤틀리 등이 기꺼이 출자했다.[66]

소위 영문학의 황금기라 불리는 19세기를 풍미하고 문학의 대중화에 지대한 공을 세웠다는 평가를 받는 무디스에도 끝은 왔다. 1937년, 무디스는 부도가 났고 소장 도서를 당시 순환도서관 사업도 겸하던 고급 백화점 해러즈 등 몇몇 사업체에 넘겼다.[67] 순환도서관의 대표주자 무디스의 부도에는 여러 가지 이유가 있지만 그중 하나가 소설을 출판한 형식이다. 지금은 소설을 단행본으로 판매하지만 19세기에는 1권을 나눠 3부작으로 출판했다(그래서 한쪽에 들어있는 글자 수가 말도 안 될 정도로 적다). 19세기 초 스코틀랜드 출판업자 아치볼드 콘스터블(Archibald Constable)이 시도하고 이후 콜번 출판사가 정착시킨 관행이었다.

3부작 양식은 순환도서관에 유리했다. 3부작 소설은 웬만한 중산층의 일주일 치 월세와 맞먹었던지라 3부작 소설은 주로 순환도서관이나 상류층이 구매했다. 이로 인해 중산층은 순환도서관으로 향해야 했다. 순환도서관 측에서 볼 때 이는 고객이 보장된 것과 다름없는 상황이다. 순환도서관은 출판사로부터 반값에 책을 구매한 후 세 명에게 동시에 빌려줄 수 있어 수익성을 높일 기회였다.

하지만 독자층 저변이 확대되던 19세기 중반 무렵, 작가와 출판사는 다른 방식을 원했다. 우선, 작가들은 찰스 디킨스가 대중화한 연재 형식을 더 선호했다. 작가가 원고료를 두 번 받을 수 있기 때문이있다. 한번은 연재 때, 나머지는 연재물을 모아 책으로 출판할 때 받았다. 연재소설이 실리는 잡지는 가격이 싼 덕에 좀 더 넓은 독자층과 만날 수 있다는 장점도 컸다. 게다가 연재 중 독자의 반응이 뜨거우면 단행본을 출판할 때 출판사에 더 나은 조건을 요구할 수도 있었다.

출판사는 3부작보다는 단행본을 선호했다. 고객이 상류층에 국한되는 값비싼 3부작에 비해 단행본은 고객 폭을 중산층까지 확대해 판매 부수를 대폭 늘릴 수 있었기 때문이다. 다만 이들은 역학 관계에서 순환도서관에 밀려났다. 출판사들은 타협안으로 일단 첫해는 3부작으로 출판해 순환도서관에 공급하고, 6개월이나 1년이 지난 뒤 가격을 낮춰 단행본을 출판했다.[68] 하지만 1870년에 의무 교육이 시행되면서 독자층이 예전과 견줄 수 없을 만큼 확실히 넓어지자 출판사들은 더는 순환도서관의 눈치를 보지 않고 단행본으로 방향을 틀었다. 자연히 순환도서관 사업으로 벌어들이는 이익은 현저히 떨어졌다.

작가–출판사–순환도서관 사이의 충돌하는 이해관계와는 별도로, 점점 살벌해졌던 내부 경쟁도 무디스가 몰락한 이유다. 특히 철도의 시대라 불릴 만큼 영국 전역이 철도로 이어졌던 19세기 후반에 기차역에서 신문과 책을 팔았던 스미스(WHSmith)는 매우 위협적인 존재였다. 사실 스미스는 1858년, 기차역에 순환도서관을 설치하자고 무디스에 제안했지만, 한창 주가를 올리고 있던 무디스는 이를 거절했다.[69] 이후 스미스는 독자적으로 기차역에 비치한 책 판매대에 "작으나 엄선한" 순환도서관을 만들었다. 그리고 기차 여행에서 편안히 읽을 수 있는 저가의 소설 시리즈 "레일웨이 라이브러리(Railway Library)"를 만들던 출판사 루틀리지(Routledge)와 독점 판매 계약을 맺었다. 이 출판사는 1849년부터 1898년까지 50년간 1,277권을 이 시리즈로 출판했다(출판사 루틀리지는 현재 세계 최대 규모의 인문 사회과학 학술서적 출판사다).[70] 스미스 순환도서관의 회비는 1.5기니였다. 무디스보다 비쌌으나 선택의 폭을 넓혀 각종 시사잡지까지 총 150페이지를 넘지 않는 한도에서 대여할 수 있었다. 기차역이라는 탁월한 위치와 차별화된 서비스로 스미스의 순환도서관은 1862년에는 185개로 늘어났다.[71]

1930년대 무디스가 부도로 사라진 후, 약국 부츠가 스미스의 경쟁자로 부상했다. 부츠는 1898년에 "부츠 북-러버스 라이브러리(Boots Book-Lovers' Library)"란 이름으로 뒤늦게 대여 도서 시장에 뛰어들었다. '약과 책'의 조합이 다소 생소하지만, 전국으로 퍼진 지점은 강점으로 작용했다. 무디스와 스미스와 마찬가지로 부츠도 "엄선"을 내세웠지만, 이들과 달리 회원제를 다양화했다. 가장 저렴한 것은 "가정 구독권(Home Subscription)"으로 신상 도서만 빼고 한 권씩 빌릴 수 있었다. "여행 구독권(Traveling Subscription)"은 지정된 지점이 아닌 전국 어느 지점을 이용해도 상관없었다. 연간 회원권 대신 '읽는 만큼 지불하는(pay as you read)' 제도도 도입했다. 부츠 순환도서관은 1920년대에 200개, 1938년에는 460개까지 늘었다. 전성기는 의외로 2차 세계대전기에 찾아왔다. 전쟁으로 다른 여가 활동을 즐기기 어려워지자 영국인들은 순환도서관으로 관심을 돌렸다. 뜻밖의 호황에 부츠는 1950년대 백만 명의 회원을 유지하며 무려 5천만 권을 영국 전역에 유통했다.[72]

그러나 부츠의 생명은 딱 거기까지였다. 책은 이미 누구나 친근하게 접할 수 있는 상품이라는 인식이 널리 퍼져 있었다. 1930년대에 저렴한 문고판이 나오면서 사람들은 책 가격을 더는 크게 부담스러워하지 않았다. 책을 공유하는 협동조합도 조직되고 저소득층을 대상으로 만든 저가 도서 대여 도서관(Two penny library)이 문방구나 담배 가게까지 차지했다. 무엇보다 1964년에 제정된 공공 도서관법이 강력한 한 방을 날렸다. 하원은 지방 정부가 선택적으로 지역 공공도서관 건립 여부를 결정할 수 있게 했던 기존 법을 수정하고 각 지역에 의무로 공공도서관을 건립하는 법안을 제정했다. 스미스와 부츠는 각각 1961년, 1966년에 도서 대여 사업을 접고 본래 업종인 책과 잡지 판매, 그리고 약국으로 돌아갔다.

케임브리지 공공도서관

시청 앞을 거쳐 부츠가 있는 페티커리(Petty Cury) 길로 들어섰다. 14세기에 만들어진 길이라 거리 사이사이가 비좁고 차도 못 들어오지만, 주요 상권이 몰려 있는 번화가다. 왼쪽의 부츠를 보니 약국 속 도서관이라는 기발한 발상으로 성공을 거두었지만 결국 비정한 운명을 맞이한 역사가 떠올랐다. 오른쪽에는 쇼핑몰 라이온 야드가 있다. 안으로 들어갔다. 행선지는 쇼핑몰 한쪽의 2층부터 4층을 통째로 차지한 케임브리지 공공도서관이다. 쇼핑몰 안에 공공도서관이 있다니. 이 또한 범상치 않은 조합이다. 고도로 밀집된 소비 공간 속에 유일한 비상업적 공간이 들어선 셈이다. 보고서에서나 볼 만한 밋밋한 활자체와 실용적 인테리어로 구현되는 비상업성은 소비자들의 시선을 끌기 위해 제각각 한껏 멋을 부린 가게들과 대비되었다.

어떻게 쇼핑과 책을 결합할 생각을 했을까? 문득 19세기의 순환도서관이 떠올랐다. 당시 순환도서관은 독서를 시민을 계몽하기 위한 활동이라기보다 개인의 여가(취미) 생활에 방점을 찍고 소설을 주력 상품으로 삼았다. 19세기는 소설은 가정에 있던 여성에 적합하고, 비남성적인 분야라는 사회적 통념이 강하게 자리 잡은 시기였고 이는 여성이 순환도서관의 주 고객이 된 배경인 동시에 당시 지배적인 사회 담론이 작용한 결과이기도 했다. '남성은 생산, 여성은 소비'라는 인식과 맞물리면서 '순환도서관=상업적 소비 공간'이라는 공식이 성립하게 되었다. 실제로 순환도서관, 특히 유흥지 근처에 자리한 순환도서관 안에는 쇼핑 시설과 당구대 등 놀이시설을 두었다. 도서관 속의 쇼핑이라. 케임브리지 도서관은 공공장소라 문제가 될 수 있다. 그렇지만 이 발상을 역전시켜 쇼핑몰 안에 도서관을 두는 것쯤은 괜찮다고 생각하지 않았을까? 쇼핑하다 잠깐 들르는 공간, 아니면 책을 빌리러 온 김에 분위기를 전환할 겸 쇼핑을 해도 좋겠다, 라는 생각으로 제시한 아이디어가 아니었을까.

공간의 역 배치는 또 있다. 지금은 도서관이나 서점 안에 자리한 카페를 흔히 볼 수 있지만, 예전에는 커피하우스 안에 도서관이 있었다. 영국은 흔히 차의 나라로 알려져 있다. 영국의 '티타임' 문화가 그 예다. 티타임은 오전 11시부터 시작되는데, 말 그대로 '일레븐지스'라고 부른다. 오후 4시–6시, 바로 '애프터눈 티타임'이다. 점심을 먹고 서너 시간이 흐른 후, 슬슬 배가 출출해질 즈음에 주로 귀족들이 샌드위치나 스콘처럼 간단한 간식을 곁들여 먹었다고 한다. 마지막으로는 '하이 티타임'이다. 오후 5시–7시 즈음으로 주로 노동 계층이 저녁을 겸해서 차를 마셨다고 전해진다.

이처럼 영국은 책 못지않게 '차'를 사랑하는 나라지만, 보편화된 것은 정작 19세기 초반의 일이다. 그 이전까지는 커피 문화가 지배적이었다. 17세기 중반 처음 소개된 이후 우후죽순으로 생겨난 커피하우스는 1663년에는 런던에만 83개가 있었다. 손님은 주로 남성들이었다. 이들은 긴 대형 테이블에 다 같이 모여 앉아 커피를 마시며 정치나 시사 문제를 토론하거나 잡담을 나누었다.[73] 커피하우스가 여론 형성의 중심 공간이 되면서 토론 거리를 제공하는 잡지와 책은 자연스럽게 커피 사업과 밀착되었다. 주인들은 커피하우스 안에 도서관을 만들어 책을 대여해주었고 책 경매도 벌였다. 심지어 출판인이 직접 커피하우스를 운영하면서 자회사 책을 홍보하고, 즉석에서 팔기도 했다.[74]

기차와 책, 약국과 책, 쇼핑과 책, 커피와 책 등 책과 인연이 닿았던 사업 파트너를 생각하다 보니, '술과 책'이 떠올랐다. 얼마 전 런던 해차드 서점에 가려고 피카딜리(Piccadilly) 가를 걷다가 아무 생각 없이 그저 호기심으로 우연히 발견한 가게에 들어갔다. 바로 메종 아술린(Maison Assouline)이란 곳이다. 한쪽 벽에 온갖 양주를 진열한 바를 두고 나머지 벽은 갖가지 책으로 채워져 있었고, 나비넥타이를 맨 직원들이 인사를 건넸다. 진열된 책은 돌돌 말아 주머니에 대충 구겨 넣을 수 있는 잡지나 기차역에서 흔히 보는 '3 for 2', 그러니까 3권을 2권 가격으로 파는 저렴하고 저품질의 책들이 아니었다. 대부분 현대 미술, 롤렉스 시계, 윤기가 자르르 흐르는 자동차, 와인, 고급 패션과 이국적인 곳을 소개하는 여행지 등 두툼하고 들기도 무거운 대형 컬러판 책이었다.

전혀 예상치 못했던 분위기에 나는 잠시 정신을 놓고 얼어붙었다. 찰나였지만 들어가보자 마음먹고 들어갈 때까지 내가 상상했던 모습은 맥주, 대중 잡지, 문화 관련 책, 팝음악이었다. 나의 예상이 와장창 깨져버렸다. 어찌할 바 모를 만큼 난감했고 불편했다. 딱 드는 생각은 '이곳은 책이 주일까, 술이 주 종목일까'였다. 좀 더 생각을 이어가다가 '책과 술'이 과연 어울리는 조합인지 의문이 들었다. 술을 마시고 취한 상태로 책을 제대로 읽을 수 있을까? 나라면 내가 지금 책을 마시는지, 술을 읽는지 모를 텐데.

'술과 책'. 이 둘은 영국 역사에서 상극에 있는 관계였다. 19세기 술은 비이성적 향락이자 '사회적 질병'이었고 책은 이성적 여가로 알코올중독의 '치료제'였다.

영국에서 술은 두 차례나 사회적 질병의 원흉으로 지목받은 전적이 있다. 첫 번째가 18세기 전반기의 "진 크레이즈(Gin Craze)"다. 프랑스와 정치적·종교적으로 사이가 좋지 않았던 영국은 프랑스산 술인 브랜디의 수입을 줄이려고 했다. 영국 하원은 수입품에 높은 관세를 매겨 프랑스산 술 소비를 억제하는 대신, 국내 증류주 생산에 대한 제한을 없앴다. 그 결과, 국내산 술이 넘쳐났고 불과 몇 푼으로 독주를 마시게 되었다. 런던의 가난한 사람들, 성인 남녀는 물론 어린이들까지 겨울의 추위와 배고픔을 독주로 견디며 런던시가 통째로 술 중독에 빠졌다. 1730년대 런던 거주자 한 명이 1년에 마시는 평균 진이 무려 53리터였다고 한다.[75]

두 번째는 1830년대로 이번에는 맥주가 문제였다. 발단은 맥주법(Beer Act, 1830)이었다. 이전까지는 술을 빚으려면 지방 정부의 허가를 받아야 했으나, 하원은 허가 없이 자유롭게 맥주를 만들 수 있게 법을 바꾸었다. 정치인들은 자유 무역을 확대하여 소수가 주조 사업을 독점하는 행위를 철폐하겠다는 명분을 대의로 내세웠다. 그러나 본래 취지와는 다른 사회 현상이 발생했다. 잉글랜드와 웨일스 지역 내 새로운 맥주집이 6개월 만에 24,000개가 들어서면서 51,000여 개였던 맥주집이 75,000여 개로 그 수가 대폭 늘어난 것이다. 맥주 소비량이 단기간에 폭발적으로 증가하면서 사회적 문제를 유발하게 되었다. 맥주집과 그 주변 일대는 사람들이 게으르고 무절제하며 향락과 퇴폐에 빠져 살고 범죄와 폭력이 난무한 곳이라는 인식이 퍼져나가는 데 한몫했다.[76]

과음 문화에 대한 경보음이 울리자 이른바 술 절제 운동(Temperance movement)이 시작되었다. 여기에는 다양한 동기가 작용했다. 노동자 투표권을 요구하던 차티스트(chartist)들은 투표권 쟁취를 위해 술을 절제하자고 촉구했다. 노동자 계층의 음주 습관이 이들의 이성적 판단력에 대한 사회적 불신으로 이어질 가능성을 우려한 것이다. 기독교 측은 기독교적 도덕이 바탕이 되는 사회를 건설하기 위해 운동에 참여했다. 부르주아 사회 개혁가들은 이 운동을 대중을 계몽할 기회로 받아들였다. 이들은 사회 질서를 유지하기 위해서 노동자 계층을 "문명화"해야 한다고 믿었는데, 여기서 문명화 혹은 계몽이란 노동자 계층이 중산층의 도덕을 습득해 이들과 마찬가지로 위생적인 환경에서 건전하고 이성적인 여가 생활을 즐기는 수준에 도달하는 것을 뜻했다.[77]

책 읽기는 개혁가들이 내세운 계몽 프로젝트 중 하나였다. 그중에서도 급진파는 누구나 무료로 이용할 수 있는 공공도서관 설립안을 하원에 제출했다. 이들은 도서관이 펍(영국식 술집)에 몰려 있던 노동자 계층의 관심을 책으로 돌려 '사회적 질병'을 제거할 수 있을 것이라고 굳게 믿었다.[78]

공공도서관 법안을 둘러싼 하원 간의 논쟁은 팽팽했다. 반대론자는 사회적으로 타락한 노동력을 생산할 것이라 주장했다. 사회과학 서적은 이들을 정치적으로 급진화시켜 체제를 전복할 위협적인 세력으로 만들 것이고, 소설로 인해 노동자들은 시간을 허송세월 낭비하는 습관을 갖게 될 것이며, 특히 수준이 낮은 소설은 대중을 도덕적으로도 타락시킬 것이라는 우려를 표했다. 반대로 지지자들은 책의 교화 기능을 강조했다. 가난과 무지, 술 중독을 독서로 극복한 사례를 내세우며 노동자 계층도 도서관 같은 문화 시설을 향유할 수 있으며 독서를 통해 더 나은 시민이 될 수 있다고 주장했다. 특히 소설의 경우 디킨스나 브론테 자매 등 '건전한' 작가의 작품을 중심으로 배치한다면 소설은 사람들을 나태하게 만드는 것이 아니라 일상의 걱정에서 잠시 벗어나게 하는 건전한 오락이 될 것이라고 말했다.[79]

1850년, 공공도서관법은 지방 자치 단체가 도서관 설립 여부를 결정한다는 선에서 통과되었다. 처음에는 순환도서관에 큰 타격을 입히지 못했다. 의무가 아닌 선택인 상황에서 모두가 무료로 책을 열람할 수 있고 대출할 수 있다는 아이디어는 아직 낯설었다. 변화는 더디게 일어났다. 법이 통과되고 15년 이상이 지난 1867년에 전국적으로 공공도서관을 설치한 지역은 27군데,

1887년에는 77군데에 불과했다.[80] 이용 비율도 높지 않았다. 예산상 따끈따끈한 신간보다는 중고책을 구입했고, 애초에 도서관을 설립한 배경이 대중 계몽이었기 때문에 인기 있는 소설보다는 교육용 책이 주로 비치되었다.

주목할 만한 변화는 1900년대에 일어났다. 스코틀랜드의 한 가난한 가정에서 태어나 미국으로 이주하여 록펠러를 꺾고 세계 최고의 부자가 된 철강왕 앤드루 카네기(Andrew Carnegie, 1835–1919)가 재산의 90퍼센트를 자선 사업에 쏟아부으면서 대대적인 개혁이 이루어졌다. 공공도서관은 특히 그가 공을 들인 분야로, 미국에만 약 1,700여 개 공공도서관을 세웠다. 미국뿐만 아니라 그가 태어나고 자란 영국도 지원했다. 1883년, 그의 고향 스코틀랜드의 던펌린(Dunfermline) 도서관을 시작으로, 수백 개의 공공도서관을 영국 중소 도시에 지었다. 카네기의 지원에 힘입어 1914년에 이르면 영국인 62퍼센트가 공공도서관이 있는 곳에 살게 되었다.[81]

2차대전 이후 노동당 내각이 제시한 복지 국가 모델에서 공공도서관이라는 개념은 도서관의 사회적 가치를 분명히 보여주었다. 그리고 마침내 1964년, 하원은 법을 개정하여 선택 사항이었던 공공도서관 운영을 의무 사항으로 지정했다. 1970년대부터는 장애인들을 위한 시설을 보충하는 등 서비스의 질을 높였다.[82] 결국 중산층도 공공도서관을 적극적으로 이용하게 되었고 100년간 지속되었던 책 대여 시장 내 경쟁은 순환도서관의 퇴장으로 막을 내리게 되었다.

케임브리지 도서관은 공공도서관의 역사에서 아주 초기에 해당하는 1855년에 설립되었다. 쇼핑몰을 대규모로 수리하던 2000년대에 같이 새롭게 단장했기 때문에 옛 모습은 흔적도 없이 사라졌다. 하지만 공공도서관의 난제, 즉 초점을 교육에 둘 것인지 아니면 개인의 여가 및 취미에 맞출 것인지 격렬히 토론했던 흔적은 도서관 벽에 고스란히 남아 있다. "그들이 생각하는 것이 싫다면 도서관 카드를 주지 말았어야 했다(영화 〈캔디스 버겐의 갈등Getting Straight〉, 1970)"는 책의 계몽 효과를 강조하는 반면, "날뛰는 군중으로부터 멀리 떨어져서(토마스 하디)"라는 말은 책을 여가 활동의 하나로 개인 사색을 중시하겠다는 뜻이니 말이다. 나는 이것을 양쪽을 모두 인정하되 어떻게 이용할지는 온전히 개인에게 맡긴다는 메시지로 이해했다.

들어가는 입구에 'LGBT 역사의 달(LGBT History Month)'을 기념하는 테이블이 있었다. 편견 없이 성소수자를 보자는 LGBT 역사의 달 운동은 1994년 미국의 고등학교 역사 교사인 로드니 윌슨(Rodney Wilson)이 시작했다. 그는 2차대전 시기를 사회적 혐오라는 관점에서 접근했는데, 많이 알려진 유대인 학살, 즉 인종적 혐오뿐 아니라 성소수자 혐오까지 주제를 확장하여 학생들에게 가르쳤다. 그리고 '흑인 역사의 달(Black History Month)'이라는 이름을 차용하여 국제적인 사회 운동으로 발전시켰다. 내가 그날 도서관에 간 이유이기도 했다. 케임브리지 시내 곳곳에 배치되어

LGBT 역사의 달 (©권신영)

있던 광고지와 영국 케임브리지 시청 깃대에 높이 매달려 있던 무지개 깃발을 보고는 한번 둘러봐야겠다는 마음이 들었다.

소박한 전시장이었다. 테이블 위에는 LGBT에 관련된 서적이 죽 전시되어 있고, 알아두면 좋을 인물들의 사진과 그에 대한 짧은 설명을 적어놓았다. 단연 눈에 띄는 인물은 앨런 튜링(Alan Turing, 1912−1954)이다. 2차대전 시기 케임브리지 대학에 재직했던 튜링은 독일 잠수함 유보트(U−boat)가 사용하는 에니그마 암호를 해독하는 임무를 맡았다. 진쟁을 막기 위해 암호와 고군분투했던 앨런 튜링의 모습은 영화 〈이미테이션 게임The Imitation Game〉(2014)에서도 찾아볼 수 있다. 그가 암호를 해독하기 위해 발명한 기계는 세계 최초의 컴퓨터다. 과학사에서는 컴퓨터학과 인공 지능의 개척자로 전쟁사에서는 전세를 연합군 쪽으로 돌리는 데 결정적인 역할을 했다는(덕분에 전쟁을 적어도 1년 이상 단축했다) 평가를 받는다. 하지만 1952년, 튜링은 동성애자라는 이유로 유죄를 선고받고 강제로 호르몬 치료를 받았다. 2년 뒤, 그는 자택에서 자살했다.

짧지만 강렬했고, 눈부셨지만 비극적인 삶이었다. 2009년, 고든 브라운 총리는 무려 반세기 동안 지속된 침묵을 깨고 공식적으로 사과했다. 그의 사과문은 2차대전 때 정보전을 치렀던 기지이자 앨런 튜링이 컴퓨터를 만들었던 블레츨리 파크(Bletchley Park)에 걸려 있다. 사과문에서 고든 총리는 영국 사회가 튜링에게 "막대한 빚을 지고 있다"라고 말했다. 그가 받았던 치료는 "완전히 부당(utterly unfair)"했다고 밝히면서 전후 영국이 평화를 지향하는 민주주의 사회인 듯했지만 실은 사회적 혐오들, "반유대주의, 동성애 혐오, 외국인 혐오, 그리고 여타 살인적 편견"이 존재하고 있었다는 것을 솔직하게 인정했다. 글은 "우리가 사죄한다. 당신은 좀 더 나은 평가를 받았어야 했다"라는 문구로 마무리된다. 이후 시민운동가들은 공식적인 사면을 추진했다. 정부는 사후 사면은 곤란하다며 선을 그었지만, 2013년 12월 엘리자베스 2세 여왕이 직접 "예외적 사면"을 결정했다.

케임브리지 공공도서관에서 평화롭게 진행되는 LGBT 행사는 금서 지정으로 한창 시끄러운 미국 공립 학교 도서관과 선명한 대비를 이루었다. 텍사스, 테네시, 버지니아, 플로리다, 와이오밍, 유타주 등은 인종 문제와 LGBT를 다루는 서적을 금서 목록에 올리고 있다. 2022년 현재, 퓰리처상과 노벨 문학상을 받은 흑인 여성 작가 토니 모리슨(Toni Morrison, 1931–2019)의 첫 소설 《가장 푸른 눈*The Bluest Eye*》(1970)은 미주리 학교 도서관에서 퇴출당했다. 나치 홀로코스트에서 살아남은 폴란드 가족의 이야기로 퓰리처상을 받은 아트 슈피겔만(Art Spiegelman)의 그래픽 소설 《쥐*MAUS*》(1986)는 테네시 고등학교에서 금서로 지정되었다. 물론 반발도 거세다. 일부 학부모가 주장하는 권리 때문에 다른 학부모의 읽을 권리까지 침해당한다며 금서에 반대하는 학부모들이 목소리를 내기 시작했고, 일부 학생들은 오로지 금지된 서적만 읽는 북클럽을 결성했다.

책을 둘러싼 갈등은 오래전부터 꾸준히 있었다. 책은 언제나 위험했다. 책에 대한 사회적 우려는 금서를 지정하는 것으로 표현되었다. 고전의 반열에 이름을 올린 책들, 조지 오웰의 《동물농장》과 《1984》, 올더스 헉슬리의 《멋진 신세계》도 이 운명을 피하지 못했다. 여기서 한 발 더 나간 과격한 형태가 책 태우기다. 1930년대 나치는 나치에 맞섰던 사회주의, 자유주의, 공산주의와 관련된 서적을 태워 "문화 제노사이드"를 일으켰다.

미국의 금서 논쟁은 문화 전쟁(culture war)의 맥락에서 살펴봐야 한다. 한쪽은 소수 인종과 성소수자의 인권을 보장해야 하며 사회가 이들을 포용하기 위해 이 문제를 공론화시켜야 한다고 주장한다. 다른 한쪽에서는 "사회의식(woke culture)"을 강요하는 것으로 중립성을 지켜야 하는 공공장소가 사상 교화의 장소로 변질되고 있다고 비판한다. 공공도서관은 어때야 할까? 세금으로 운영되는 곳이니 누군가 불편함을 느낄 책은 빼야 할까, 아니면 모두가 이용할 권리가 있으니 모든 목소리를 반영해야 할까.

책의 모습은 다양하다. 소장하고 자랑하고 싶은 사치품이요, 돌려가면서라도 보고 싶은 선망의 대상이었다. 기차 여행의 무료함을 달래는 마음의 안식처이자 술중독에서 사람들을 구해낼 치료제인 동시에 태워버려야 하는 위험한 물건이기도 했다. 한 시대의 문화 아이콘으로서 비즈니스에 영감을 제공하기도 했다. 책은 작가의 인격이 스며든 특수 상품으로 저작권이란 법률적 개념을 만들어내는 데도 기여했다. 지식·정보 산업의 주도권을 갖기 위해 국가 간 갈등에 불을 붙이기도 하고 현재 문화 전쟁의 소재가 되기도 한다.

요물은 요물이다. 책에 얽힌 모든 이야기를 다 떠나 나의 하루를 홀라당 잡아먹었다. 도서전을 보겠다고 세찬 비바람을 뚫고 야심 차게 걸어 나왔건만, 허탕을 치지 않았는가. 되돌아 걸어갈 생각을 하니 까마득했다.

책 읽는 개인의 탄생

2009년 10월 화창한 가을날. 풀지 못해 결국 마음속에 담아두었던 수수께끼가 다시 튀어나왔다. 그날은 여권 갱신차 아이를 데리고 런던에 있는 대한민국 대사관에 가는 날이었다. 간 김에 런던도 구경할 요량으로 일찌감치 케임브리지 기차역으로 향했다. 런던행 기차는 따로 지정석이 정해져 있지 않아 번잡한 시간대에는 기차가 도착하는 즉시 허겁지겁 뛰어가야 자리를 잡을 수 있다. 개찰구를 늦게 통과한 나는 겨우 자리 하나를 잡을 수 있었다. 아이를 좌석에 앉힌 후 옆에 기대섰다. 기차가 서서히 움직이기 시작하자 사람들은 기다렸다는 듯 하나둘씩 책을 꺼냈다. 자리가 없어 바닥에 주저앉은 사람은 무릎을 세우고 가방에서 책을 꺼냈다. 나는 개인적으로 버스나 지하철, 기차에서 책을 못 읽는다. 빠르게 스쳐 지나가는 창밖 풍경을 보며 온갖 잡생각을 하다가 스르르 잠드는 유형인 내게 단체로 책을 주섬주섬 꺼내는 모습은 기차를 탈 때마다 눈에 띄었다. 여기 사람들은 책을 좋아하는구나.

영국에서 책이 그냥 여기저기 널린 '조그만' 물건 이상의 의미를 지니는 것 같다는 인상은 그때가 처음이 아니었다. 영국에 도착한 지 얼마 지나지 않았을 때 주변의 모든 것이 낯설었던 나는 기회가 닿을 때마다 주위 사람들에게 생활의 지혜를 구했다. 그 중 공통적으로 나오는 조언은 아이의 책을 빌리는 방법이었다. 시내에 있는 케임브리지 공공도서관이 현재 공사 중이라 문을 닫았지만 무슨 요일에 어디로 가면 이동도서관이 온다고 가르쳐주었다. 처음에는 흘려들었지만 만나는 사람마다 계속 같은 이야기를 꺼내자 도서관 공사로 당분간 책을 빌리지 못하는 것을 왜 그리 대수롭게 여기는지 궁금해졌다. 그로부터 몇 달이 지난 후 런던행 기차를 처음 탔던 나는 마치 단체 행동처럼 승객들이 책을 꺼내는 모습을 마주했다. 줄기차게 들어온 공공도서관 이야기와 기차에 탄 승객들이 독서하는 모습 사이에 모종의 관계가 있을 듯했다. 그렇다고 "당신들은 왜 기차에서 책을 읽으세요?"라고 물어볼 수도 없는 노릇이었다. 기차 안에서 책 읽는 사람이야 어느 곳에나 있기 마련이니까. 그러니 그 수가 '많다'는 것은 나의 주관적인 느낌일 수밖에 없었다. 결국 기차 속 풍경은 알쏭달쏭한 물음표로 남았다.

그로부터 7년이 지난 2016년. 그때 차마 풀지 못했던 궁금증이 부분적으로 해소되었다. 어느 날, 친구가 케이트 폭스(Kate Fox)

의 《영국인 발견: 영국인의 행동에 숨겨진 규칙들*Watching the English: The Hidden Rules of English Behaviour*》을 선물로 주었다. 영국 인류학자가 자국 사회를 관찰한 책으로, 친구는 영국인인 자기도 미처 모르는 내용이 많았다며 영국을 이해하는 데 도움이 될 거라고 책을 권했다. 읽다 보니, 영국인이 공공장소에서 책을 꺼내 드는 이유를 이해할 수 있는 부분이 있었다. 아쉽게도 이유는 썩 근사하지 않았다. 영국인의 무례한 정중함. 쉽게 말해 "나한테 말 시키지 마"라는 암시가 그 이유였다. 굳이 타인과 시선을 맞추지 않으면서도 내가 책을 읽고 있으니 방해하지 말아 달라는 신호라는 것이다. 반대로 타인에게는 내가 없는 것처럼 여겨도 좋다는 신호를 보내 상대방의 공간 역시 배려해주는 영국인의 문화적 행동 코드이기도 했다.

그러나 나는 영국에서 책이 '예의 바른' 개인주의를 드러내는 매개체 이상의 의미를 지녔다는 것을 알게 되었다. 영화 〈건지 감자껍질파이 북클럽〉을 통해서다. 영화는 책이 갖는 사회적 의미를 다음과 같이 표현한다.

"당신은 책이 뭘 할 수 있는지 이미 알고 있겠지요. 삶이 제각기 다 달라도 우리가 공유할 수 있는 어떤 것…"

영화의 배경인 2차대전 시기, 섬에서 돼지를 키우는 남주인공이 런던에 거주하는 작가 여주인공에게 보낸 편지 중 일부다. 전쟁으로 사람들이 인간성에 대한 신뢰를 점차 잃어가는 때 책은 심리적으로 멀리 떨어진 개인들을 다시 연결해주는 고리였다.

영화는 소박하면서도 정겨운 풍경을 지닌 건지섬(Guernsey)을 배경으로 이야기를 풀어낸다. 건지섬은 1940년에 독일군에게 점령되었다. 본디 영국령이지만, 자국보다 프랑스와 거리가 가까워 영국이 이렇다 할 방어 전략을 펼치지 못하자 결국 독일에 섬을 내어주고 말았다. 당시 독일군은 군부대 식량을 보급하기 위해 섬에 있는 가축을 모조리 빼앗아 갔다. 영화 속 주인공인 주민 다섯 명은 매일같이 질리도록 감자만 먹었다. 감자로는 도저히 허기를 제대로 채울 수 없었던 이들은 어느 날, 숨겨둔 새끼 돼지 한 마리를 잡아 몰래 구워 먹었다. 주민들은 비밀 파티를 열었다. 누구는 직접 담근 진(gin)을 가지고 왔고, 또 누구는 버터도 밀가루도 없어 감자와 감자껍질로만 만든 창의력 가득한 '감자껍질' 파이를 만들어 왔다.

밤늦게까지 기분 좋게 고기와 술로 배를 채운 이들은 한껏 상기되어 술에 취해 시끌벅적하게 노래까지 부르며 집에 가다 독일군에게 딱 걸렸다. 독일군은 함께 모여 있는 주민들을 의심했다. 통금까지 어기고 이 시간까지 도대체 무엇을 하고 있었냐며 추궁하기 시작했다. 북클럽 모임이 있었다며 간신히 상황을 모면했지만 "이름이 뭐냐"는 예상치 못한 질문이 돌아와 당황한 찰나, 술에 취한 주민이 내뱉은 "망할 감자껍질파이!"라는 주정이 빛을 발했다. 이들은 엉겁결에 즉석에서 '건지 감자껍질파이 북클럽'을 결성했다. 이후 매주 금요일 저녁에 한자리에 모여 독일군 점령 아래 나날이 불안했던 삶을 함께 책을 읽고 이야기를 나누며 보듬어 주었다.

영화는 동명 소설이 원작으로 메리 앤 셰퍼(Mary Ann Shaffer)와 애니 바로우(Annie Barrows)가 썼다. 미국인이지만 도서관 사서와 출판사 편집자로 일했던 경력 덕분인지, 매리 앤 셰퍼는 섬세한 눈길로 영국 사회에서 책이 갖는 의미를 포착했다. 다가오기만 해도 머리가 뻣뻣하게 설 독일군을, 게다가 무상까지 한 위협적인 존재를 한밤중에 만났을 때 엉겁결에 튀어나온 변명이 북클럽이라는 설정은 개연성이 충분하다.

영국의 북클럽은 17세기에 처음 등장했다. 책을 갖기도 빌리기도 어려웠던 시절, 북클럽은 책을 공동으로 구입해 돌려 읽기 위한 조직이었고 2차 세계대전 때 영국 전역에 퍼져 있었다.

또 영화는 작가 여주인공의 대중적 인기를 보여주기 위해 서점 포일스(Foyles)로부터 시작된 전통도 끌어온다. 포일스는 1902년에 런던의 채링 크로스에 개업하여 지금까지 운영 중인 서점으로 120년 동안 수천 명의 작가를 초대해 작가-독자와의 만남을 주선했다. 언뜻 스쳐 지나가는 찰나의 순간이지만, 책과 아이들의 관계를 포착한 장면도 인상적이다. 책을 읽지 못하는 네 살짜리 소녀가 '듣기'로 책 세계에 노출되는 모습이라든지, 우체국에서 손님이 없을 때마다 틈틈이 책을 읽는 소년에게 제목이 아니라 "키플링(《정글북》을 쓴 작가)을 좋아하니?"라며 작가를 먼저 물어보는 것은 지극히 영국적이다.

영국에서 책은 서구 근대의 가치를 실현하는 통로다. 책은 자신과 외부를 어느 정도 차단하여 개인 공간을 확보해주는 동시에, 개인과 개인을 연결해 사회적 연대감을 쌓는 수단이다. 나는 육아를 통해 책의 사회적 가치를 경험했다. 개인주의와 사회적 연대를 구현하는 책 읽기 문화는 '이야기 듣기'로부터 시작했다.

5장 이야기를 듣다

그거 나한테 읽어줄 거예요?[83]

초등학교에 입학할 때까지 아이 중 누구도 글을 읽지 못했다. 지역마다 다를 수도 있고 개인차도 있겠지만 적어도 나의 둘째 아이와 그 주변에서는 별로 신경 쓰지 않았다. 글을 가르치려 드는 부모도 없었다. 아무도 아이가 늦게 글을 깨우쳐 다른 아이들에게 뒤처질까 봐 초조해하지 않았고, 모두 아이들의 문자 없는 세상을 존중하고 받아들였다. 그렇다고 해서 암흑세계는 아니었다. 아이들의 세상에는 '듣기'가 있었다.

'듣기'는 오래전부터 사람들에게 이야기를 전달하는 수단이었다. 듣기는 인간 사회의 절대다수가 책이란 물건은커녕 글자조차 몰랐을 때 상상력을 가득 담은 이야기를 이곳저곳 배달하여 구전문학이란 장르를 개척했고, 확실한 작가도 고정된 텍스트도 없이 말랑말랑하여 언제든 이야기를 마음대로 주무를 수 있는 세계,

이야기꾼의 기분에 따라 희극이 될 수도 비극이 될 수도 있는 세계를 구축한 수단이었다. 이 세계는 호락호락하지 않다. 집에 책이 없어도 어렸을 때 주워듣는 전설, 민화, 야사, 가족사는 훗날 아이를 독서광으로 이끄는 기본 바탕이 된다. 순간적인 응용력과 자신만의 표현 능력도 키울 수 있다. 독창적인 아이디어로 이야기를 다시 재해석하여 자신만의 언어로 들려주기 때문이다. 이런 과정은 또한 작가가 탄생하는 배경이기도 하다.[84]

영국엔 동네 아이들이 이야기를 들을 수 있는 통로가 많았다. 관심을 가지고 부지런히 움직이기만 하면 매일 이야기를 들을 수 있는 스토리 타임, 의례화된 베드타임 스토리, 그리고 누군가가 예고 없이 나타나 책을 읽어주는 미스터리 리더(mystery reader) 같은 프로그램이 있어서 아이가 초등학교에 입학하기 전까지 충분히 즐길 수 있었다.

아이가 자란 동네는 케임브리지 시내에서 남쪽으로 3킬로미터 정도 떨어진 트럼핑턴(Trumpington)이다. 2010년대 초반, 끝을 모르고 치솟던 월세를 감당할 수 있는 집을 구하려고 남쪽으로 계속 내려가다가 도착한 낯선 동네였다. 새로운 곳에 적응할 겸 돌아다니다 보니 네 번의 분기점을 간직한 동네 역사가 눈에 들어왔다. 그중 하나가 중세의 건물이었다. 14세기에 지어졌지만, 아직도 사용하는 세인트 메리 앤 미하엘(St. Mary and Michael) 교회와 1700년경에 지어진 대 저택 앤스티 홀(Anstey Hall)이다.

두 번째는 1890년부터 1900년대 형성된 주택가인데, 음침하고 갑갑해 보이는 주택들로 가득했다. 산업 혁명 이후 19세기 노동자 계층을 위해 보급된 연립 주택(terraced house)이 100미터가량 양쪽으로 늘어서 있는데 워낙 오래된 탓에 벽돌 끝들이 깨져 있다. 갈라진 부분을 가리려고 페인트를 칠했으나, 그것도 대부분 벗겨져 있기 일쑤였다. 2차선의 좁은 도로에 난 인도와 집 대문 사이에 공간이 없어 마음만 먹으면 지나가는 사람이 창문으로 집 내부를 들여다볼 수 있다.

세 번째는 2차 대전 이후부터 1960년대까지 세워진 임대 주택이다. 2차대전 이후 노동당 내각은 '전원도시'와 '새로운 마을 운동(New towns movement)'에서 강조했던 녹색 환경과 공공성이란 의제를 적극적으로 수용했다. 임대 주택 단지에는 축구장 두 개는 너끈히 들어갈 정도로 넓은 대형 잔디밭과 놀이터, 테니스장이 들어서 있다. 소박하나 단정하고, 푸르고 개방적인 주택가다.

네 번째는 임대 주택을 민영화했던 흔적에서 1980년대 이루어졌던 변화를 감지할 수 있었다. 보수당의 마거릿 대처 총리는 임대 주택 거주자가 5년 이상 거주할 시 그 집을 구매할 권리를 주었는데, 확장 공사를 한 집들은 대체로 민영화된 것들이었다.

동네의 주요 거점 중 하나가 포셋(Fawcett) 공립 초등학교였다. 이 학교는 임대 주택 개발이 한창이던 1959년에 세워졌다. 자연을 중시했던 1950년대의 공간 개념에 맞춰 학교 터를 대단히, 입이 떡 벌어질 정도로 넓게 잡았다. 이 결정은 케임브리지시가 트럼핑턴의 농지를 사들여 주택지를 개발하고 인구가 대거 유입되어 공간 부족 현상이 발생하는 2010년대 중반 요긴하게 기능했다. 원래 포셋 초등학교는 소규모 교육을 표방하는 전형적인 공립 학교였다. 한 학년당 한 학급으로 구성되어 있고 전교생이 200여 명에 불과했지만, 인구가 증가하면서 각 학년을 두 개 반으로 확장하고 그에 필요한 건물을 지었다. 이 학교에 가면 어린이 센터(Children's center)가 가장 먼저 눈에 띈다. 그 뒤로 초등학교 건물과 학교 식당, 어린이집(만 3–4세), 0학년(Year Reception, 만 4–5세) 건물이 각각 따로 자리한 모습을 볼 수 있다. 그래도 공간은 여전히 넉넉하다. 운동장과는 별도로 축구장 두 개는 들어갈 드넓은 야생 잔디가 있어 아이들이 자연 속에서 마음껏 뛰어놀 수 있는 공간이 충분하다.

아이들은 스토리 타임과 함께 자란다

둘째 아이는 포셋 초등학교와 인연이 닿으면서 '듣기' 문화를 접했다. 그때가 만 8개월 되었을 무렵이다. 자연스러운 과정이었다. 동네 아이들 대부분이 돌 이전부터 이 학교와 인연을 맺고 주위를 맴돌며 성장기를 함께하다가 입학한다. 아이는 처음에 어린이 센터가 운영하는 "스토리 타임"에 참여했다. 6개월 이상 된 아가들을 대상으로 1시간 동안 책을 읽어주는 프로그램이었다. 제대로 듣지도 않을 아기에게 1시간이나 읽어준다니! 반신반의했지만 혹시나 집중하는 아이가 있을지 궁금해서 직접 가봤다. 역시나, 아기마다 집중력이 떨어지는 시간은 달랐지만 10-15분이 지나면 다들 꼬무락거리기 시작해서 사방을 기어다니며 배회했다. 심심하면 돌아와 다시 이야기를 듣다가 잠이 들기도 하고, 머리를 쥐어뜯으며 짜증도 내고 머리를 박고 울기까지 한다. 그러다 노래를 부르는 시간에 잠깐 반짝 집중하는가 싶더니, 어영부영 끝났다. 나를 포함하여 아기들 부모 모두 이 프로그램 자체에 기대치가 거의 없어서 다행이었다. 이야기를 듣는다기보다 아기들에게는 그저 또래를 만날 수 있고, 엄마들한테는 육아로 고갈된 사회성을 채워줄 기회였다.

그래도 부차적인 수확은 얻었다. 금요일마다 초등학교 식당에서 놀이 모임(play group)이 있으니 관심 있으면 나오라는 이야기를 전해 들었다. 놀이 모임은 동네 엄마들이 주관하는데, 오전 9시 반부터 11시 반까지 초등학교에서 빌려준 식당 건물에서 진행한다. 학교가 왜 기어 다니는 아이들에게 공간을 빌려주게 되었는지 알고 싶었지만 언제 시작했는지는 아무도 몰랐다. 모임은 엄마들끼리 1년 단위로 역할을 나눠서 참가하다가 아이가 만 세 살이 되어 초등학교 안에 있는 어린이집(nursery)에 다닐 때가 되면 뒷사람에게 일을 넘기고 손을 흔들며 떠난다.

학교는 놀이 모임 공간으로 사용하도록 식당 건물 안에 있는 작은 방을 내주었다. 동네 사람들이 오랜 기간 하나둘씩 기부했을 장난감, 아이들의 추억이 가득한 낡은 책으로 가득한 비밀의 방이다. 필요한 만큼 꺼내서 가지고 놀다가 깨끗이 청소해놓고 나오면 된다. 참가비는 당시 50펜스로 한화로 치면 800원 정도인데, 주로 색종이, 스티커, 반짝이, 풀 등 아이들이 손으로 갖고 놀 재료를 구입하는 데 쓰인다.

엄마들이 운영하는 비공식적인 놀이 모임이라 형식은 느슨하고 프로그램 내용도 매번 달랐다. 하지만 마무리는 언제나 책을 읽어주는 '스토리 타임'이었다. 보통 두 권을 읽어주는데, 반응이 좋고 시간이 남으면 세 권도 읽어준다. 처음부터 맨 앞에 자리 잡은 두 살 넘은 아이들은 점점 앞으로 나가며 책 속 그림을 만지기도 한다. 한 살짜리들은 좀 듣다가 뒤로 물러나 뒤에서 딴짓하고, 한 살 미만은 아무 생각이 없다는 듯 침을 흘리며 아무거나 잡아당기면서 주위를 구경한다.

스토리 타임으로 끝나는 일종의 의례는 다른 놀이 모임에서도 마찬가지였다. 영국의 많은 교회가 지역 사회에 공헌한다는 의미로 종교에 상관없이 모두에게 개방된 놀이 모임을 운영한다. 18-19세기 유럽 역사에서 사회 자선 사업의 한 축을 담당했던 기독교의 흔적인 듯하다. 놀이 모임을 하는 날이면 교회에서 나온 자원봉사자들은 예배당의 의자를 모두 치우고 소장하고 있던 장난감을 하나둘씩 바닥에 늘어놓았다. 한 편에는 꼭 그림책 코너를 마련해두었다. 지나치며 슬쩍 보기라도 하라는 어른들의 소망과 뚝심일 뿐, 아이들의 시선은 일단 실내 미끄럼틀에 꽂힌다. 이곳에서도 마지막은 스토리 타임이었다.

교회나 초등학교 이외에도 스토리 타임을 진행하는 곳이 많다. 케임브리지 공공도서관과 시내 서점에서 일주일에 한 번씩 스토리 타임을 가졌다. 서점은 이따금 동화 작가나 삽화 작가를 초대하기도 했다.

평일 닷새 중에서 나흘간 이곳저곳 놀이 모임에 참여했던 아이는 이야기 듣기에 적응했다. 두 살이 넘어서는 꽤 참을성 있게 앉아서 이야기를 들을 수 있게 되었다. 스토리 타임을 마지막으로 놀이 모임이 끝난다는 공식을 경험치로 습득한 아이는 이야기를 다 듣자마자 일어나더니 집으로 돌아갈 준비를 했다.

놀이 모임은 아이가 만 세 살이 되면서 졸업했다. 영국 정부가 주 15시간 지원하는 어린이집 단계로 옮겨 갔기 때문이다. 초등학교에 부속된 어린이집 말고도 아이에게 주어진 선택지가 몇 가지 더 있었으나 주위 친구들을 따라 그곳으로 갔다. 그리고 만 네 살이 되어서는 리셉션이라 불리는 0학년으로 들어갔다. 이 역시 초등학교 부속 시설로 단독 건물에 놀이터도 따로 설치되어 있다.

베드타임 스토리

종일반으로 운영되는 0학년에 들어가면서 영국 문화를 하나 접하게 되었다. 바로 '재우기' 의례다. 아기가 밤에 깨지 않고 주욱 잘 수 있는 때(그전까지는 아이를 재우기 위해 밤낮으로 고생하고 수면 부족에 시달리기 일쑤다)가 되면 영국 부모는 아이를 무조건 7시 반에서 8시 사이에 재운다. 7시 반에서 8시? 아이들이 이토록 이른 시간에 잠이 든다는 사실이 도무지 믿기 어려웠다. 만나는 부모마다 "자란다고 자?"라며 의심 가득한 목소리로 묻고 또 물어가면서 확인했지만, 내가 만난 모든 영국 부모에게 그 시간은 진리였다. 아이가 방안에서 몰래 불을 켜고 딴짓을 할 수 있는 초등학교 5–6학년까지는 무조건 8시에 아이 방에 들어가 불을 끄고 방에서 나온다는 것이다. 습관을 들이면 된다는 말에 평화로운 저녁을 꿈꾸며 뒤늦게 시도해봤지만, 씁쓰름한 실패만 맛봤던 영국식 육아법이다.

영국식 '재우기'는 나의 일상과 잘 맞지 않는 거북스러운 의례였다. 우선 위도가 높은 영국은 한여름에는 밤 10시가 되어서야 완전히 깜깜해지고, 겨울에는 5시만 되어도 어둑어둑해져 자전거를 탈 때 라이트를 켜야만 주변이 보인다. 자연이 맞춰 놓은 시계도 계절마다 이렇게 다른데 다 똑같이 8시에 잠이 들어야 한다니, 내 눈에는 부자연스러워 보였다.

게다가 8시에 재우려면 방과 후 아이들이 같이 놀 수 있는 시간이 부족했다. 보통 학교가 파하면 3시 15분인데 이후부터 8시까지 아이들에게 남은 시간은 4시간 반이 고작이다. 대부분 5시 반에서 6시 사이를 저녁 시간으로 정해놓아서 아무리 늦어도 5시 반에는 친구와 헤어져야 한다. 간식도 넉넉히 줄 수 없다. 모든 가정이 이른 시간에 밥을 먹기 때문에 간식을 많이 주었다가는 집에 돌아가 저녁을 먹지 못하는 일이 생길지도 모르기 때문이다. 친구 집에서는 딱 비스킷 하나만 먹을 수 있다고 가르치고, 또 자기들도 아이의 친구들에게 딱 그만큼만 준다. 야박하기 짝이 없어 보이지만 의외로 부모들 간에 엄격하게 지켜지는 불문율이다.

어쨌든 이 방식에 따라 저녁 먹고 이것저것 하다 보면 어느덧 7시가 된다. 취침까지 남은 시간은 한 시간 정도. 씻고 잠잘 준비가 끝나는 7시 반을 전후로 약 20분간 아이들은 부모가 읽어주는 이야기를 듣는다. 영국에서는 거의 고유 명사로 사용되는 이른바 '베드타임 스토리(bedtime story)'다. 부모는 주기적으로 공공도서관에 들러 매일매일 아이들에게 읽어줄 책을 빌려온다. 부모가 읽어주는 책은 아이의 수준과 취향에 따라 다양했다. 그림책을 읽어주는 사람도 있고, 그리스 신화를 읽어주는 사람, 언어 능력이 뛰어난 아이를 둔 부모는 만 세 살부터 그림이 없는 해리포터를 읽어준다고 했다. 책을 읽어주고 부모가 아이 방의 불을 끄고 나가면 아이는 뒤척이다가 스스로 잠이 든다.

저녁 7시 반, 베드타임 스토리에서 8시 취침으로 이어지는 사회적 루틴은 19세기 중반에 정착했다. 이 시기는 산업 혁명으로 영국 부르주아(bourgeoisie, 중산층) 계층이 형성되고 이들만의 생활문화가 어느 정도 완성되어가는 때다. 산업혁명 이전에 농업 사회에서는 부모와 아이 사이의 공간이 분화되지 않았고 어른이나 아이 나눌 것 없이 같은 공간에서 생활했다. 전기가 없었던지라 밤이 되면 가족이 다 같이 잠들었다. 하지만 19세기 중반에 이르러 개인 혹은 사생활이라는 개념이 사회에 널리 퍼지고, 난방과 조명 기술이 발전하면서 영국 중산층은 아이들에게 개별적으로 방을 주었다.

또 19세기는 일상생활에 '규칙성'이 파고든 시기이기도 했다. 자연의 해시계와 마을 시청에 딱 하나만 있던 큰 시계에 의존하던 산업 혁명 이전과 달리, 시계가 보다 보편화되었다. 전에는 일하는 시간과 여가를 개인이 유동적으로 정할 수 있었다면, 이제는 불가능한 일이 되었다. 공장제 사회로 전환되면서 시간을 기계적으로 구분한 출퇴근이란 개념이 만들어졌기 때문이다. 사람들 모두 똑같은 시간에 일어나 아침을 먹고 출근한 다음, 또 똑같은 시간에 퇴근하여 집으로 돌아와 잠을 자는 일상을 반복하게 되었다.

이때 아이들이 잠자는 시간이 새로운 문제로 떠올랐다. 부모의 노동력을 생산적으로 유지하려면 저녁 시간에 반드시 충분한 휴식을 취해야 했는데, 그러려면 아이들이 일찍 자야 했기 때문이다. 이 문제 해결에 힘을 보탠 것이 때마침 독립된 학문 영역으로 태동하기 시작한 심리학이다. 심리학계에서는 아동들이 일정한 패턴 속에 평화롭게 잠자리에 드는 것이 바람직하다는 주장을 발표했다. 출판사들은 때마침 부상한 현실적인 필요성과 함께 학계의 주장을 기회로 삼아 아이들이 잠을 잘 때 읽으면 좋은 이야기 책을 펴냈다. 누가 '베드타임 스토리'라는 단어를 처음 썼는지 정확히 알 수 없으나 문헌상으로는 루이스 챈들러 몰튼(Louise

Chandler Moulton)의 《Bedtime Stories》(1873)와 《More Bed-Time Stories》(1875)가 최초라고 기록되어 있다.[85]

간단히 말하자면, 베드타임 스토리는 근대의 산물이다. 근대에 들어와 시간과 공간이 분화하는 과정에서 잠을 규율할 경제적 필요성이 덧붙여져 탄생한 것이다. 사회과학은 이를 학문적으로 뒷받침했고, 출판사는 이를 상업적 아이디어로 전환했다. 영국 중산층의 가치와 생활 양식은 19세기 후반부터 노동자 계층까지 확장되어 7시 반 베드타임 스토리와 8시 취침은 20세기 중반경에는 전 사회적인 의례로 정착했다.

21세기 영국의 베드타임 스토리는 문화적 의례에서 한발 더 나아가고 있다. 그저 잠들기 전 이야기를 듣는 시간이라는 의미를 넘어서 모든 아동이 마땅히 누려야 할 권리가 되어 가고 있다는 인상을 받는다. 여기에는 베드타임 스토리가 아동에게 어떤 영향을 미치는지 연구한 아동 교육학계가 영향을 끼쳤다. 말과 글의 교육 효과를 굳이 구별할 필요가 없다고 보는 교육학자들은 베드타임 스토리가 아동의 어휘력 향상, 논리력 및 인지 능력 발달과 상당한 인과 관계가 있다는 주장을 펼쳤다. 사회 행동 면에서도 베드타임 스토리는 아동들이 상대의 말을 참을성 있게 듣고 자신이 언제 질문을 해도 될지 판단할 능력을 기르는 데 도움을 준다고 한다. 또 책은 아동에게 놀이의 소재이므로 스트레스를 줄이고 정신 건강에도 좋다는 결과를 내놓았다.[86]

이 같은 연구 결과는 역으로 베드타임 스토리를 듣기 어려운 환경에 있는 아동의 경우, 배움의 기회를 놓칠 뿐 아니라 정서적 불안감을 표할 가능성이 늘어난다는 뜻이다. 7시 반 경, 아이 방에서 행해지는 지극히 사적인 의례가 사회적 문제로 전환되는 지점이다.

그렇다면, 어떤 아동이 베드타임 스토리 시간을 누리지 못할까? 영국은 부모가 감옥에 수감된 아동에게 주목했다. 2010년대 후반 잉글랜드와 웨일스에 국한된 통계를 보면 부모가 교도소에 있는 아동 수는 약 200,000명이다. 그리고 전체 수감자의 54퍼센트가 18세 이하의 미성년 자녀를 두고 있다.[87]

앤 애쉬워드(Anne Ashworth)는 처음으로 부모가 교도소에서 생활하면서 부모와 강제로 분리되어 살아가는 아동들을 주목한 사람이다. 셰익스피어 생가가 있는 스트랫퍼드 문학 축제(Stratford Literary Festival)를 창립한 장본인이기도 한 그는 《가디언》과 진행한 인터뷰에서 "우리가 확실하게 믿는 것 중의 하나가 베드타임 스토리가 아동에게 끼치는 영향력"이라고 밝혔다. 그러고는 베드타임 스토리 시간을 갖지 못하는 아동들을 지원하려 했던 차에 부모와 가장 동떨어져 심각한 분리불안을 겪는 아이들이 바로 수감자의 아이들이라는 것을 깨달았다고 덧붙였다.[88]

현재 12개 교도소는 이들을 위해 자녀, 조카, 손주를 위한 글쓰기 프로그램을 운영하고 있다. 공간적으로 직접 연결해줄 수는 없지만 아이들을 부모와 간접적으로 이어주기 위한 방책이다. 이 프로그램은 총 다섯 단계로 이루어진다. 우선 수감자들이 이야기를 쓰고 자원봉사 작가들이 이야기를 다듬어 초고를 완성한 다음, 편집을 거쳐 자선 사업 단체인 스토리북 맘스 앤 대드(Storybook Mums and Dads)의 지원 아래 책으로 만들어진다. 수감자들은 감옥에서 책을 직접 소리 내어 읽으며 녹음하고 책과 녹음본을 함께 아이에게 보낸다.[89]

교도소 측도 환영하고 있다. 영국 법무부 보고서에 의하면 수감자와 바깥에 있는 가족 간의 유대를 강화하는 것은 출소 후 재범을 막는 네 도움이 된다.[90] 수감자가 쓰는 베드타임 스토리가 아이들의 정서적 안정뿐 아니라 수감자를 교화하는 기능까지 하는 셈이다. 이 프로그램을 실제로 운영한 드레이크 홀(Drake Hall) 교도소의 한 교도관은 "글쓰기는 지난 기억과 죄책감, 상실감을 휘젓기 때문에 몇몇에게는 어려운 작업"이지만, "워크숍 지도자들의 도움으로 감정을 조절하며 자신의 진심을 이야기에 녹여낼 수 있었고 결과적으로 수감자들이 보다 자신감을 가지고 좀 더 나은 자기 모습을 그려보고, 찾아 나설 용기를 불어넣었다"라고 평가했다.[91]

스트랫퍼드 문학 축제 주최 측이 웹사이트에 공개한 내용에 따르면, 수감자들의 반응도 대체로 우호적이다. 드레이크 홀 교도소의 한 재소자는 "오늘 나는 감옥에 있다는 사실을 잊어버렸다"라며 행사에 참여한 소감을 밝혔다. 또 스티알(Styal) 교도소에 있는 한 사람은 "내 아들은 내가 쓴 이야기를 좋아할 거다. 왜냐면 내가 옆에 없어도 엄마가 자기를 매일 생각하고, 그리워하고, 사랑한다는 것을 알 테니까. 내가 자랑스럽다. 내 인생에서 중요한 한 가지를 성취했다"라고 감동적인 소감을 밝혔다. 테임사이드(Thameside) 교도소의 한 참가자는 "딸을 위해 변하고 싶다. 이 워크숍은 내 희망에 긍정적인 에너지를 넣어줬다"며 베드타임 스토리 프로그램을 긍정적으로 평가했다.[92]

이처럼 부모와 아이를 개인적으로 연결해주는 방식과 달리 씨비비즈(CBeebies) 베드타임 스토리는 모든 아동에게 베드타임 스토리를 들려준다. 씨비비즈는 영국 공영방송 BBC 산하 어린이 채널이다. 아동은 8시에 취침해야 한다는 사회적 관념에 따라 아침 6시에 방송을 시작하여 저녁 7시에 끝낸다. 저녁 6시 반부터는 아동들이 잠을 잘 분위기를 조성하고 6시 50분에 베드타임 스토리를 들려준다. 나로서는 도무지 적응하기 어려운 시간 개념이었지만, 아이가 잠드는 것과 상관없이 나도 자주 보았다.

씨비비즈(CBeebies) 어린이 채널 로고다.
씨비비즈에서는 모든 어린이에게 베드타임 스토리를 들려준다.

책 읽어주는 사람 중에서 케리 버넬(Cerrie Burnell)이 가장 유명하다. 오른쪽 팔의 팔꿈치부터 손까지 아랫부분이 없는 장애인이지만 아이들과 부모로부터 두터운 팬덤까지 보유하고 있다. 최근에는 유명인들이 베드타임 스토리를 읽어주겠다고 줄을 서고(?) 있다. 영국인 중에는 가수 엘튼 존(Elton John)이, 영화 〈신비한 동물들과 덤블도어의 비밀Fantastic Beasts: The Secrets of Dumbledore〉의 에디 레드메인(Eddie Redmayne) 배우도 책을 읽어주고 싶다며 나섰고, 시트콤 〈미스터 빈Mr. Bean〉의 로완 앳킨슨(Rowan Atkinson)과 〈로키Loki〉의 톰 히들스턴(Tom Hiddleston), 톰 하디(Tom Hardy) 등이 기꺼이 자청했다. 할리우드 배우에게도 입소문이 났는지 〈캡틴 아메리카Captain America〉의 크리스 에반스(Chris Evans)와 라이언 레이놀즈(Ryan Reynolds)도 참여했다. 라이언 레이놀즈는 "나는 정말 베드타임 스토리를 읽어주고 싶다. 그래서 다른 쪽 세상인 캐나다에서 참가한다"라며 순수한 진심을 표현했다. 이들은 전문 배우답게 그림책 속 인물들의 성격을 표정과 목소리, 몸짓까지 동원하여 실감 나게 읽어주었다.

2022년 2월에는 아동 정신 건강 주간을 맞이하여 왕세자비 케이트 미들턴(Kate Middleton)이 '저세상' 이미지를 벗어던지고 청바지와 스웨터 차림으로 등장했다. 케이트는 여느 아이들처럼 바닥에 앉아 자신이 어렸을 때 좋아했던 질 톰린슨(Jill Tomlinson)의 《The Owl Who Was Afraid of the Dark》(1968)를 읽어주었다.

책 읽어주는 미지의 손님

0학년 교실 앞에 구인 광고 하나가 걸려 있었다. '미지의 손님' 프로그램에 참여할 자원봉사자를 모집한다는 내용이었다. '미지의 손님'은 교실에 예기치 못한 인물이 짜잔! 하고 등장하여 아이들에게 책을 읽어주는 행사로 매주 금요일 오후 2시 반에서 2시 50분까지 진행한다. 일주일간의 학교생활을 이야기로 끝내겠다는 지극히 '영국스러운' 발상이었고 길고 고된(?) 한 주를 잘 끝마친 아이들한테 학교가 주는 자그마한 선물이기도 했다. 지원자에게 가능한 날짜에 이름을 적어넣으라는 뜻으로 날짜별로 죽 표를 만들어놓았다. 웃음이 나왔다. 기획 의도대로라면 1급 기밀로 취급되어야 할 정보였으나 공개적으로 떡하니 교실 문에 붙여놓았다. 글은 못 읽어도 부모의 이름을 알아볼 아이들이 분명 있을 텐데. 하지만 아이들의 키를 훌쩍 넘어서는 위치에 붙인 데다가 여러 안내문과 뒤섞여 있어서 그랬는지, 아니면 어른들이 흘려 쓴 글씨를 읽지 못했는지 학년이 끝날 때까지 정보가 새어 나갔다는 이야기는 들리지 않았다.

한 번은 해야 할 것 같은 분위기여서 나도 이름을 써넣었다. 무슨 책이 적당할까. 일주일간의 고심 끝에 주디 바렛(Judi Barrett)이 글을 쓰고 론 바렛(Ron Barrett)이 그림을 그린 《하늘에서 음식이 내린다면*Cloudy with a Chance of Meatballs*》(1978)을 골랐다. 영화로도 만들어진 이 작품은 파스타, 팬케이크, 주스, 브로콜리,

당근, 베이컨, 고기 등등 모든 음식을 하늘에서 받아먹는 동네에서 벌어지는 이야기다. 이 환상 속의 동네는 할아버지가 손주의 베드타임 스토리 용으로 즉석에서 창작한 세계다. 아이들이 이야기를 쫓아가는데 내 발음이 거슬릴지도 모른다는 걱정에 큰아이한테 긴급하게 발음 교정 교육까지 받아가면서 읽기 연습에 몰입했다.

'미지의 손님'으로 초대받은 날. 선생님의 안내를 따라 0학년 교실 앞에 가니, 같은 옷을 차려입은 아이들 30명 정도가 옹기종기 모여 눈을 감고 카펫에 앉아 있는 모습이 눈에 들어왔다. 대부분의 영국 초등학교는 공립이더라도 교복을 입는다. 그리고 0학년 교실에는 책상이 없다. 아동의 발달 단계상 의자에 오랫동안 앉은 채로 수업을 듣기가 어렵기 때문이다. 대신 대형 카펫을 바닥에 깔아두어 아이들은 꼬물거리며 교실 안을 자유롭게 돌아다닐 수는 있으나 그래도 '자기 자리를 벗어나지 않고 지키는' 연습을 한다.

물론 나름의 질서가 있다. 카펫 위에는 공책만 한 화이트보드 30개가 6줄로 놓여 있다. 아이들은 등교하면 선생님이 지정해준 자기 자리에 앉아 화이트보드에 낙서하며 친구들을 기다린다. 카펫에 앉아 있는 시간도 길지 않다. '1교시=몇 분' '쉬는 시간=몇 분'이라는 개념이 없어서 선생님이 그때그때 아이들 상태를 보아가며 탄력적으로 운영했다. 카펫 앞에는 화이트보드가 놓인 이젤과 의자 하나가 있었다. 내가 앉아서 아이들에게 책을 읽어줄 자리였다.

내가 준비를 마치자 선생님이 아이들에게 눈을 뜨라고 슬그머니 말을 건넸다. 아이들은 비명을 지르며 기대에 찬 눈빛으로 나를 쳐다보았다. 목소리를 가다듬고, 큰아이에게 배운 대로 아이들이 알아듣기 쉽도록 발음에 신경을 쓰면서 이야기를 풀어나갔다. 이야기가 진행되면서 아이들의 줄이 흐트러지기 시작했다. 이야기를 좋아하는 몇몇은 자리를 이탈해 앞으로 슬금슬금 기어나와 책 속의 그림을 들여다보았다. 관심이 없는 아이들은 대놓고 딴짓을 했다. 진땀을 흘리며 끝내고 나니 뿌듯했지만 책을 잘못 선정했다는 생각도 들었다. 일 대 일로 읽어줄 때는 문제가 없었지만 30명을 대상으로 큰 목소리로 읽어야 할 때는 좀 더 짧은 이야기에 큼지막한 그림이 있는 책이 적당할 것 같았다.

신선한 경험을 하고 나니 관심이 커졌다. 이후로 매주 금요일, 하교 시간마다 아이와의 대화 주제는 "오늘은 누가 왔어?"가 되었다. 어느 주엔 작은 아이가 같은 반 아이의 오빠가 왔다고 했다. 그 친구의 오빠는 같은 초등학교 4학년에 재학 중이었다. 나중에 그 부모에게 오빠를 수업 도중에 빼내어 동생 교실로 보내도 되냐고 물었다. 대수롭지 않은 듯 안 될 일이 뭐 있겠냐며 아들이 선생님께 동생 반에 책을 읽어주러 잠시 다녀오겠다고 말한 후 갔다 왔다고 전해주었다. 책 읽어주는 오빠라니, 참신했다.

그날 저녁, 나는 다른 초등학교를 졸업하고 중학교에 입학한 큰아이한테 이 이야기를 했다. 별일 아니라는 듯, 자기도 예전에 책을 읽어줬다고 답했다. 고학년과 저학년을 일 대 일로 묶어주는 '친구(버디)' 제도의 하나로 5학년 때 일주일에 한 번씩 2학년 교실에 가서 책 읽는 활동을 도와주기도 하고, 직접 읽어주기까지 했다는 것이다.

6학년 때는 뭘 했냐고 물었다. 주로 1학년 아이들을 도왔는데 점심시간 때는 아이들 식판에 음식을 담아주고 1학년 체육 대회 때는 경기 운영 요원으로 참가해서 경기 규칙도 설명하고 심판을 봤다고 했다. 옆에 있던 둘째가 자기도 6학년 '친구'가 있다며 자랑을 늘어놓았다. 매주 금요일 오후, 6학년생이 0학년 교실로 오는데 자기와 친구를 맺은 6학년 짝이랑 놀이터에서 같이 논다고 의기양양하게 말했다.

'저학년 아이들에게 책을 읽어줬단 말이지….' 큰아이에게 동생 다니는 학교에 가서 책 한번 읽어주면 어떻겠냐고 슬쩍 떠봤다. 같은 학교 내에서 잠시 움직이는 거리면 몰라도 학교가 멀리 떨어져 있다며 단칼에 거절했지만, 그해 큰아이의 학교 학사 일정은 초등학교보다 일주일 빨리 끝났다. 이때다 싶어 마지막 주에 이름을 올린 사람에게 양해를 구하고 큰아이 이름을 적어 넣었다.

큰아이는 책장을 쭉 살피더니 둘째가 도서관에서 빌려온 그리스 신화 《Pegasus》가 좋겠다고 뽑아 들었다. 0학년 마지막 주의 금요일. 교실에서 큰아이를 향한 아이들의 "꺄악"은 내가 받은 환호성보다 훨씬 컸다. 역시 친구 엄마보다는 친구 형의 인기가 최고였다.

더할 나위 없이 풍요로운 세상이었다. 가만히 앉아만 있어도 어른들이 번갈아 가며 재미있는 이야기를 들려주고, TV에서는 유명 배우가 연기하듯이 재미나게 책을 읽어주는가 하면, 밤에는 가족이 읽어주었다. 학교에서는 선생님이, 때로는 상급생이 일대 일로 책을 같이 봐주고 심지어 같은 반 친구의 형제가 읽어주기도 했다. 아이들은 머리에 여러 이야기를 가득 담은 채로 0학년에서 1학년으로 올라갔다. '듣기'의 세계를 졸업한 아이들에게 문자의 세계가 기다리고 있었다.

6장 좋아하는 작가가 누구니?

키플링을 좋아하나요[93]

어느 사회든 유독 집착(?)을 보이는 종목이 있다. 그 분야에 쏟는 사회적 열정이 문화로 자리 잡고 이후 경쟁력 있는 산업 부문으로 성장하기도 한다. 영국 생활에 막 적응하기 시작할 무렵, '영국' 하면 빼놓을 수 없는 축구를 제외하고 나에게는 '정원'과 '자전거'가 눈에 띄었다.

영국은 가드닝의 나라다. 영국 사회가 아파트를 선호하지 않는 이유는 아마 정원을 향한 사랑 때문일 것이라는 생각이 들었다. 영국은 유네스코 세계 문화유산으로 지정된 큐 가든(Kew garden) 같은 유명한 정원뿐 아니라 전체 주택의 약 88퍼센트가 소소한 개인 정원을 가지고 있다.[94] 정원은 집 뒤편에 자리하기 때문에 집 앞에서는 절대로 보이지 않아 외부 세계와 차단된 공간이다. 이처럼 정원은 영국 사람들에게 은밀한 사적인 공간이지만 매년

5월이 되면 영국 사람들의 관심은 첼시에서 열리는 꽃박람회로 모인다. 가드닝이 영국의 '국민 취미'인 이유를 설명해준다.

영국에서 자전거는 운동 기구나 여가용이 아니다. 자기 발과 같다. 케임브리지 사람 모두가 자전거를 탔다. 페달 대신 발로 바퀴를 굴려 균형감을 익히는 자전거(balance bike)를 타는 세 살배기, 아이를 네 명까지 태우고 장까지 볼 수 있는 대형 자전거를 모는 어른, 부모 따라 조심스럽게 도로에서 수신호를 넣어가며 타는 초등학생, 양복바지를 양말 속으로 접어 넣고 타는 신사와 스커트 자락을 날리며 타는 숙녀, 그리고 어른용 세발자전거를 타는 백발노인까지. 누구나 자전거를 타고 자유로이 거리를 누빈다. 날씨도 상관없다. 유난히 변덕스러운 영국 날씨에도 개의치 않고 갑자기 비가 쏟아지면 사람들은 헬멧 위로 방수 모자를 쓰고는 가방에서 방수 바지를 꺼내 입은 다음 다시 자전거를 탔다.

몇 년 후, 나는 영국의 '집착 리스트'에 하나를 더 추가했다. '책 읽기 교육'이다. 과장을 좀 보태면 초등학교 1학년들은 그야말로 책으로 포위된 듯했다. 학년 초 아이는 학교에서 두 종류의 책을 가지고 왔다. 하나는 학교 도서관에서 자기가 골라 빌려온 책으로, 주로 부모가 아이에게 읽어주는 용이다. 이야기가 갖는 재미를 주기 위해서다. 책 읽기에 재미를 붙이기 위한 일종의 준비 단계라고 보면 된다. 다른 하나는 선생님이 지정해준 읽기 연습용 책으로, 아이가 부모 앞에서 소리 내어 읽는다. 영국은 개인성을 중시하는 사회라 아이 교육을 위해 부모를 '동원'하는 것을 꺼리지만, 읽기만큼은 학부모의 적극적인 협조를 요청했다. 아이가 매일 읽기 연습을 했는지 확인하고 만일 책을 읽었다면 얼마나 읽었는지 그 정확한 양을 기록해달라고 부탁했다.

학부모회도 열성적이다. 학교 도서관에 비치할 책을 위해 각 학년의 부모들이 돌아가며 매주 금요일 하교 시간에 운동장에서 간식을 팔았고 여기서 1년간 벌어들인 수입으로 책을 구매했다.

'책의 날'이 되면 학교는 동화 속 인물로 변장하고 등교하라는 공지문을 보냈다. 등교길은 로빈후드, 해적 선장 후크, 이상한 나라의 앨리스, 신데렐라, 백설공주, 라푼젤, 곰돌이 푸, 셜록 홈스부터 시작해 최근 만화 영화 주인공까지 가지각색이다. 학생뿐만이 아니다. 교장 선생님을 필두로 선생님들까지 소설 속 인물들로 변장해 다 같이 하루를 보내기도 한다.

도대체 영국 사회는 어떤 인간상을 꿈꾸길래 책을 꾸준히 상기시키기 위해 온갖 노력을 쏟아붓는 것일까? "좋아하는 작가가 누구니?"에 답할 수 있는 초등학생은 첫 단계다. 자기가 좋아하는 작가를 정확히 아는 초등학생은 아동 문학 세계에 성공적으로 안착했다는 증표이고, 이는 곧 책 읽기를 좋아하는 어른으로 자랄 가능성이 크다는 것을 의미하기 때문이다.

영국에서는 황당무계한 기대가 아니다. 영국은 18세기 후반기부터 꾸준히 발달해온 아동 문학과 잡지 구독 문화를 보유한 덕에 아이들이 좋아하는 작가를 찾을 수 있도록 충분한 선택의 폭을 제공하고 있다. 두터운 어린이 독자층은 영국 아동 문학 출판 산업이 경쟁력을 유지할 수 있는 기반이었고 지금도 그렇다. J.K. 롤링의 《해리 포터》가 영국에서 출판된 것은 어쩌다 얻어걸린 우연이 아니다.

듣기에서 읽기로

0학년 말, 학교에서 아이들과 부모에게 1학년 교실을 미리 공개했다. 드디어 공식적으로 초등 교육이 시작되었다는 것을 알리는 일종의 행사다. 낯선 환경을 걱정하는 부모는 없었다. 아이들도 초등학교의 공식 일원이 된다는 사실에 강한 자부심을 보였다. 놀이 모임을 가졌던 학교 식당, 그 옆의 어린이집, 건너편에 있는 0학년 건물과 마침내 초등학교 건물까지. 아이들이 기어 다닐 때부터 초등학교에 입학할 때까지 더할 나위 없이 자연스럽고 매끄럽게 건물을 오가며 교육을 받은 덕에 가능한 분위기였다.

익숙한 공간이 계속되어 다를 게 없어 보였지만, 새로운 것도 보였다. 우선, 널찍한 카펫 옆에 책상이 있었다. 선생님은 아이들이 온전히 책상에만 앉아 있기는 힘들다며 카펫과 책상을 병행해서 사용할 것이라고 설명했다. 교실 한구석에는 선생님이 아이를 훈육하기 위해 놓아둔 타임아웃(timeout) 의자가 있었다. 아이가 수업 진행을 방해한 행동으로 처음 경고를 받을 땐 자기 교실에 비치한 타임아웃 의자에서, 두 번째는 옆 교실로, 마지막 세 번째는 교장실로 보낸다고 했다. 분명 아이들이 교장실을 두려워할 테니 두 번 만에 금세 고분고분해질 것 같았다.

고개를 다른 쪽으로 돌리니 10–40쪽 정도 되는 아주 얇은 책들이 빼곡히 담긴 투명 플라스틱 상자들이 보였다. 읽기 연습에 사용될 책이었다. 영국 초등 교육이 이것만큼은 진심이구나, 라고 느꼈던 읽기. 아이들이 수동적으로 듣기만 했다면, 이제는 능동적으로 책을 읽을 단계로 넘어갈 시간이 다가오고 있었다.

초등학교 읽기 연습용 책은 총 17단계로 구성된다. 전국 가이드라인(Reading band)에 따라 라일락–핑크로 시작해서 포도주색–검은색까지 알록달록한 색으로 구성되어 있다. 초등학교를 졸업할 즈음에 마지막 단계를 끝낸다는 목표로 각 학년이 도달해야 할 단계가 정해져 있다. 여기에 맞춰 여러 출판사가 어린이용 읽기 시리즈를 만드는데, 옥스퍼드 리딩 트리(Oxford Reading Tree)는 한국에도 소개되었다. 대부분 10쪽 내외에서 40쪽 정도 되는 얇은 책들로, 낮은 단계일수록 단 몇 개의 단어만 계속 반복된다. 연습용이지만 이야기가 있는 책이어야 한다는 철칙이 있다. 단어 수가 10개 남짓한 가장 낮은 단계는 그림의 힘을 빌려 이야기를 끌고 나간다. 고학년 수준에 도달하면 생물, 지리, 물리 등 자연 과학과 세계 역사, 문화, 정치 등 정보 위주의 건조한 책도 있고 해석의 공간이 제법 큰 난해한 이야기도 등장한다.

우선 아이들의 읽기 교육은 선생님과 일 대 일로 읽기 능력을 테스트하는 것으로 시작했다. 알파벳을 익히는 0학년 단계에서 발음을 조금 익혀두었던지라 학생들 사이에 약간의 격차가 있었다. 본인의 단계가 정해지면 단계에 맞는 책을 한 권 골라 집으로 가져간다(각 단계에 해당하는 책이 교실에 넉넉히 20권씩은 있다). 일주일 후, 선생님은 다시 아동과 일 대 일로 읽기 시간을 갖고 글자를 포함하여 이해력까지 두루 살펴본 후 단계를 높일지, 그대로 유지할지 판단을 내린다.

읽기 연습용 책을 활용하는 정도는 독해·문자 해독 교육 방침에 따라 바뀌어 왔다. 원래 교육 방침은 이해력을 위주로 아이들을 가르치고, 책 읽는 사람으로 키우는 것이었다. 알파벳 발음 교육은 필요한 만큼만 할 뿐, 학생들은 책을 읽으면서 나오는 단어로 자연스럽게 발음하는 방법을 익혔다.

큰아이는 위의 방식으로 교육받았다. 2년에 걸쳐 이루어지는 점진적인 과정이어서 들인 시간만큼 재깍재깍 결과가 나오지 않고, 오래 걸리는 탓에 답답해서 복장이 터질 것 같았다. 하지만 아이는 점점 더 높은 단계로 갔다. 단어가 몇 개에 불과했던 쉬운 책에서 문장이 있는 책으로, 큰 글씨는 점점 작은 글씨로, 몇 페이지를 제외하고 거의 전부를 차지했던 그림은 한두 페이지에만 나오는 정도로 글로 가득한 책을 읽게 되었다. 분량이 몇 쪽이 채 되지 않는 짧은 책이지만, 읽은 책은 수백 권을 훌쩍 넘어섰고 아이는 어느 순간부터 편한 마음으로 책을 읽게 되었다. 3학년부터는 맞춤법 시험을 치렀다. 읽을 줄은 아는데 정작 어떻게 쓰는지 몰라 철자를 틀리는 어이없는 상황도 종종 벌어졌지만 5학년이 되니 받아쓰기 시험도 사라졌다. 읽고 쓰기를 몇 년에 걸쳐 배워야 할 일인가 싶기도 하지만, 어찌 보면 수백 년에 걸쳐 문자가 발달하는 자연스러운 과정과 닮은 교육법이다.

그러나 2010년대 중반에 들어서면서 영국 교육부는 발음을 중심으로 가르치는 방침으로 바뀠다. 사회적으로 열악한 상황에 있는 학생이 유독 문자를 해독하는 능력이 뒤처진다는 연구 결과에 따라 초기에 발음 기호부터 확실히 가르치겠다는 취지였다. 이전에는 시간을 길게 잡고 천천히 한 단계씩 난도를 높이면서 문자 해독과 독해 능력을 동시에 발전시켰다면, 새로운 방식은 우선 문자 해독력을 단기간에 끌어올리는 데 일차 목표를 두었다. 본격적으로 교육에 들어가기 전에 학생들은 1학년 말에 발음 시험(phonics screening check)을 치르고 결과는 교육부에 제출한다. 어떤 학생들에게 문자 해독 교육이 필요한지 알아내기 위한 시험이다.

실제로 해독을 중심으로 가르치는 교육 덕분에 저학년 단계에서 보였던 문자 해독 격차를 줄이는 데 기여했다는 통계가 나왔으나, 이 방식은 최근에 다시 논쟁에 휩싸였다. 오히려 독해력이 떨어졌다는 연구 결과가 나왔기 때문이다. 이 결과를 두고 전통적인 방식을 지지하는 학자들은 학생들이 무미건조한 발음 교육으로 책을 가까이할 동기를 갖지 못했기 때문이라고 분석했다. 단순히 글을 깨친다고 해서 책을 즐겁게 읽는 습관으로 이어지지 않는다는 사실을 상기시키며, 시간이 걸리더라도 이해력을 중심으

로 교육해야 장기적으로 내다봤을 때 학습 성취도를 향상할 수 있다고 주장했다.[95]

선생님이 발음 교육에 시간을 쓰면서 독서기록장(Reading Record)이 중요해졌다. 독서기록장이란 집으로 가져간 읽기 연습용 책을 아이가 읽고 부모는 아이가 읽은 내용을 선생님께 확인해주는 과정이다. 아이가 글을 어느 정도 읽을 수 있게 되면 부모 앞에서 소리 내어 읽지 않고도 혼자서 눈으로 조용히 읽는다. 이 과정을 2년 정도 반복하면 학부모의 열정이 바닥으로 떨어져 선생님도 아이들 마음대로 책을 고르게 한다. 아이들도 읽기 연습용 책보다는 서점에 있는 최신 아동 소설에 눈이 쏠린다. 시간이 더 지나면 기록장은 찬밥 신세가 되지만 기록장은 초등학교를 마칠 때까지 갖고 간다.

독서기록장을 통해 지향하는 목표는 같았지만 읽기 교육 방식이 바뀌면서 그 기능이 달라졌다. 독해력 위주의 교육하에서 독서기록장은 성취감을 북돋는 정도의 보조적인 역할에 그친 반면, 발음 중심 교육하에서 기록장은 애써 가르친 이해력을 희생시키지 않을 유일한 대안이었다.

둘째 아이가 받아온 독서기록장은 후자에 해당되었다. 선생님은 독서기록장에 읽은 날짜, 읽은 범위, 아이가 느끼는 난이도와 의견을 기록해달라고 당부했다. 일주일에 닷새 이상 책을 읽는 것이 이상적이었다. 선생님은 매주 금요일에 기록장을 확인하는데, 5번 이상 기록했으면 초록 스티커를, 4번이면 노란 스티커,

3번 이하면 경고성 의미를 담은 빨간 스티커를 붙여주었다.

초록 스티커에는 활짝 웃고 있는 캐릭터 밑에 여러 종류의 짧은 질문이 쓰여 있었다. “이번 주에 읽은 것 중 마음에 든 책은 뭐니?” “흥미로운 어휘가 있었니?” “친구에게 추천해주고 싶은 책이 있니?” “네가 좋아하는 캐릭터가 누구니?” 등은 아이들이 잠시 생각하고 답할 수 있는 평이한 물음이었다. “읽은 시가 있니?”도 있었다. 초등학생에게 시를? 잠시 놀랐지만 동요 가사까지 포함하면 가능할 수도 있겠다, 싶었다. 그리고 그냥 지나칠 수 없었던 다소 어려운 질문이 나왔다.

“좋아하는 작가는 누구니?”

초등학생에게 좋아하는 작가를 묻다니. 이게 현실성 있는 질문인가? 아이들은 단순히 내용만 보고 책을 고르지 않나? 가만히 생각해보니 현실적인 질문이 되려면 우선 아이들이 책을 잡았을 때 책 제목을 먼저 보고 시선을 곧장 바로 밑이나 표지 맨 아래까지 내려가 제목보다 작은 글자로 적힌 작가 이름에 주목하는 습관을 길러야 했다.

예전에 스토리 타임에서 책을 읽어주던 이들이 글과 그림 작가를 항상 같이 소개했던 과거의 기억이 떠올랐다. 씨비비즈 베드타임 스토리는 공식성을 갖춰야 하는 방송국이니 열외로 치더라도 각종 놀이 모임의 스토리 타임만 해도 그랬다. 나는 책을 읽어줄 때 제목만 읽고 바로 책장을 넘겨 본론으로 넘어갔던지라 그 모습은 확연히 눈에 띄었다. 그때 나는 '왜 책 표지를 읽는 데 시간을 쓰지?'라는 의구심을 품었다. '어차피 작가들 이름을 말해도 아이들은 기억하지 못할 텐데'라며 아이를 얕잡아 보았던 것인지, 아니면 '어린이 책인데 굳이?'라고 생각하며 은연중에 아동 문학을 가볍게 여겼던 것인지 모르겠다. 양쪽 모두에 해당했을 수도 있다.

여하간 스토리 타임처럼 이야기를 듣는 단계부터 제목과 글·그림 작가를 함께 들었다면 어린아이라도 자기가 좋아서 여러 번 본 책의 작가 한두 명은 기억할 수 있을 것 같았다. 아마도 스티커는 지금부터 작가를 주목하며 읽으라는 무언의 가르침일 수도 있었다. 기억 못하더라도 또 좋아하지 않더라도, 창작물을 대하는 기본자세를 익히라는 뜻에서.

개인적 습관과 태도를 넘어 "좋아하는 작가가 누구니?"라는 질문이 가능하려면 사회·경제적 조건도 갖추어져야 한다. 전 세계적으로 성공한 소수의 유명한 작가 외에도 글을 꾸준히 발표하는 아동 문학 작가군이 형성되어 있어야 한다. 아동 문학 작가들이 작품 활동에만 집중할 수 있을 정도로 안정적인 출판 시장과 궁극적으로 이를 소비할 아동 독자층이 탄탄해야 가능한 일이다.

"좋아하는 작가는 누구니?"라는 물음은 '작가–어린이 독자–출판 시장'을 잇는 선순환 구조가 정착한 영국의 현실을 간접적으로 드러내고 있었다.

아동 문학과 아동 교육

뉴베리(Newbery) 메달은 미국 아동 문학계에서 제일 권위 있는 상으로 통한다. 매년 미국 도서관 협회(American Library Association) 산하 어린이 도서관 협회(Association for Library Service to Children)가 아동 문학의 질과 수준을 높이는 데 기여한 책을 선정해 상을 수여한다. 세계 최초의 아동 문학상이기도 하다. 출판업자이자 편집자로 일하던 프레데릭 G. 멜처(Frederick G. Melcher, 1879–1963)의 제안으로 1922년부터 상을 주기 시작했다. 뉴베리상 수여식이 성공적으로 자리를 잡자 그는 협회에 삽화 부문을 별도로 시상하자고 제안했고 그의 의견은 1937년에 만든 칼데콧(Caldecott) 메달로 실현되었다. 뉴베리 메달이나 칼데콧 메달을 수상했다는 딱지는 믿고 책을 사도 된다는 품질 보증서와 같다.

뉴베리와 칼데콧은 아동 문학사에 깊은 발자취를 남긴 영국인이다. 존 뉴베리(John Newbery, 1713–1767)는 "아동 문학의 아버지"라 불린다. 그는 작가는 아니지만 사업가로서 어린이 책을 처음으로 세상에 내놓았고 어린이를 대상으로 한 책도 출판 시장에서 성공할 가능성이 충분하다는 것을 보여주었다. 그림책의 아버지라 불리는 랜돌프 칼데콧(Randolph Caldecott, 1846–1886)은 반 고흐와 고갱도 존경을 표했던 인물이다.[96] 그가 작가로서 활동했던 시기는 뉴베리가 아동 문학의 장을 열고 100년 남짓 흐른 19세기 후반기다. 소위 "아동 문학의 황금기"로 왕성한 작품 활동을 벌일 수 있는 여건이었지만 건강이 좋지 않았던 그는 미국 플로리다 여행 중에 갑작스레 사망했다. 그의 나이는 겨우 만 서른아홉이었다.

뉴베리가 등장하는 18세기 중반까지 아동을 위한 책은 없었다. 있는 것이라곤 알파벳이나 문법 등 학습 교재 정도였다. 학습용 책 그 이상을 꿈꾸는 작가도 출판사도 없었다. 흔히 아동을 위한 소재라고 생각하는 전설과 설화, 민화나 수수께끼는 아이 어른 구별 없이 모두를 위한 것이었다. 1744년 뉴베리는 최초로 《A Little Pretty Pocket-Book》이란 책을 출판하여 강고한 사회적 통념에 지각 변동을 일으켰다. 그는 아동의 관심을 끌기 위해 장난감을 책에 끼워 팔았는데 남자아이에게는 공을, 여자아이에게는 바늘꽂이를 주었다. 놀이와 책을 조합한 아이디어는 당시에는 파격적인 시도였다. 이는 이후에 그림은 많고 글은 거의 없는 놀이책(toy book)으로, 19세기에는 그림책의 형태로 발전을 거듭했다.[97]

첫 성공을 거둔 이후 뉴베리는 아동용 책을 계속 출판했다. 최초의 아동 소설로 인정받는 《The History of Little Goody Two-Shoes》를 1765년에 출판했다. 조너선 스위프트(Jonathan Swift)의 《걸리버 여행기*Gulliver's Travels*》(1726) 속에 등장하는 키 20센티미터 정도의 소인 릴리풋(Liliput)의 이름을 따서 최초의 아동 잡지 《The Liliputian Magazine》(1751-1752)도 발간했다.[98]

아동을 대상으로 겨냥한 출판 시장이 잠재력을 보이자 다른 출판사들도 곧이어 뛰어들었다. 《Baa, Baa, Black Sheep》《Hickory Dickory Dock》《London Bridge Is Falling Down》《Sing a Song of Sixpence》 등 여전히 인기 있는 영국 동요집도 출판되었다.[99] 어린이들은 드디어 고리타분하고 재미없는 종교와 교육에서 해방되었다. 재미난 이야기로 가득한 소설을 비롯하여 잡지, 동요 등 다양한 선택지를 갖게 되었다.

새로운 것의 탄생에는 이를 뒷받침하는 새로운 사회 인식이 있듯, 아동 문학이 등장한 배경에는 아동에 대한 새로운 관념이 있었다. 현재 우리가 생각하는 '어린이'라는 개념은 역사적으로 구성된 것으로 근대 사회의 산물이다.[100] 중세와 르네상스 초기까지도 아동은 그저 작은 어른, 몸집이 작은 사람이었다. 어른의 축소판으로 7살이 되면 어른과 같은 옷을 입고 어엿한 사회 구성원으로서 행동할 수 있었다. 아동기에 대한 개념이 없었기 때문에 중세의 그림 속 아동은 실제 아동의 신체 비율이 아닌, 어른을 기준으로 그렸다. 이야기도 마찬가지였다. 로빈후드와 아서왕 이야기는 어린이와 어른 모두를 위한 이야기였다.

아동기에 대한 인식이 없었기 때문에 어린 시절에 흔히 보이는 미숙함, 떼쓰기, 산만함, 부주의함, 나태함, 불복종은 기독교 개념인 원죄로 이해되었다. 기독교식 구원에 이르기 위해서 아이들은 원죄에서 벗어나야 했고, 어른들은 이를 훈육으로 없앨 수 있다고 믿었다.[101] 따라서 17세기까지도 아동을 고압적이고 폭력적인 태도로 대했다. 아이가 어른에게 복종하지 않을 경우, 구타와 채찍질은 물론 저녁을 굶기고 밤새 가두는 일도 흔했다. 부모가 자식을 키워야 한다는 개념도 약해 중상류층에서 태어난 아이는 빠르면 6살 즈음부터 기숙사 학교에 들어갔다.[102]

하지만 17세기 후반, 계몽주의자들은 기독교적 세계관과 거리를 두고 아동을 원죄론에서 떼어냈다. 대표적인 이가 영국 민주주의의 중요한 철학적 기반을 마련한 존 로크다. 《미래를 위한 자녀교육*Some Thoughts Concerning Education*》(1693)에서 그는 아동을 사악함을 내재한 존재가 아니라 빈 그릇으로 이해했다. '어른으로 자란다'는 것은 빈 그릇을 채워가는 과정이고, 로크는 그 과정에서 부모의 책임과 교육을 중시했다. 체벌이나 비난이 위주인 기존 양육 방식보다는 부모가 모범을 보이며 선행을 장려하고, 아이가 선한 행동을 했을 때는 상을 주어 동기를 부여해야 한다고 주장했다. 교육에서도 딱딱한 교리 문답보다는 놀이를 강조했다. 로크의 교육과 놀이는 출판가 뉴베리 손에서 책과 장난감을 조합한 상품으로 재탄생했다.[103]

아동은 빈 그릇 같은 존재로서 교육받아야 한다는 신(新) 사고의 영향으로 학교 수가 늘어났다. 그간 완만한 증가세를 보였던 학교 수는 1770년 이후에 이르자 급속도로 늘어났다. 정규 학교와 더불어 소규모로 여성이 어린아이들을 가르치는 데임 스쿨(dame school), 야간 학교(evening classes), 교회가 운영하는 주일학교도 등장했다. 교육 영역도 철학, 고전, 종교 중심에서 군사, 법, 상업

등으로 다양화되었다.[104]

중산층은 변화에 가장 적극적으로 동참했다. 이들은 부모가 자식의 양육을 책임져야 한다는 계몽주의의 가르침을 일찌감치 수용했다. 유아 생존율이 조금씩 올라가는 추세에 맞춰 이들은 아이들에게 아낌없이 재정적인 지원을 쏟아부었다. 그중 하나가 아동 관련 책을 사주는 것으로 이들의 구매력은 갓 생겨난 아동 문학 시장이 확장되는 계기로 작용했다. 아동 문학 시장은 19세기 초에 이르면 매년 50여 권씩 출판될 만큼 가파르게 성장했다.[105]

어린이를 노동에서 해방하라

“어린이는 배워야 한다”는 사고는 노동자 계층에게는 적용되지 않았다. 원죄로 가득한 존재라는 오명에서 가까스로 벗어났지만, 노동자 계층 아이들은 노동에 묶인 몸이었다. 역사학자 E.P. 톰슨(E.P. Thomson)이 “아동의 노동 착취는 그 규모나 강도로 보았을 때 영국 역사에서 가장 부끄러운 장면”이라 평했던 산업 혁명의 민낯이다.[106] 노동력이 많이 필요했던 공장주는 어린이들을 고용하여 가장 단순한 작업을 시켰다. 1821–1850년 통계를 살펴보면 8세부터 일을 시작한 아동이 30퍼센트를 차지했고, 나이를 9세로 올리면 50퍼센트로 늘어나 10세에는 60퍼센트에 이르렀다.[107]

1833년 영국 랭커셔주(Lancashire)의 한 면직 공장에서는 10세 미만인 아동 401명이 일하고 있었다. 이는 전체 노동자 7,600명 중 약 5퍼센트를 차지하는 수치다. 이 공장의 16세 미만 노동자는 2,693명으로 35퍼센트나 되었다.[108] 노동 강도는 상상을 초월했다. 1832년 잉글랜드 노동 실태 조사 위원회 소속 하원 의원이 10대 노동자 윌리엄 쿠퍼(William Cooper)를 인터뷰한 내용에 따르면 그는 10살 때 공장에 취직했고 새벽 5시부터 밤 9시까지 16시간 일했다고 한다. 평일에는 도저히 학교에 갈 시간이 없어서 일요 학교에 간다고 답했다.[109]

어린이가 부모를 도와 가정의 경제 활동에 참여하는 것은 예전부터, 그리고 어디서나 있는 일이었다. 하지만, 기계 앞에서 10시간 이상 동안 꼼짝하지 못하고 똑같은 강도로 반복되는 노동은 아니었다. 졸다가 사고가 날까 봐 끈에 묶인 채 일하기도 했고, 공장주로부터 맞아 죽는 일도 허다했다. 공장보다 더 열악한 곳은 광산이었다. 구빈원은 10세 미만의 어린이들을 모집하여 채탄부의 도제로 보냈고, 광산 회사는 몸이 작은 사람만이 들어갈 수 있었던 좁은 갱도에 어린이들을 들여보냈다.[110] 마치 영화 〈설국열차〉에서 기차의 엔진을 고치려고 꼬리칸에서 어린아이 두 명을 차출해온 것처럼, 아이들은 성인도 감내하기 힘든 열악한 환경에서 일해야 했다.

끔찍한 어린이 노동 실태를 마주하고는 영국 내에서 자발적인 개혁이 일어나기 시작했다. 선두주자는 로버트 오언(Robert

Owen, 1771−1858)이다. 그는 성공한 사업가였지만 일찌감치 노동 문제에 눈을 떠 이상적 사회주의라는 개념을 고안하고 협동조합 운동을 창시했다. 그는 스코틀랜드의 뉴 래너크(New Lanark)에서 사업가로서 자본주의를, 그리고 사회 개혁가로서 사회주의를 동시에 실험했다(현재 이곳은 세계 문화유산으로 지정되었다). 1800년에 방직 공장을 인수한 그는 공장 근처에 흐르는 강에 댐을 건설하여 당시 영국에서 가장 큰 면직 공장 중의 하나로 발전시켰다.

최악의 삶을 살았던 노동자들을 위한 변화도 일기 시작했다. 이들의 생활을 개선하려고 주변 공간을 목적에 맞게 철저한 계획을 세워 의식적으로 변형시켰는데, 이것이 바로 근대 도시 계획의 탄생이다. 작은 방 하나에 온 가족이 모여 살던 노동자를 위해 한쪽에 주택 지구를 세우고, 이들이 적정 가격에 물건을 살 수 있도록 노동자 전용 상가 건물을 지었다. 노동자들이 채소와 과일을 경작할 수 있도록 따로 터를 마련했는가 하면 교육 시설도 지었다. 부모가 공장에 나가면 집에 방치되어야 했던 유아를 위해 1816년, 세계 최초로 영아 교육 시설을 세웠다. 적어도 열 살까지는 아이들이 공장이 아닌 학교에 가야 한다는 철학으로 학교도 세웠다. 가정 형편상 어쩔 수 없이 낮에 공장에서 일해야 하는 청소년들에게는 야간 교육 프로그램을 제공했다.[111]

사회 개혁가들이 벌인 아동노동 반대 움직임에 마침내 정치권도 호응했다. 영국 하원 산하의 아동노동 실태 조사 위원회가 만든 보고서를 바탕으로 영국 정부는 1833년 공장법(Factory Acts)을 통과시켰다. 이 법으로 9세 미만의 아동노동이 전면 금지되었다. 9–13세의 노동 시간은 최대 9시간, 13–18세는 최대 12시간으로 제한하되 야간 노동은 불법화했다. 현재 기준으로 따지면 한참 부족한 방안이지만 당시 사회적 관습과 기업가들이 생산성을 내세워 거센 반발을 일으킬 것을 고려했을 때 당시로서는 획기적이었다.

이후 1842년 광산법(Mines Act)으로 10세 이하 어린이를 탄광 노동에 동원하는 일을 금지했고,[112] 아이들은 학교에 있어야 한다는 방침을 세웠다. 영국 하원은 1870년에 5–10세를 대상으로 초등학교 학제를 공식화했다. 1870년 법이 출석 의무화를 명시하지 못했기 때문에 하원은 이를 보완하여 1880년에 초등교육을 의무로 정했다. 계층에 상관없이 모든 아동이 노동에서 해방되어 학교로 가는 데 약 반세기나 걸린 것이다.

어린이가 공장에서 학교로 자리를 이동하는 데엔 또 한 번의 인식 전환이 있었다. 이번에는 프랑스 철학자 장 자크 루소(Jean-Jacques Rousseau, 1712–1778)가 큰 역할을 했다. 그는 아동을 원죄에서 빼내어 빈 그릇으로 해석한 존 로크에서 몇 발 더 나아갔다. 아동기는 그저 비어있는 상태가 아니라 어린이만의 특성, 즉 순수함과 순진함이 있는 단계라고 보았다. 이는 삐딱한 편견으로 가득한 어른의 세계와 선명히 구분되는 특징으로, 루소는 어린이만의 가치를 인정하고 보호해야 한다고 주장했다. 어린이는 어린이에 걸맞은 문화, 즉 어린이 체형에 맞는 옷, 음식, 장난감을 가지고 어떠한 경제적 책임도 지는 일 없이 뛰어놀 권리를 갖는다고 선언한 것이다.[113]

루소가 강조한 어린이의 순수성은 유럽 낭만주의와 맞아떨어졌다. 18세기 말에 등장해서 19세기 전반기에 유행했던 낭만주의는 복고적인 속성을 갖는다. 간략히 말하면 산업 혁명 이후 공장제, 대량 생산, 그리고 강도 높은 노동 현실에 피곤함을 느끼고 대신 자연을 강조하고 옛것에 대한 향수를 보인다. 자연과 옛것을 '개발'이라는 이름으로 훼손하는 대신 보존을 추구한다. 이성보다 감정을 중시하기 때문에 계몽주의를 불러온 그리스-로마 고전과 르네상스보다는 중세 사회를 그리워한다.

낭만주의의 복고성은 산업 혁명 이후 빠르게 잊힌 전설, 민화, 전통 놀이, 노래 등 민속 문화를 기록한 책을 향한 열풍으로 부활했다. 이 흐름을 선도한 주자가 바로 독일의 그림 형제다. 야코프 그림(Jacob Grimm, 1785–1863), 윌리엄 그림(Wilhelm Grimm, 1786–1859) 형제는 《신데렐라》《개구리 왕자》《라푼젤》《잠자는 숲속의 공주》《헨젤과 그레텔》 등 구술로 전해 내려오던 독일 민화를 모아 1812년에 그림책으로 출판했다. 독일을 필두로 민속 문화에 대한 관심은 영국과 프랑스 등 유럽 전역으로 뻗어나갔다. 이는 산업화 과정에서 점차 사이가 벌어진 계층 간의 차이와 공장의 삭막한 기계와 기름 냄새, 그리고 제국주의 경쟁하에 벌어지는 잦은 전쟁 등 고단한 현실에서 벗어나 원초적인 공간, 즉 자연으로 돌아가고 싶은 사회 심리를 반영한 현상이었다. 자연은 개발로 잃어버린 것, 저 뒤편으로 사라진 과거, 놓쳐버린 순수함의 세계였고, 이는 곧 삶의 단계에서 더는 되돌릴 수 없는 아동기로 치환되었다.

아동 문학의 시대가 열리다

아동기가 삭막한 어른의 세계와 분리되어 보호받아야 한다는 사회적 인식은 독립된 장르로서 아동 문학의 시대를 열었다. 영국은 1860년대부터 1920년대를 가리키는 소위 "아동 문학의 황금기"를 맞이했다. 루이스 캐롤의 《이상한 나라의 앨리스》를 필두로 로버트 스티븐슨(Robert L. Stevenson)의 《보물섬*Treasure Island*》(1882), 구전 동화를 소설로 묶은 《로빈후드의 모험》(1883), 러디어드 키플링의 《정글북》, 베아트릭스 포터(Beatrix Potter, 1866–1943)의 《피터 래빗 이야기*The Tale of Peter Rabbit*》(1902–1914), 제임스 배리(J. M. Barrie)의 《피터 팬: 자라지 않는 소년*Peter Pan; or the Boy Who Wouldn't Grow Up*》(1904 희곡, 1911 소설), 프랜시스 버넷(Frances Burnett)의 《비밀의 화원》(1911), A.A. 밀른(A.A. Milne)의 《곰돌이 푸*Winnie-the-Pooh*》(1926) 등 고전으로 불리는 작품들이 이 시기에 쏟아져 나왔다. 미국에서 출판되었지만 영국에서도 인기를 끈 작품으로는 마크 트웨인의 《톰 소여의 모험》과 《허클베리 핀의 모험》, 라이먼 프랭크 바움(L. Frank Baum)의 《오즈의 마법사*The Wonderful Wizard of Oz*》(1900) 등이 있다.

비단 소설에만 해당하는 이야기는 아니었다. 1860–1870년대 사이 100개가 넘는 어린이 잡지가 새로 발간되었다.[114] 그중에서도 주간지 《Chatterbox》는 그 시대의 상징이었다. 이 잡지는 1866년 존 클라크(John E. Clark) 목사가 창간한 이래 1923년까지 약 60년간 꾸준히 발간되었다. 글을 뗀 지 얼마 안 되는 10세 이하보다는 조금이라도 문해력을 갖춘 10–13세를 주 독자층으로 삼았고, 소년용과 소녀용을 명시했던 당시 문화 유행과 달리 《Chatterbox》는 성별을 구분하지 않았다. 형식은 파격적이었으나 내용은 당시의 젠더 관념을 그대로 답습했다. 소년들에게는 온통 모험으로 가득한 이야기를 들려주었고, 소녀들에게는 '바늘(Needle)'이란 코너를 따로 만들어 바느질이나 살림하는 방법 등 소위 '여성의 일'을 가르쳐주는 데 집중했다. 게다가 기독교적 선악 개념이 짙게 배어 있었다. 당대 저명한 비평가 존 러스킨(John Ruskin)이 "생각이 좀 있는 아이들에게는 너무 가볍다"라며 혹평했지만, 비평과 상업적인 성공은 그때도 별개였다.[115]

양적으로 팽창하는 아동 잡지 시장과 비례해 삽화 작가에 대한 수요도 급증했다. 초반에 아동 출판물에 실린 삽화는 엉성했다. 하지만 정치 풍자 시사지, 각종 문예지, 그리고 숙녀용 잡지에서 활동하던 기성 삽화 작가가 아동 문학계로 점차 진출하면서 수준을 끌어올렸다. 최고의 예가《이상한 나라의 앨리스》를 그렸던 존 테니얼(John Tenniel, 1820-1914)이다. 그는 빅토리아 여왕까지 독자로 확보했던 19세기를 대표하는 유머·정치 풍자 잡지인《펀치*Punch*》(1841-2002)의 삽화 작업을 50년간 책임졌다. 그 공로로 이후 기사 작위까지 받았다.

찰스 디킨스의《크리스마스 캐럴》그림을 그린 존 리츠(John Leech, 1817-1864)도 있다. 그는 찰스 디킨스가 편집장으로 일하면서《올리버 트위스트》를 연재소설로 발표했던 문예 잡지《Bentley's Miscellany》의 삽화를 그렸고《펀치》에서도 작업을 맡았다. 그리고 앞서 말한 칼데콧 메달의 랜돌프 칼데콧도 활동하던 시기였다. 이후《피터팬》의 F.D. 베드포드(F.D. Bedford)와 일찌감치 자연 속 동물에 관심을 가지고 관찰하여 피터 래빗이라는 캐릭터를 창조한 베아트릭스 포터 등 그들만의 독특한 등장인물을 만들어내며 그림으로 아이들의 상상력을 자극했다. 섬세해지는 그림에 맞춰 인쇄 기술도 함께 성장했다.

아동 문학의 소비자층은 두터웠다. 어린이들이 노동과 분리되어 학교로 가면서 영국 사회의 문맹은 거의 사라졌다. 1800년대 남여 각각 40퍼센트와 60퍼센트를 차지했던 문맹률이 1870년대는 20퍼센트와 30퍼센트 대로, 1900년대에 이르러 사실상 0퍼센트로 떨어졌다.[116] 이는 모든 계층의 아동이 독자층이 된 현실을 반영한 수치였다. 아이들은 쏟아지는 이야기에 귀를 기울일 준비가 되어 있었다.

딱 하나, 장애물이 있다면 주머니 사정이었다. 어린이 책은 성인 책보다 저렴하고 19세기 초에 출판 기술이 발달한 덕에 가격도 내려가고 있었지만, 여전히 자기 책을 가질 수는 없는 아이들이 다수였다. 그 대안으로 물려받기가 다시 한번 유행했다. 어린이들은 책의 소유권이 자신에게 넘어올 때마다 전 소유자의 이름을 지우고 자기 이름을 다시 써넣을 만큼 책을 소유하는 것 자체에 자부심을 보였다.[117] 물려받기도 어려운 어린이들은 빌려 읽었다. 아이들은 아직 여러모로 미비했던 공공도서관보다 순환도서관으로 발길을 돌렸다. 책을 대여해주던 순환도서관은 어른을 위한 책이 주였으나 아동 책도 약간 있었다. 순환도서관과 비교될 수준은 아니었지만 일요 학교를 운영하는 교회도 책을 빌릴 수 있는 소중한 창구였다.

영국의 '아동 문학 황금기'는 1929년 대공황이 닥치면서 막을 내렸다. 이탈리아 파시즘과 독일 나치즘의 등장에 이어 2차 세계대전으로 사회적·경제적 위기가 닥치면서 아이들의 동심을 지켜낼 사회적 여력이 없었다. 혼란으로부터 사회를 기적적으로 구할 영웅을 원했던 시기였다. 그 결과로 미국의 만화 캐릭터인 슈퍼맨(1938), 배트맨(1939), 슈퍼우먼(1941)이 태어났고 이들은 암울했던 당시 사회를 위로했다.

2차 대전 이후 영국 아동 문학이 다시 살아났다. 시대별로 대표작을 훑어보면 1950년대에는 먼저 C.S. 루이스의 《나니아 연대기 *The Chronicles of Narnia*》(1950)가 있다. 그의 친구 톨킨은 1937년 작품이었던 《호빗*The Hobbit*》의 세계관을 확장하여 《반지의 제왕 *The Lord of the Rings*》(1954–1955) 3부작을 발표했다. 런던 기념품 가게에서 흔히 볼 수 있는 패딩턴 곰인형을 만들어낸 마이클 본드(Michael Bond)의 《A Bear called Paddington》은 1958년 작품이다. 1960년대부터 1980년대는 로알드 달(Roald Dahl)이 《제임스와 슈퍼 복숭아*James and the Giant Peach*》(1961)를 펴냈고, 이어서 《찰리와 초콜릿 공장*Charlie and the Chocolate Factory*》(1964) 《멋진 여우씨*Fantastic Mr. Fox*》(1970) 《마틸다*Matilda*》(1988) 등의 작품을 꾸준히 발표했다. 20세기 말에는 줄리아 도널드슨(Julia Donaldson)의 그림책 《그루팔로*The Gruffalo*》(1999)가 선풍적인 인기를 끌었다. 그리고 아동 문학 역사에서 상업적으로 가장 성공한 J.K. 롤링의 《해리 포터》가 20세기 말과 21세기 초 영국 아동 문학의 계보를 이었다.

《해리 포터》라는 신비한 마법 세계에 가려진 사실이지만, 21세기 아동 문학계는 어느 때보다 사실주의의 약진이 두드러진 때였다. 2001–2020년 뉴베리 수상 작품을 보면 역사물과 사실주의가 각각 7개와 6개로 4개인 판타지보다 크게 앞섰다.[118] 역사물과 사실주의는 순수함으로 가득한 동화 같은 세상만을 보여주지 않는다. 인종이나 계층, 젠더 및 가족 문제, 종교, 폭력 등 시사성이 강한 문제들을 짚는다. 어른들도 환호했던 《해리 포터》 열풍과 사실주의가 부상했던 시기를 함께 놓고 보면 19세기 낭만주의가 분리했던 어린이와 어른의 세계가 다시 가까워지고 있는 셈이다.

사실주의 아동 문학이 제기하는 문제들은 현실적으로도 중요했다. 국제 질서가 냉전에서 신자유주의로 재편된 1990년대 이후 세계화가 추구하는 자본-상품-노동의 자유로운 이동은 어린이의 일상에도 직접적인 영향력을 행사했다. 케임브리지의 작은 공립 학교였지만 둘째 아이 학년의 학부모 출생지를 따져보니 20개국이 넘었다. 물론 스페인, 덴마크, 독일, 이탈리아, 폴란드, 헝가리, 벨기에, 핀란드, 그리스 등 유럽연합(EU) 소속 국적이 제일 많았다. 그 밖에도 케냐, 남아프리카 공화국, 알제리, 시리아, 레바논, 터키 등 아프리카 및 중동에서 온 이들과 더불어 한국, 필리핀, 네팔, 뉴질랜드 등 아시아 및 태평양 쪽 사람들도 있었다. 아메리카 쪽으로는 미국, 브라질, 칠레가 있었다. 게다가 영국에는 100만이 넘는 인도·파키스탄계 이민 사회가 있다.

초등학교 교실은 그야말로 인종, 언어, 종교, 문화의 다양한 표본을 집대성한 곳이었다. 안과 밖으로 일상에서 영어와 영국 문화에 익숙하지 않은 외부인에 대한 포용력을 기르고 다양한 인종으로 구성된 가족 형태를 자연스럽게 흡수하는 환경을 조성할 필요가 있었다.

어느 날이었다. 양쪽 부모가 모두 영국인인 동네 친구의 생일 파티에 갔다가 둘째 아이가 선물로 책 한 권을 받았다. 구디 백(Goodie bag) 대신이었다. 영국에서는 생일 파티가 끝나면 파티 주인공이 연필 한 자루, 생일 케이크 한 조각, 작은 장난감을 넣은 구디 백을 준다. 책 한 권. 나는 그 깔끔함이 마음에 쏙 들었다.

두근거리는 마음을 안고 상자를 열어보는 재미가 없는지라 아이에게는 별로였겠지만.

아이가 받은 책은 스텔라 건리(Stella Gurney)의 《My dad, the hero》(2008)였다. 발랄하고 귀여운 표지와 달리 내용은 깜짝 놀랄 만큼 사실적이었다. 인도(혹은 파키스탄)에서 영국으로 이민 온 소년이 주인공인 책으로 런던에서 택시 기사를 하는 아빠와 함께 지내면서 벌어지는 이야기를 다룬다. 부모가 학교에서 작은 발표를 해야 하는데 아빠가 시간을 내 학교에 오기 어려운 상황, 그리고 이민자 아빠의 서툰 영어가 아이의 마음을 불편하게 만드는 모습 등 현실에서 일어날 만한 일을 그대로 투영했다. 소설은 이민자 부모를 둔 노동자 계층 아이가 학교 친구들 사이에서 부딪치는 현실적인 갈등으로 시작해 아빠를 이해하게 되는 과정을 보여주었다.

걸어서 1분 거리에 살았던 아이 친구 엄마가 나중에 집에 놀러 왔다. 자기가 준 책이 책꽂이에 꽂혀 있는 걸 보더니 내게 읽었냐고 물어보았다. 나는 아이들 책치고는 현실성이 강해서 놀랐다고 답했다. 그녀는 그 책이 속한 시리즈 《Walker stories》를 추천하며 시리즈를 통째로 사서 파티에 온 아이들에게 한 권씩 주었다고 했다. 그리고 제목 아래 작가 이름을 가리키며 "내가 좋아하는 작가야"라고 덧붙였다. 그녀의 성향을 볼 때 충분히 이해할 수 있었다. 평소 논리적인 성격에 정치적 소신이 분명한 그녀는 선거철이 되면 당원으로서 집집마다 전단지를 돌렸다(아파트가 거의 없는 주거지 특성상 각 집에 직접 찾아가 전단지를 꽂아야 한다). 아이가 셋인 그녀는 큰아이는 걷게 하고 둘째는 스쿠터, 셋째는 유모차에 태워 다녔는데, 당시 다섯 살이었던 첫째가 터덜터덜 걷다가 지친 나머지 길에서 찡찡대자 "이게 다 나라를 위하는 일이야!"라고 소리를 지른 일은 동네에서 유명한 일화다. 그런 그녀에게는 말랑말랑한 판타지보다는 사실주의가 아무래도 어울렸다.

그날 이후 나도 좋아하는 아동 문학 작가 이름 한두 명 정도는 마음에 두고 싶었다. 작가가 궁금한 책이라…. 우선 책 세 권이 떠올랐다. 아이들이 유독 깔깔대며 읽었던 《Officer Buckle and Gloria》(1995)와 숨은 그림을 찾는 놀이를 하듯 구석구석, 꼼꼼히 훑어봐야 하는 《10 Minutes till Bedtime》(1988)이다. 우연히도 이 두 책 모두 페기 래트만(Peggy Rathmann)의 작품이다. 세 번째는 질 머피(Jill Murphy)의 《A Quiet Night In》(1996)이다. 장난꾸러기 코끼리 형제를 키우는 부모 코끼리의 일상과 마음을 얄미울 정도로 실감 나게 표현해 단번에 마음에 들어왔었다. 책과 작가를 고르고 나니, 나의 아동 문학 취향을 알게 되었다. 나는 의외로 유머로 가득한 책을 좋아했다.

습관의 힘일까? 아니면 선택폭이 넓은 아동 문학 세계 덕분일까. 아이들이 초등학교 2-3학년 정도일 때부터 작가를 대화 주제로 삼았다. 당시 남자아이들 사이에서 《Beast Quest》는 인기가 많았다. 작가 애덤 블레이드(Adam Blade)를 두고 아이와 친구들은 그 이름이 사실은 가명으로, 한 사람이 아니라 여러 작가가 공동 집필한 책이라며 어디서 들은 이야기를 자기들끼리 속닥거렸다.

좀 더 자라니 작가가 어느 분야에서 주로 책을 내는지도 알게 되었다. 어느 날 도서관에서 《Saxon Tales》를 고르고 아이에게 의견을 물었더니, 아이는 표지만 슬쩍 보고는 "괜찮을 거야"라고 장담했다.

"보지도 않고 어떻게 알아? 목차 정도는 봐야 하지 않을까?"

"저자가 테리 디어리(Terry Deary)네. 《잔혹한 세계사*Horrible History*》 저자잖아."

역사물 작가가 설화를 다루었으니 믿고 읽어도 좋다는 의견이었다.

작가론은 학교 수업에도 여실히 등장했다. 아이는 5학년이 되어서 로알드 달의 작품을 읽었다. 소그룹별로 작품을 선택해 읽었다. 아이가 속한 그룹은 《마녀를 잡아라*The Witches*》(1983), 옆 그룹은 《내 친구 꼬마 거인*The BFG*》(1982), 또 다른 그룹은 《찰리와 초콜릿 공장》을 읽었다. 수업 수준은 '경험해본다' 정도였겠지만 확실히 부차적인 효과도 있었다. 로알드 달의 책을 집중적으로 읽다 보니 그와 오래 작업한 삽화 작가 퀜틴 블레이크(Quentin Blake)라는 이름과 그의 그림에서 풍기는 특색이 저절로 뇌리에 박힌 것이다. 로알드 달 작품 외에도 수많은 책의 삽화를 맡은 그의 그림을 동네 서점에서 발견했을 때 "어, 퀜틴 블레이크다"라며 반가움을 표했다.

좋아하는 작가를 깨닫는 1단계는 이렇게 끝났다. 읽기 교육의 다음 단계는 독서의 궁극적 질문 "왜 좋아?"에 답하는 것이었다. 자기 느낌과 생각을 들여다본 후 글로 표현하는 '쓰기' 말이다.

성인도 쉽게 답하기 힘든 "왜 좋아?"에 아이들은 과연 어떤 답을 내놓을까?

7장 이 책이 "왜" 좋아?

찰스 램의 책은 나를 웃게 했다[119]

어느 금요일 오후, 1학년이던 둘째 아이가 자기 몸만 한 곰인형 하나를 껴안고 나왔다. 자기 반 대표 인형이라고 설명하면서 학급 이름에서 따와 '호머톤 곰(Homerton Bear)'으로 부른다며 나에게 소개해주었다. 패딩턴 곰(Paddington Bear) 냄새가 살짝 풍겼다. 영화 주인공으로도 등장한 패딩턴도 런던 서쪽에 있는 한 기차역 이름을 따왔기 때문이다.

아이는 일주일간 호머톤 곰이 우리 집에서 같이 살 것이라고 말했는데, 당최 용도를 알 수 없었다. 호기심을 못 이기고 담임선생님에게 직접 물어봤다. 선생님은 대수롭지 않다는 듯 웃더니 좋아하는 책을 아이가 직접 곰인형한테 읽어주면 된다고 설명해주셨다. 아이 가방 속에 호머톤 곰 공책을 넣어 놓았다는 말도 덧붙였다. 공책 왼쪽에는 곰이랑 함께 읽은 책을 찍은 사진을 붙여주고, 오른쪽에는 그 책을 좋아하는 이유를 한 문장으로 써달라고 부탁했다. 읽기와 쓰기 연습을 놀이하듯 즐겁게 하자는 취지로 이해했다. 과연 호머톤 곰이 어떤 효과를 발휘할지 궁금했다.

집에 돌아와 공책을 펴보니 첫 장은 선생님이 시범으로 예시를 직접 적어 놓았다. 곰과 같이 사진에 담긴 낡은 책은 아마도 선생님이 어렸을 적부터 좋아한 책이라서 여태 소장하고 있는 것 같았다. 다음 장을 넘기니 곰인형을 먼저 가져갔던 아이들이 삐뚤빼뚤 문장을 쓴 흔적이 보였다. 귀여웠다. 책도 아직 제대로 못 읽고, 손에 힘이 없어 알파벳 크기가 제각각이고 띄어쓰기도 제대로 안 되어 있고, 철자는 말할 것도 없이 엉망인 아이들이 뭔가 쓰려고 노력한 증거들이다. 알파벳 7자를 연달아 붙여 써야 하는 b·e·c·a·u·s·e에서는 아이들이 끙끙대며 하나씩 철자를 썼을 버거움이 생생히 전달되었다.

"나는……을 좋아한다. 왜냐하면……."

흥미롭게도 다들 이유가 이유 같지 않았다. 아이들 문장은 질문에서 초점이 약간씩 빗나가 있었고 그래서인지 더 눈길을 끌었다. 내 아이도 마찬가지였다. 그날 아이가 고른 책은 《Who Was Galileo Galilei?》였다. 작은 아이가 고른 책에 대해서 "이 책이 왜 좋아?"했더니 "목성" "망원경"이란 답이 쉽게 나왔다. "목성과 망원경이 왜 좋아?"라고 물었더니, 답이 나오질 않았다. 몇 번을 돌려 말하며 시도해봤지만 실패했다. 둘째는 "나는 이 책을 좋아한다. 왜냐하면 망원경(혹은 목성)이 있어서"라는 알 듯 모를 듯 모호한 문장을 적었다.

한두 달이 지났을 무렵, 아이를 데리러 학교에 갔더니 곰인형을 안고 나왔다. 벌써 아이가 쓸 차례가 아니었기에 왜 데리고 왔냐고 물었다. 선생님이 아파서 일일 선생님(substitute)이 대신 오셨는데 자기한테 주셨다고 했다. 집에 와서 공책을 열어보았다. 그동안 글을 쓴 아이들도 별반 다르지 않았다. 절대다수가 여전히 '왜'가 아니라 '무엇'에 초점을 두고 있었다.

그날 아이가 고른 책은 《Time Runners》였다. 이 책은 과거와 현재를 오가는 내용이라 다소 이해하기 복잡할 것 같았지만 아이는 그 책을 좋아했다. 왜 좋냐고 물었더니 검은 괴물 때문이라고 답했다. 질문의 내용을 살짝씩 바꿔가며 물어보자 주인공이 시간을 이동할 때 쓰는 잽 트랩(zap trap)이 재밌어서 좋다고 했다. 의문사 '왜'는 여전히 닿을 수 없는 곳에 있었다.

욕심을 좀 내고 싶어 내일 다시 읽고 생각해보자며 마무리했다. 조금만 더 해보면 이유를 말할 수 있을 것 같았다. 하지만 다음 날, 그다음 날도 마찬가지 '무엇'을 무한 반복할 뿐이었다. 며칠간의 공회전 끝에 참을성을 잃고 내 목소리 톤이 평상시보다 올라가자 큰아이가 방에서 나왔다. 동생 말이 옳다며 편을 들었다. 남자애들이 스타워즈에 가장 열광하는 캐릭터가 뭐냐고 내게 되물으며 다스베이더가 아니냐고, 특별한 이유 없이 좋아할 수도 있지 않냐며 굳이 캐묻지 말라고 도리어 내게 한 소리 했다. 결국 아이는 "잽 트랩 때문에 그 책이 좋다"는 문장, 큰애 말에 의하면 엄마만 빼고 이 세상 모든 소년이 납득할 수 있다는 문장을 써 갔다.

내가 그날 큰아이에게 기꺼이 밀려나준 이유는 갑자기 튀어나온 다스베이더가 웃겨 심각한 표정을 유지하지 못한 탓도 있지만, 초등학교 시절 내내 독후감으로 쩔쩔맸던 내가 기억나서다. 아직도 써가야 했던 독후감 양이 또렷하게 기억난다. 200자 원고지 5매. 처음 그 숙제를 1학년에 받았는지, 2학년이었는지 정확하지 않지만 칸칸이 나뉜 종이를 앞에 두고 뭐라고 써야 할지 막막했다. '이걸 어떻게 다 채우지?' 나는 그다지 할 말이 없는 소녀였다. 학년이 올라가도 난 여전히 원고지 앞에서 과묵했다. 보통 5장 중 4장 반을 줄거리로 꾸역꾸역 채웠고 마지막에 도덕 교과서에 나올 것만 같은 소감을 한두 문장 붙여 제출했다. 혹여 줄거리 요약이 길어져서 6장으로 넘어가면 스스로 자랑스러워했다.

그 당시 내게 글쓰기는 선천적 재능이 99퍼센트, 나머지 1퍼센트가 노력으로 결정되는 영역이었다. 독후감 대회에서 상을 탄 친구는 타고난 글 쓰는 재능이 유전자에 내재된 것이고 나는 안타깝게도 그 재주가 없이 태어났다고 생각했다. 그나마 다행으로 중·고등학교 시절에는 아무도 나를 글쓰기 영역으로 떠밀지 않았다. 심지어 국어 시간도 그랬다. 작품에서 발췌한 내용만으로 구성한 교과서 중심으로 수업을 진행했기 때문에 수업 시간에 단편

소설 한 편 하나도 처음부터 끝까지 읽은 적이 없었다. 덕분에 난 쓰기를 까맣게 잊어버린 채 별 탈 없이 졸업했다.

어렸을 때의 공포가 해소되지 않아서 그런가? 난 아직도 '독후감'이란 단어 자체가 거북하고 빈 종이만 맞닥뜨리면 가슴이 답답해진다. 옛날 일이 떠올라 머릿속이 복잡해졌다. 분량을 채우려고 줄거리로 구구절절 독후감을 써내려갔던 나에게 누군가 "책을 읽고 난 소감을 쓰시오"가 아니라 "이 책이 왜 좋니?"라고 좀 더 직설적이고 친절하게 물어봐주었다면 과거의 나는 독후감을 어떻게 썼을까? 200자 원고지 5매가 아니라 한 문장만 쓰라고 했다면 내 마음속을 무겁게 짓누르던 돌덩이는 돌멩이 정도 크기로 줄어들었을까? 반 아이들과 경쟁해야 하는 독후감 대회 대신 폭신폭신한 곰인형에게 조용히 속삭이듯 책을 읽어주라고 했다면 편하게 말할 수 있었을까? 그랬을 것 같았다. 그래서 아이가 답답했다. 질문도 분명하고 '고작' 한 문장인데, 게다가 점수를 매기는 것도 아닌데.

하지만 다그친다고 답이 나올 리가 없었다. 문제는 한 문장과 원고지 5매라는 분량의 차이가 아니라 '왜'라는 의문사에 있었다. 의문사 '왜'. 평생 아이를 졸졸 쫓아다니며 괴롭힐 존재다. 지금도 누군가 내게 최근 읽은 책에 대해 줄거리 요약을 제하고 오직 소감을 중심으로 A4 용지 세 장짜리 독후감을 쓰라고 한다면 본능적으로 두려움에 휩싸여 눈앞이 깜깜해질 터다. 정신을 좀 차리면 써야 할 양부터 가늠하려고 할 것이다. 글자 크기를 10포인트로 해야 하나, 아니면 12포인트인가? 줄 간격은 얼마나 두라는 거지, 하면서. 그리고 나서도 컴퓨터 빈 화면을 보면서 저 공간을 다 채울 내 생각, 내 언어가 과연 있을까 싶어 갑갑함이 차오를 것이다.

곰인형 숙제에 담긴 본 목적이 이제야 제대로 보였다. 곰돌이에게 책을 읽어주고 한 문장을 쓰는 것은 덤일 뿐, 진짜 목표는 "왜"라는 질문을 던지고 느낌을 관찰해보는 것이었다. 그리고 글을 읽은 주체로서 막연하게 올라오는 감정을 언어로 표현하기. 바로 서평(혹은 비평)의 시작이었다.

서평이라는 글쓰기

서평은 민주주의와 인쇄 자본주의가 발달하면서 나타난 글 형식이다. 조금 더 정확히 말하면 근대 잡지 혹은 정기 간행물(periodicals)과 발을 맞춰 성장했다. 브리태니커 백과사전에 따르면 세계 최초의 잡지는 17세기 후반 독일의 《*Erbauliche Monaths-Unterredungen*》(1663–1668)이다. 번역하면 "월간 토론" 정도다. 뒤이어 프랑스의 《*Journal des Savants*》(1665)와 영국의 《*Philosophical Transactions*》(1665)가 나왔고, 그 후 이탈리아 등 유럽으로 확산되었다. 이들은 모두 지식인층에서 유통된 잡지들로 여기 실린 서평은 내용을 요약하는 정도였다.

18세기에 정치를 주로 다루는 잡지가 등장하면서 요약 위주였던 서평 문화에 변화가 생겼다. 18세기는 영국에서 명예혁명으로 입헌군주제가 수립된 후였다. 언론의 자유가 보장된 상황에서 제도적으로 아직은 미숙한 정당 정치와 의회 민주주의를 둘러싸고 다양한 토론 주제와 해석이 넘쳐났던 시기였다.

《로빈슨 크루소*Robinson Crusoe*》(1719)의 저자 대니얼 데포(Daniel Defoe, 1660−1731)는 열혈 정치 논객 중 한 명이었다. 그는 팸플릿 형태로 국내 정치 문제뿐 아니라 영국−프랑스 관계까지 포괄적인 문제를 다루었다. 팸플릿은 다른 형태보다 배포하기에 절대적으로 유리하다는 장점이 있지만, 반대로 쉽게 사라진다는 단점이 있다. 데포는 단점을 보완하고자 책과 팸플릿의 중간 형태인 잡지를 택하고 《The Review》(1704−1714)를 창간했다. 잡지가 정치 토론의 장으로 기능하면서 서평에도 독자의 소견이 조금씩 들어가게 되었다.

이후 현재까지 통용되는 서평 형식이 등장했다. 요약은 최대한 줄이고, 독자의 시각에서 장단점을 분석한 후 종합적인 평을 내린다. 이 방식을 처음 시도한 잡지는 《에딘버러 리뷰*Edinburgh Review*》(1755−1756, 1773−1776, 1802−1929)로 알려져 있다.[120] 1년에 네 번, 3개월에 한 번씩 발간되는 계간지로 18−19세기 영국의 철학·역사·경제·정치 분야에서 비평계의 최고봉에 우뚝 섰던 잡지사다. 《국부론》을 쓴 애덤 스미스(Adam Smith)를 비롯하여 근대 민주주의 이론을 확립한 저서 중에서 고전으로 꼽히는 《자유론》의 저자 존 스튜어트 밀(John Stewart Mill)과 그의 아버지 제임스 밀(James Mill), 철학자이자 노벨문학상을 받은 버트런드 러셀(Bertrand Russell), 사회 진화론의 허버트 스펜서(Herbert Spencer) 등 18–20세기 초반까지 시대를 주름잡던 지성인들이 이 잡지를 거쳐 갔다.

이후 비슷한 유형의 비평지들이 등장했다. 《Quartely Review》는 창간 목적이 《에딘버러 리뷰》의 아성에 도전하기였다. 《Westminster Review》(《London Review》)(1823–1914)는 공리주의 철학을 집대성한 제러미 벤담(Jeremy Bentham)이 창간한 비평지로 존 스튜어트 밀, 찰스 다윈과 진화론을 외친 토머스 헉슬리, 소설 《프랑켄슈타인*Frankenstein*》의 저자 메리 셸리(Mary Shelley) 등이 활동했다. 이들의 서평은 대체로 《에딘버러 리뷰》 형식을 따랐다.

그러나 수준 높은 비평지가 주도하는 서평 문화는 오래가지 못했다. 19세기 중반부터 불기 시작한 책 읽기 열풍이 원인이다. '크리스마스 시즌 책 선물하기'는 독서 열풍을 잘 보여주는 예시로 1840년대에 시작하여 20세기까지 지속된 문화였다. 출판사들은 크리스마스와 연말에 맞춰 쏟아져 나오는 각종 선물 세트처럼 "크리스마스를 위한 책(books for Christmas)"이나 "선물용 책(gift book)"을 만들었다. 작가들도 크리스마스를 겨냥한 글을 썼다. '크리스마스가 배경인 소설' 하면 가장 먼저 떠오르는 찰스 디킨스의 《크리스마스 캐럴》도 크리스마스를 위한 책 중 하나다. 발간되는 신간의 수만큼 소비자들이 직접 서평을 요구하는 사례도 점차 많아졌다.

그 결과 책을 생산하는 작가와 출판사, 소비자 사이에 다리를 놓는 서평이 전보다 훨씬 상업화했다. 출판사 입장에서 좋은 서평은 최고의 광고였고 소비자 쪽에서는 상품을 구매하기 전에 읽어보는 상품평(consumer report), 혹은 구매 후기였다. 생산자와 소비자 모두 신뢰할 수 있는 서평은 《에든버러 리뷰》 같은 고급 비평지에 실린 서평이었지만, 이들은 계간지였기에 결국 연말 서평은 주간지와 일간지 몫으로 돌아갔다.[121]

당시 잡지 시장도 도서 시장만큼이나 가파르게 팽창하는 중이었다. 값비싼 책을 살 수 없었던 저소득층을 겨냥해 싸구려 종이로 만든 저가 잡지가 1830년대 이후 등장했다. 잡지는 모든 영역을 빠르게 빨아들였다. 작가들은 소설을 단행본이 아닌 연재소설 형식으로 발표했고, 역사·종교·철학·신학·과학 등 학계도 결과물을 잡지에 발표했다. 정치인과 사회 개혁가들도 잡지로 몰려들었다.

이들은 19세기 후반 노동자 계층과 여성 투표권 문제, 노예제 문제, 식민지 인도에서 벌어지는 비인간적인 행태, 자유무역 등 각종 논쟁에 관해 쓴 글을 직접 투고하며 담론을 형성했다. 문학 잡지, 정치 평론지, 경제·시사 잡지, 과학 잡지, 만화 잡지, 아동 잡지, 여성 잡지(남성 잡지는 따로 있었다), 종교 잡지 등 잡지의 종류와 수는 19세기 말까지 우후죽순 늘어났다. 여기에 실린 서평은 계간지 서평보다 길이도 짧고 보다 비학구적이어서 일반 독자도 쉽게 읽을 수 있었다.

서평이 상업 출판 시장에서 주요 변수로 자리잡으면서 부작용이 속출했다. 1830년대는 대부분의 신문사가 문학을 전문적으로 취급하는 인력이 없었기 때문에 출판사가 홍보용으로 만든 소개글을 그대로 싣는 경우가 허다해진 것이다. 신간이 쏟아져 나오는 연말이 되면 써야 할 서평이 갑자기 늘어나 기자가 읽지도 않고 대충 써서 올리기도 하고 작가가 자기 책의 서평을 직접 쓰는 경우도 왕왕 있었다.[122] 좋은 평을 받기 위해 친분이 있는 사람에게 서평을 부탁하는 작가도 흔했다. 윌리엄 새커리(William Thackery) 같은 유명한 작가도 예외는 아니었다. 그는 찰스 디킨스의 절친이기도 하고 대표작인 《허영의 시장*Vanity Fair*》처럼 풍자 소설, 풍자만화 작가로 유명했는데, 지인에게 직접 본인의 책에 대한 서평을 써달라고 부탁했다.[123]

서평의 신뢰도 문제는 결국 1850년대 말에 불거진 서평 익명제 논쟁으로 이어졌다. 이전까지 서평은 대부분 서평자의 이름을 생략한 채 잡지 이름으로 나갔다. 자유로운 비평을 보장하기 위한 목적이었으나 각종 잡음에 실명으로 전환하자는 주장이 여기저기서 나왔다. 《에든버러 리뷰》 등 권위 있는 잡지는 기존의 방식대로 익명으로 글을 싣겠다며 논란을 일축했다. 대신 서평을 쓰는 사람이 스스로 정직하고 글에 책임을 지는 자세를 견지해야 한다고 주장했다. 반대로 《Macmillan Magazine》이나 《Fortnightly Review》는 익명이 보장하는 독립성과 자유가 악용될 가능성을 우려했다. 개인의 이익 혹은 작가와의 개인적 친분에 따라 과하게 비판하거나 칭찬할 수 있다며 실명 제도를 도입했다.[124] 1859년에 시작된 익명 논쟁은 결국 19세기 말, 실명제로 대세가 기울었다.

조지 오웰은 직업 서평가였다

18세기부터 21세기까지 그 오랜 시간 동안 누가 서평을 썼을까? 작가들 대부분이 저널리즘, 문학, 비평 영역에 걸쳐 활동했다. 그중에서도 가장 유명한 사람은 아마 《동물 농장》과 《1984》를 쓴 조지 오웰(George Orwell, 1903-1950)일 것이다. 《동물 농장》으로 저명한 작가로 주목을 받을 때까지 오웰은 약 20년간 700권의 책과 연극, 영화에 대한 비평을 썼다. 가장 바빴던 해는 1940년으로 무려 135권에 달하는 책의 서평을 썼다.[125] 거의 사흘에 한 번씩 서평을 썼던 셈이다.

오웰은 노동자 계층 출신으로 넉넉하지 않은 가정에서 자랐다. 그는 영국 최고의 명문 사립학교 이튼에서 5년(1917-1921)간 공부한 이력이 있지만, 이는 장학금을 받은 덕분에 가능한 일이었다. 훗날 1940년 그는 이튼 자체는 "소년들 각자의 재능을 그대로 인정하고 최대로 개발할 수 있도록 북돋아주는 환경"이라고 긍정적으로 평가했지만 "나는 그곳에서 거의 아무것도 하지 않았고 배운 것도 거의 없다. 그리고 이튼이 내 인생에 큰 영향을 끼쳤다고 보지 않는다"라고 하면서 뒤늦게 솔직한 심정을 고백했다.

상류층 가정 출신으로 특권층 사고방식을 갖고 사는데 익숙한 학생들 사이에서 오는 괴리감은 컸다. 이튼에서 사제 관계로 만났던 《멋진 신세계》의 저자 올더스 헉슬리와 교감을 나누었을 법하지만, 둘이 이튼에서 같이 머무른 시간은 1년에 불과했다. 오웰은 대학에 진학하는 대신 1922년, 당시 대영제국 영토의 일부였던 미얀마로 가서 5년간 식민시 경찰로 근무했다. 복무를 마치고 1927년에 영국으로 돌아온 후 전업 작가가 되려고 했지만, 가난 때문에 서평을 기고하고 가정 교사로 생활하면서 생계를 유지했다.

훗날 오웰은 에세이 〈어느 서평자의 고백〉에서 서평 작가의 방을 보여주었다. 과거 오웰 자신이 사용했던 방으로 추정되는 그곳을 객관적인 시각으로 묘사했다. 오웰은 방 주인을 대머리에 정맥류성 정맥을 가진, 실제 나이는 서른다섯이지만 쉰 살로 보이는 작가로 소개한다. 방에는 담배꽁초가 가득하고, 반만 마신 찻잔이 여기저기 놓여 있고, 산더미처럼 쌓인 종이들과 그 밑에 깔린 각종 체납고지서, 그리고 넘치기 직전인 종이 쓰레기통이 있다. 방주인의 계획대로라면 오전 11시면 이미 두 시간가량 글을 썼어야 하는 시각인데, 시도 때도 없이 울려대는 전화와 창문을 뚫고 들어오는 바깥 소음 때문에 시작도 못 한 상태다. 방주인의 신경을 더더욱 날카롭게 만드는 것은 종이 더미에 묻힌 소포

다. 그는 나흘 전에 출판사 편집장이 보낸 책 다섯 권을 받았다. 800단어로 된 서평문. 마감이 내일 12시이건만 한 줄도 쓰지 못한 상황이다.

조지 오웰은 노련한 서평 작가가 보일 행동을 예측한다. 다섯 권 중 세 권은 서평 작가가 전혀 모르는 분야였다. 어처구니없는 실수로 작가와 독자의 원성을 듣지 않으려면 방주인이 적어도 50쪽 정도는 읽고 쓸 것이라고 본다. 한 시간이고 두 시간이고 빈 종이를 쳐다보지만 째깍거리는 시간이 주는 압박에 못 이겨 어느 순간부터는 본격적으로 손가락을 놀릴 것이라고 썼다. 그리고 "결코 놓쳐서는 안 될 책" "매 페이지 기억할 만한 점" "각 장에서 다루어지는 특별한 가치들" 등등 진부하기 짝이 없는 수식어를 알맞은 자리에 기가 막히게 배치하고 마지막으로 손을 한 번 좌악 본 후 마감 3분 전에 기적적으로 일을 끝낼 것이라고 확신했다.

제대로 읽지도 않고 몇 시간 만에 모양새만 갖춘 채로 얼렁뚱땅 탄생하는 서평문의 현실을 가감 없이 밝힌 오웰은 서평이 필요한 책은 지극히 소수라고 말했다.

> 열에 아홉의 경우, 객관적이고 솔직한 비평은 '이 책은 가치가 없다'이다. 그리고 서평을 쓰는 사람의 진짜 속마음은 아마도 '이 책은 흥미롭지 않다. 돈을 받지 않는다면 나는 서평을 쓰지 않을 것'일 터다.[126]

흥미롭지도 않고 쓰고 싶지도 않지만 생계를 위해 책을 추천해야 하는 서평 작가들의 팍팍한 삶이 진득하게 묻어 나온다. 오웰의 삶이 꼭 그랬다. 작가의 길로 들어선 이후 1930년대 전반기에 《파리와 런던의 밑바닥 생활*Down and Out in Paris and London*》(1933)과 《버마의 나날*Burmese Days*》(1934), 《신부의 딸 *A Clergyman's Daughter*》(1935)을 출판했으나 상업적으로 성공하지 못했다. 경제적인 어려움을 맞닥뜨린 오웰은 1934년 10월부터 1936년 1월까지 런던 햄스테드에 있는 북러버의 코너(Booklover's Corner)라는 중고 서점에서 일했다. 친척이 소개해준 일자리로 숙식할 방도 무료였고 오후 2시에서 6시 반까지 일했기 때문에 오전에는 온전히 글을 쓰는 데만 집중할 수 있었다.[127]

일과 글쓰기를 병행할 수 있는 괜찮은 환경이었지만 의외로 오웰은 1936년 11월 에세이 〈책방의 기억들〉에서 "책에 대한 사랑을 잃어버렸다"며 그 시절에 느꼈던 심정을 털어놓았다. 에세이에서 오웰은 한때 책을 진심으로 사랑했던 적이 있다고 회상했다. 시골 경매에서 혹여 여러 권을 싸게 사면 무엇과도 비교될 수 없는 행복함을 느꼈다며 책을 사랑하는 마음을 고백했다. 18세기 무명 시인의 글, 잊힌 소설, 시효가 지난 지명 사전, 철 지난 여성 잡지 묶음을 사 모으는 괴팍한 취향도 가졌다고 썼다. 너무 피곤해 잠들지 못하는 밤이면 소녀 취향에 맞는 소설을 싣는 《The Girl's Own Paper》(1880-1956)를 읽었다고도 했다.

하지만 서점에서 책 위로 쌓이는 먼지를 매일같이 털어내고 계속해서 책을 이리저리 옮기는 등 반복되는 일상에 치여 책을 바라보는 시선이 바뀌었다. "오천 권에서 만 권을 한 번에 보는 것은 지루했고 약간의 구역질까지 날 정도"라고 실토했는가 하면, "썩어가는 종이의 달콤한 냄새는 더는 매력적이지 않았"고 오히려 책에 넌덜머리가 난다는 듯 "편집증적인 고객과 죽은 똥파리가 연상된다"고 했다.[128] 에세이가 발간될 즈음 오웰은 서점 일을 그만두었다. 그해 12월 오웰은 스페인 내전에 참가하기 위해 영국을 떠났다.

오웰은 주변에서 과도하게 쏟아지는 책과 그와 관련된 일에 질려있었다. 그는 〈어느 서평자의 고백〉에서 모든 책을 서평해야 한다는 생각을 버리자고 주장했다. 대부분 웬만한 책은 한두 줄 정도로 짧게 소개하고 의미 있는 책에 집중하여 적어도 1,000단어 이상으로 제대로 된 서평을 쓰자고 제안했다(1,000단어는 A4 용지로 2장 반 혹은 5,000자 정도다).

"왜"에 대한 오웰의 대답

조지 오웰이 1,000단어 이상 공들여 써야 한다고 느낀 책은 무엇이었을까? 그의 손을 거쳐 간 수백 권의 책 중에서 그의 마음을 울렸던 책은 과연 무엇이었을지 궁금해졌다. 그중에서 아서 쾨슬러(Arthur Koestler, 1905–1983)의 《한낮의 어둠*Darkness at Noon*》

(1940, Macmillan)은 의심할 여지 없이 포함되었을 것이다. 《한낮의 어둠》은 1938−1940년 스탈린 시기의 소비에트 연방을 무대로 어느 나이 많은 볼셰비키가 반역죄로 체포되어 재판받는 이야기다.

이 책이 출판된 1940년은 역사적으로 2차대전 독일의 대공습(Blitz)으로 런던 웨스트민스터의 하원 회의장까지 파괴되었던 해다. 개인적으로는 조지 오웰이 서평을 135개나 썼던 시기라 '돈을 받지 않는다면 서평을 쓰지 않을 것'이라 외치고 싶었을 만큼 많은 책 때문에 넌더리가 났을 시기다. 전쟁기의 삶은 누구에게나 팍팍하고 고달팠지만 그는 스페인에서 돌아온 이후 파시즘, 사회주의, 전체주의, 민주주의 등 당시 우위를 차지하기 위해 경쟁을 치르던 정치 이념을 향한 관심이 최고조에 달해 있었다. 오웰은 책에 파묻힌 와중에 자신의 관심과 통하는 책을 만났고 그것을 소개하는 일이 무척 반가웠을 터다. 그의 서평은 1941년 시사 잡지 《*News Statesman*》(1913−)에 실렸다.

오웰은 《한낮의 어둠》을 "아주 뛰어난" 책으로 평가했다. 전체주의가 작동하는 방식에 대한 저자의 빼어난 통찰력을 지적하며 전체주의하에서는 범죄를 저지르지 않더라도 단지 이념이 다르다는 이유로 정치범이 될 수 있음을 보여주는 상황 묘사에 깊이 공감했다. 오웰의 유명한 문장, "오늘날 점점 더 많은 지역에서 행위가 아니라 존재로, 더 정확히 말하면 어떤 존재일 것이라는 추측으로 감옥에 갇힌다"라는 것은 바로 여기서 나온 문장이다.[129] 오웰은 진심을 담아 서평을 썼다. 2차대전 종전 직후인 8월 무렵, 《동물 농장》을 우여곡절 끝에 출판한 후 오웰은 크리스마스 연말에 쾨슬러를 만나 전체주의에 대한 견해를 주고받았다.

위 책은 오웰이 지적 자극을 받고 "이 책이 왜 좋니?"에 대한 답을 정성 들여 쓴 경우다. 하나 이런 경우는 이따금씩 경험한 일일 뿐 여전히 '돈을 받지 않으면 쓰고 싶지 않다'는 것이 그의 솔직한 심정이었다. 여기서 질문이 하나 생긴다. 오웰은 왜 글쓰기를 접지 않았을까? 까칠하지만 솔직담백한 그의 표현에 따르면 그의 책도 '서평할 가치가 없는 열의 아홉'이 될 수도 있었다. 그 가능성을 무릅쓰고 구역질까지 느낄 만큼 이미 쌓일 대로 쌓여있는 책더미에 왜 자신의 책 한 권을 더 올리려고 했을까. 책보다 죽은 똥파리에 시선이 꽂힐 정도로 책에 대한 사랑을 잃은 그가 마주해야 할 질문은 "그런데도 나는 왜 글을 쓰는가?"였다.

고맙게도 오웰은 《나는 왜 쓰는가*Why I write*》라는 에세이를 남겼다.[130] 문예 계간지 《Gangrel》(1945−1946)의 편집장이었던 픽(J.B. Pick)과 찰스 닐(Charles Neill)이 청탁한 원고 때문이었다. 그를 오랜 기간 짜증스럽게 만들었던 "이 책이 왜 좋아?"라는 질문보다 몇 배는 더 고약한 질문이었을 텐데도 오웰은 기꺼이 응했다. 그는 분명한 답을 가지고 있었다.

에세이에서 오웰은 "무엇보다도…… 나는 정치적인 글을 예술로 만들고 싶었다"라고 답한다. 상극으로 보이는 '정치와 예술의 조합'은 신선해 보이지만 그저 언변이 화려한 작가가 늘어놓은 빈 말은 아니다. 작가의 길로 들어선 이후 오웰이 10년 이상 짙은 안개를 헤맨 끝에 발견한 꿈, 자신의 솔직한 내면을 비추어 쓴 문장이었다.

오웰이 "예술화된 정치적인 글"을 자신의 글쓰기 방향으로 정한 시점은 그의 나이 30대 중반 무렵이었다. 에세이에서 오웰은 "스페인 내전과 1936-1937년 사이의 사건들을 계기로 나는 내가 서 있는 지점을 알았다"고 말한다. 서 있는 지점이란 글을 쓰는 네 가지 동기, 즉 순수한 자기만족, 미학적 열정, 역사적 충동, 정치적 목표 중 마지막 정치적 목표가 나머지 세 가지를 압도한다는 자각이었다.

오웰에 의하면 1935년까지만 해도 불확실했다. 미얀마에서 5년간 적성에 맞지 않은 경찰 일을 했던 시절과 영국으로 돌아온 뒤 시달린 가난과 일종의 패배 의식은 권위에 대한 내재된 혐오, 노동자 계층의 존재, 제국주의의 본질을 깨닫게 해주었다. 히틀러가 등장한 1930년대 초 나치즘에 대한 비판 의식도 생겼다. 다만 이것들은 '그저' 있었을 뿐이다.

스페인 내전을 계기로 이것들은 오웰 내면에서 화학 작용을 일으킨다. 오웰은 이후 "전체주의에 반대하고 민주 사회주의(democratic socialism)를 지향"하는 정치 사회 의식이 분명해졌다고 밝혔다. 어찌 보면 극단의 시대가 낳은 행운아였다. 그도 인정한다. 오웰은 에세이에서 만약 평화로운 시기였다면 정치적 신념을 향한 자신의 강한 욕구를 깨닫기 힘들었을 것이고 정치를 향한 관심을 글로 표현하지 못한 채 그저 "묘사하는" 책을 쓰는 데 그쳤을지도 모른다고 덧붙였다.

1930년대 격동의 시기를 지났던 유럽이 그의 잠자던 정치적 신념을 깨웠지만 오웰은 그것을 정치 논설이나 논픽션이 아닌 '이야기'로 만들고 싶어 했다. 창작에 대한 욕망이 다른 쪽에 강하게 있었던 것이다. 오웰의 표현에 따르면 이는 성장 과정에서 형성되는 "절대 벗어날 수 없는 정서"다. 의지로 완전히 버릴 수도 없고 또 그러고 싶지도 않다고 말한 오웰은 자신이 이야기 세계에 빠져든 계기를 어린 시절에서 찾았다. 그는 세 형제 중 둘째였는데, 위아래로 각각 5년 터울진 형제들 사이에서 겉돌았다. 오웰은 혼자 있는 외로운 어린이들이 그렇듯 상상 속 인물과 대화를 나누고 이야기를 만들어내면서 '창작'하는 습관이 생겼고, 그로 인해 5-6세 무렵에는 작가가 되고 싶었다고 한다. 글을 많이 쓰지는 않았지만 10대 때는 자신이 언어에 재주가 있고 불쾌한 사실을 마주하는 힘을 가지고 있었다고 기억한다.

하지만 17-24세엔 작가의 꿈을 버리려고 노력했다. 이때가 1920-1927년경으로 오웰이 이튼학교 졸업을 전후로 대학을 포기하고 미얀마로 떠났다가 영국으로 돌아왔던 시기다. 그러고 나서 오웰은 비로소 자신의 기질(true nature)을 깨닫고 글을 쓰기 시작했다. 하지만 내면에 강하게 자리한 정치적 동기를 발견하지 못한 때라 1937년까지 약 10년간 '평범한' 글을 썼다고 회상했다. 이때가 바로 책에 구역질을 느꼈다던 시기다.

오웰의 전성기는 '정치를 예술로 승화'하기를 열망하는 자신의 내면을 자각하면서 시작되었다. 에세이에서 오웰은 "《동물 농장》은 내가 무엇을 하는지 온전히 인식하고 정치적 목표와 예술적 목표를 결합했던 첫 책이다"라고 명쾌하게 말한다. 자신이 궁극적으로 말하고 싶은 것을 선명하게 인식한 오웰은 한동안 쓰지 않았던 소설을 조만간 다시 쓰겠다고 선언했다. "실패할 것이다, 모든 책은 실패다, 하지만 나는 내가 쓰고 싶은 책이 뭔지 분명히 안다"며 강한 의욕을 내비쳤다. 그렇게 완성된 책이 그의 대표작 《1984》다. 안타깝게도 그의 마지막 책이었다. 오웰은 이 책을 집필했을 때부터 결핵으로 건강이 심하게 악화했고, 결국 출판 이듬해에 47세로 사망했다.

오웰은 비평가로서 "왜 이 책이 좋은가?"와 소설가로서 "왜 글을 쓰는가?"를 머릿속에 넣고 살았다. 첫 질문은 그를 끊임없이 괴롭혔고 두 번째 질문은 답하기까지 무려 10년이 걸렸다. 세기에 한 번 나올까 말까 한 오웰도 그러할진대 초등학교 1학년이 의문사 "왜" 앞에서 헤매는 것은 당연했다. 그렇다고 영원히 "왜"가 공포스럽게 느껴지진 않을 것이다. 시작은 한 문장이지만, 교과서 없이 책 한 권을 통으로 읽는 교육 제도 안에서 '재미있다' '멋지다' '별로다'와 같은 두루뭉술한 형용사 대신 명사와 다양한 동사를 사용하여 느낀 점을 구체적으로 조각하는 방식을 배워 나갈 것이다. 아이들은 문장과 문장을 잇는 단락으로, 초점을 잃지 않고 단락과 단락을 구성해 자기 생각을 끌고 가며 확장해나갈 것이다. 이 과정의 마지막 도착지로 아이들은 글쓰기 수준을 떠나서 자기만의 해석을 만들어내고 그 누구와도 동일하지 않은 고유한 내면을 발견할 것이다. 궁극적으로 권위에 의존하지 않고 스스로 생각할 수 있다는 근대 철학의 대전제, 즉 주체적 개인이 탄생하는 밑거름이 되어줄 테다.

나는 그렇게 마음의 평화를 되찾았다. 아이가 어떤 답을 써도 웃을 준비가 되었지만 1학년이 끝나는 7월까지 호머톤 곰은 더는 우리 집에 놀러 오지 않았다. 여전히 궁금하다. 공책의 후반부로 갈수록 아이들의 글씨체는 안정이 되었을까? '무엇'과 '왜'의 차이를 정확히 이해하고 질문에 가까운 문장을 썼을까?

학년이 끝나고 얼마 지나지 않았을 무렵, 아이는 또 한 번 "이 책이 왜 좋아?"라는 질문을 받았다. 이번에는 동네 공공도서관에서 기획한 여름 방학 6주 독서 프로그램에서 마주했다. 도서관은 군데군데 비어있는 만화 지도를 주었다. 매주 1권씩 책을 읽은 후 아이들이 그 책을 선별한 이유와 내용을 말하면 스티커를 준다. 스티커 여섯 개를 다 모아 만화 지도를 완성하고 제출하면 일종의 '잘했어요' 수료증(?)을 준다. 도서관은 동네 아이들과 이야기할 청소년 자원봉사자를 모집했다. 대부분 초등학교 때 저학년 독서를 도와주는 친구(reading buddy) 활동을 해보기 때문에 어려운 일은 아니다.

아이를 데리고 간 날, 자원봉사자는 십 대 중반으로 보이는 청소년이었다. 나는 멀찌감치 떨어져 섰고 아이는 스티커를 받을 의욕에 당당하게 청소년과 마주 앉아 자기가 읽은 《Electric shock》을 테이블에 올려놓았다. 이름을 물어보고 긴장을 누그러뜨리려고 간단한 대화를 나누디니 봉사자는 아이에게 무슨 책을 읽었냐고 물었다. 아이가 책 제목을 말하자 과학을 좋아하냐며 책을 열어보았다. 그리고 이 책이 좋은 이유를 물었다. 아이는 인체가 나온 페이지를 찾아 펼치더니 "파팍파팍" 하는 의성어와 요란한 팔 동작을 섞어 답했다. 제대로 된 단어 하나 없는 답이었다.

나는 웃음을 참기 어려워 눈을 질끈 감고 입 주위 근육에 힘을 꽉 준 채 고개를 숙여 잠시 몸을 돌렸다. 자원봉사자가 황당하다는 듯 웃었다면 아이가 민망해하면서 얼어붙었겠지만, 소년은 고맙게도 크게 웃지 않았다. 상체를 구부려 아이와 눈을 맞추고 "사람 몸에 전기가 흐른다는 사실이 제일 좋았구나"라고 자기가 제대로 이해했는지를 되물었다. 아이는 자기 뜻을 알아준 큰 형아가 만족스럽다는 듯 고개를 끄덕였다. 그리고 몇 분간 책장을 앞뒤로 넘기며 이야기한 후 아이는 일어섰다. 손에는 스티커가 들려 있었다.

8장 북클럽은 ○○○이다

부커상 심사에 참여하다

"만약 책이 사람을 하나로 묶을 힘이 있다면 이 책이
그 마법을 부리기를 희망한다."

_영화 〈건지 감자껍질파이 북클럽〉 중

2022년 여름, 부커상(Booker Prize) 재단은 수상작 심사에 참여할 아마추어 북클럽을 최초로 초대한다고 공지했다. 영미권에서 가장 권위 있는 문학상에서 일반인의 이야기도 듣겠다니! 파격적인 결정이 아닐 수 없었다. 공지사항을 살펴보니 1, 2차로 나누어 심사위원을 뽑았다. 우선 북클럽 여섯 곳을 선발한다. 1차 관문을 통과한 북클럽 대표 여섯 명은 9월 6일에 열리는 런던 서펜타인 파빌리온(Serpentine Pavilion) 파티에 초대된다. 이곳에서 부커상 후보 작품을 발표하는데, 북클럽은 발표된 후보작 중 토론할 작품 하나를 배정받는다. 그리고 모임으로 돌아가 북클럽 회원들과 토론을 거친 다음 작품 평을 심사위원회에 보낸다. 이들의 심사평을 심사위원회가 심사한 후 그중 가장 우수한 평을 내놓은 북클럽 하나를 선정한다. 최우수 북클럽으로 뽑힌 회원 전원은 10월 7일 런던 라운드 하우스(The Roundhouse)에서 개최되는 본 시상식에 참여해 수상 작가를 직접 만날 기회를 누린다.[131]

이번에는 100개 이상의 북클럽이 지원했고 그중 7개가 1차 심사를 통과했다. 알록달록한 선택이었다. 저마다 독특한 매력이 있는 북클럽이 많았다. 병원에서 일하는 사람들이 주축이 된 로열 데번 컬처(The Royal Devon Culture) 클럽은 책을 통해 "행복과 정신 건강"을 추구한다. 공무원, 철강 노동자, 가게 점원, 식당 점원 등 여러 직업군으로 구성된 스컨소프 페이지터너스(The Scunthorpe Pageturners)는 범죄 및 과학 소설에 관심이 많다고 소개했다.

회원 연령대가 10대부터 40대로 폭넓은 회원층을 지닌 런던 캐주얼 리더스(Casual Readers) 클럽은 결성 초기엔 비(非) 백인 여성 작가의 작품을 주로 읽었고, 현재는 주위에서 접하기 어려운 경험을 이야기하는 작가를 즐겨 읽는다고 했다. 비(非) 잉글랜드 지역 북클럽도 하나씩 뽑혔다. 스코틀랜드 글래스고의 위기 비 지(Weegie Bee Gee)는 만날 때마다 꼭 홈메이드 케이크를 가져와 함께 먹는다며 읽는 재미와 먹는 재미가 쏠쏠한 북클럽이라고 소개했다. 북클럽 기록장에는 읽은 책뿐 아니라 모임 날 먹은 케이크와 그 요리법도 함께 기록한다고 덧붙였다. 북아일랜드를 대표하여 뽑힌 브릿지 북스(Bridge Books) 북클럽은 동네 서점 이름이었다. 하지만 서점이 너무 좁아 술과 식사를 같이 할 수 있는 동네 펍에서 만난다고 했다.

웨일스에서는 쉘터 컴리 슈웨로니아스(Shelter Cymru Chwae-roniaeth)가 뽑혔다. 수십 년 이상 서로를 알아 온 여성들로 구성된 북클럽으로 엄마, 딸, 자매, 할머니, 이웃 등 모든 정체성에서 벗어나 "자유롭게 말할 자유, 평소 하기 어려운 짓궂은 말과 행동을 할 자유"를 북클럽에서 얻는다고 했다. 마지막은 수감자와 교도관으로 구성된 브리스톨(Bristol) 감옥 북클럽이다. 이곳은 특별히 선정된 클럽으로 재단 측은 후보작 중 원하는 작품을 취향껏 골라 평을 보내도록 배려했다.[132]

각 북클럽은 맡은 책을 읽고 토론하는 모습을 찍어 소셜 미디어에 올렸고 토론 내용을 정리해 부커상 재단에 보냈다. 심사위원회는 평을 검토한 뒤 웨일스의 슈웨로니아스를 최종 시상식에 초대했다. 이들이 읽은 책은 엘리자베스 스트라우트(Elizabeth Strout)의 《오 윌리엄!*Oh William!*》이었다. 2022년 부커상은 런던 캐주얼 리더스 클럽이 읽은 셰한 카루나틸라카(Shehan Karunatilaka)의 《말리의 일곱 개의 달*The Seven Moons of Maali Almeida*》에게 갔지만 말이다.

북클럽 성장기

부커상과 북클럽 이야기는 영국 풀뿌리 독서 문화의 한 장면이다. 물론 일부이다. 책 자체를 멀리하는 사람, 수면제용으로 읽는 사람, 책보다는 잡지를 선호하는 사람, 책을 좋아하더라도 시간 날 때 혼자 취미로 읽는 사람, 직업적으로 읽는 사람 등 책을 대하는 태도는 가지각색이다. 그래도 17세기에 시작해서 18세기에 확산된 영국의 북클럽 문화는 지금까지 꾸준하다. 알음알음 비공식적으로 운영되는 동네 독서 모임이 지역마다 있고, 회원이 아니더라도 누구나 참여할 수 있는 독서 모임을 서점과 공공도서관이 운영한다. 게다가 요즘은 공간적 제약까지 뛰어넘는 온라인 북클럽까지 생겨 작가와의 대화도 가능해졌다.

이들은 끊임없이 팽창과 수축을 반복한다. 날씨 좋은 여름보다는 집 안에 콕 박혀 있고 싶은 으스스한 겨울에 더 활발하다. 북클럽에 참여하다가도 개인 사정으로 언제든 그만둘 수도 있고 회원들도 수시로 들락날락하며 자주 바뀐다. 내부에서 읽고 싶은 책의 장르도 다양하고 책을 통해 보고 싶은 세상도 제각각이다. 북클럽이 탄생과 소멸을 반복하는 이유다.

북클럽의 생사는 α가 결정한다. α란 책을 매개로 인간이 만났을 때 발생하는 사회적 효과로 모든 북클럽은 책+α를 추구한다. 가령 전쟁기에 α란 피난처다. 영화 〈건지 감자껍질파이 북클럽〉에 나오는 2차대전 시기 영국의 건지섬 주민들이 그랬다. 이들은

1940년 독일군이 섬을 점령한 이후 바깥세상과 단절되었다. 라디오는 모두 빼앗겼고 우체국이 문을 닫은 데 이어 전보용 케이블도 끊어졌다. 섬 안에서 모임을 열기도 불안했다. 점령군이 작성한 명단에 이름을 올린 단체만이 합법으로 인정받았기 때문이다. 독일이 점령하고 불안한 나날을 보낸 지 첫 1년이 지났을 무렵, 다섯 명의 이웃은 새끼 돼지를 몰래 구워 먹는 위험한 행동을 감행한다. 영화에서 노릇노릇 구워진 통 갈비 자태를 바라보는 이들의 눈에서 빛이 나고 오랜만에 맡는 고기 기름 냄새에 넋을 놓은 모습이지만 사실 고기만큼 사람과의 교류에 굶주렸다. 살벌한 분위기 속에서 마음 놓고 이웃집을 오가며 이야기를 나누기는 어려웠을 터다. 대화가 끊기질 않았던 그날 밤, 통금을 훌쩍 넘긴 이들은 신나게 집으로 돌아가는 길에 독일군에 발각되고 만다.

북클럽이 있었다고 둘러댔지만 실체를 확인하겠다는 독일군의 엄포에 이들은 폐쇄된 동네 서점에 손전등을 들고 몰래 들어가 제인 오스틴, 메리 셸리, 예이츠 등의 작품을 마구잡이로 가지고 나와 취향대로 나눠 가졌다. 북클럽의 존재를 증명한 후 모임을 지속할 필요는 없었지만 이웃과의 만남이 주는 심적인 위안에 이들은 금요일 밤마다 책을 매개로 계속 만남을 이어간다. 전쟁이 끝난 후, 피난처였던 북클럽은 생명력을 다했다. 그러자 섬사람들은 α를 바꾸어 북클럽에 새 생명을 불어넣었다. 전쟁 극복과 치유라는 α로.

21세기 영국 북클럽이 추구하는 α는 다양하다. 누군가에게 북클럽은 여전히 피곤한 현실을 잊을 수 있는 피난처이고 또 누군가에게는 아동 복지를 실현할 수단이며 전통적 가치를 계승하는 수단이다. 전쟁디었던 과거의 북클럽을 되살려 대중 계몽의 장으로 활용하기도 한다.

북클럽은 아동 복지다

프로 축구 선수 겸 작가가 만든 북클럽이 있다. 그는 2023년 현재 프리미어리그 맨체스터 유나이티드(맨유) 소속 공격수인데, 잉글랜드 축구 대표팀으로 2022 국제축구연맹 (FIFA) 카타르 월드컵에 출전하여 3골을 넣은 기록을 세웠다. 그는 또한 베스트셀러 작가다. 2021년 출판된 그의 첫 작품《*You Are a Champion*》은 20만 권 넘게 팔렸다. 2022년에는《*The Breakfast Club Adventures*》을 비롯해 책을 세 권이나 출간했다. 축구와 문학이라는 상반된 분야를 넘나드는 이 사람은 바로 마커스 래시퍼드다. 그는 2021년 6월에 자신의 이름을 넣어 마커스 래시퍼드 북클럽을 발족했다.

평범하지 않은 행보다. 여기에는 차고 놀 공은 있었지만 빵과 책이 없던 래시퍼드의 유년 시절이 있다. 그는 1997년 맨체스터의 가난한 노동자 가정에서 태어났다. 최저 임금으로 5형제를 혼자 키워야 했던 그의 어머니는 쉬지 않고 세 직장을 전전했지만 먹을 건 항상 부족했다. 그 흔한 빵조차 없었던 적이 많았고 크리스마스 때에는 푸드뱅크 앞에 줄을 서서 음식을 얻어와야 했다. 책이 있을 자리는 없었다.[133]

이와 반대로 그의 축구 선수 이력은 화려하다. 엄마가 일하느라 집을 비울 때마다 항상 형과 집 주변에서 공을 차며 놀았던 것이 그에게 첫 훈련이었던 셈이다. 래시퍼드는 자유롭게 놀다가 다섯 살 때 아마추어 플레처 모스 레인저 주니어 F.C.(Fletcher Moss Ranger Junior F.C.)지역 클럽에 입단했다. 10살이 되기 전에 리버풀(Liverpool)이 관심을 보였고 맨체스터 시티(Manchester City)에서 훈련을 받기도 했지만, 맨유 유소년 아카데미에 들어갔다. 16세 이하 대표팀에 발탁된 2012년 이후 대표팀에서 활약했고 2015년 18살 때부터 프리미어리그에서 뛰었다.

가난했던 엘리트 축구 선수에게 2019년 말은 전환점이었다. 래시퍼드는 경기 중 허리에 부상을 입어 몇 달간 맨유 훈련에 참여할 수 없게 되었다. 그는 잠시 축구를 내려놓고 어머니와 같이 이웃 돕기에 나섰다. 항상 사회에 자신의 재능을 기부해야 한다고 생각했지만 빡빡한 훈련 일정으로 시간을 내기 어려웠는데, 부상으로 인한 휴식기가 기회로 찾아왔다. 그는 어렸을 적, 크리스마스 때 꽁꽁 언 손을 입김으로 녹여가며 몇 시간 내내 푸드뱅크에 줄을 섰던 일과 연말에 꼭 필요했던 물건을 기억해 상자에 넣은 후 홈리스들에게 전달했다.

그러고 나서 얼마 뒤인 2020년 상반기에 영국은 코로나19 팬데

믹이 시작되면서 봉쇄에 들어갔다. 슈퍼마켓 등 필수 상점만 열고 모두 집에 머물러야 했다. 프리미어 축구 경기뿐 아니라 학교도 문을 닫았던 그때 래시퍼드는 무료 급식을 받는 저소득층 아이들을 떠올렸다. 이들에게 학교가 문을 닫는다는 건 소중한 한 끼 식사가 없어진다는 의미였다. 래시퍼드는 맨체스터에서 무료 식사를 지원하는 자선 단체 페어쉐어를 찾아갔다. 처음에는 돈만 기부할 계획이었으나 그곳 대표와 이야기를 나누면서 좀 더 적극적으로 참여하기로 마음먹었다. 가끔 직접 배달도 하고 모금 활동을 벌여 2,000만 파운드(322억 원)를 모았다. 덕분에 매주 93만 개의 도시락을 배달했던 단체는 그 수를 200만 개까지 늘릴 수 있었다.

아동 빈곤 문제에 발을 들여놓게 된 래시퍼드의 다음 고민은 급식이 끊기는 여름 방학이었다. 방학 때 급식을 하지 않는 것은 당연했지만 저소득층은 코로나 봉쇄로 예상치 못한 경제적 타격을 가장 크게 입었기에 예외적인 조치가 필요하다고 믿었다. 래시퍼드는 방학 동안 무료 급식을 연장하자는 운동을 시작했으나 당시 보리스 존슨이 대표로 있던 보수당 내각은 이를 거절했다. 래시퍼드는 6월 초 영국 하원 앞으로 공개적으로 편지를 썼다.

"우리 엄마가 아무리 열심히 일해도, 우리 같은 가족이 성공할 수 있는 제도가 아니다. 우리 가족은 무료 급식과 조찬 클럽, 그리고 이웃들의 친절에 의존했다. 푸드뱅크나 급식소는 내게 낯선 곳이 아니다. 나는 매년 크리스마스 날이면 저녁을 얻기 위해 노던 무어에 갔던 것을 선명히 기억한다."

생생한 경험에 기반한 3장짜리 편지는 강렬했다. 보수당 의원들도 고개를 끄덕였고 결국 존슨 내각도 여름 방학에도 저소득층 아동에게 무료 급식을 제공하기로 결정했다.

하지만 그해 10월 존슨 내각은 저소득층 아동 보조를 겨울 방학까지 연장하지 않는다며 결정을 번복했다. 이번에도 래시퍼드는 다시 한번 목소리를 냈고 시민 사회는 래시퍼드 편이었다. 결국 보리스 존슨 총리는 11월 7일 래시퍼드에게 전화를 걸어 2020년 크리스마스 방학, 2021년 부활절 방학과 여름 방학까지 무료 급식을 연장하겠다고 직접 약속했다. 정부 정책을 두 번이나 돌려세운 래시퍼드를 두고 당시 영국 사회는 '래시퍼드 2 : 존슨 0'으로 표현했다.

2020년 말 래시퍼드의 관심은 빵에서 책으로 옮겨갔다. 2019년 현재 영국의 338,775명의 어린이에게 책이 한 권도 없다는 영국문해력재단(National Literacy Trust)의 통계가 그의 어린 시절 기억을 건드린 것이다.[134] 2021년 12월 11일자 《가디언》과 진행한 인터뷰에서 래시퍼드는 굶주렸던 어린 시절, 책보다는 음식이 우선이었기에 집에 책이 없었던 과거를 회상했다. 17살이 되어서야 스스로 책을 읽기 시작했고 책의 힘과 독서의 즐거움을 알게 된 건 팀 그로버(Tim Grover)의 《멘탈리티*Relentless: From Good to*

Great to Unstoppable》 덕분이었다고 답했다. 인간의 정신적인 측면에 초점을 맞춘 책으로 프로 데뷔를 앞둔 상태에서 큰 도움을 받았고 지금도 몇 달에 한 번씩은 같은 책을 읽는다고 밝혔다. 아이들에게 자신의 이야기가 도움이 되기를 바라는 마음으로 그는 2021년 3월 칼 앙카와 함께 《You Are a Champion》을 출판했다. 그리고 6월, 책 없는 어린이에게 무료로 책을 주는 북클럽을 결성했다.

북클럽을 결성할 계획을 발표하며 래시퍼드는 그 이유를 이렇게 설명했다.

> "오랫동안 독서의 즐거움은 책을 살 수 있는 경제적 능력에 따라 결정되었다. 여기서 제외되는 많은 어린이의 경우 무료 급식을 받거나 조찬 클럽을 이용한다. 이들은 때때로 현실에서 벗어나야 할 필요가 있다. 논픽션이든 소설이든 이들은 그 누구보다도 책이 필요하다."[135]

이 북클럽은 간단하다. 래시퍼드가 1년에 두 번 정도 책을 선정하면 맥밀런 출판사가 컨설팅 회사 케이피엠지(KPMG) 등의 후원 아래 2만 5,000권부터 5만 권을 기부한다. 물론 수혜자는 책이 없는 아이다. 영국 전역의 초등학교와 어린이에게 무료로 아침 식사를 제공하는 자선 단체 매직 브랙퍼스트(Magic Breakfast)를 통해 책은 자기 주인을 찾아간다.

래시퍼드는 책을 선정할 때 계층, 인종, 종교, 성정체성 등을 다양하게 다루고 있는지 눈여겨보았다. 이 역시 래시퍼드의 독서 경험에 기인한다. 그는 2021년 12월 《가디언》과 진행한 인터뷰에서 어렸을 때 책을 읽지 않았던 이유로 가정 형편 탓도 있지만 "내 세계는 동화 속 세계와 거리가 멀었다고 생각"했다며 다른 꿈을 꿀 수 없게 만들었던 사회적 현실을 지적했다. 동화책 속 등장인물 중 자기가 공감할 수 있는 인물이 없었다는 것이다. 그러면서 "아이들이 북클럽이 선정한 책을 읽은 후, 자신을 위한 이야기라 느낄 수 있는 책을 선물하고 싶다"고 말했다. 그런 의미에서 책도 중요하지만 책을 받을 아이들과 크게 공감대를 형성할 수 있는 작가, 다시 말해 다양한 환경, 인종, 종교를 대표할 수 있는 작가인지를 최우선으로 고려하겠다고 덧붙였다.

2021년부터 2022년까지 총 네 권이 선정되었다. 푸자 푸리(Pooja Puri)가 글을 쓰고 알렌 파티마하란(Allen Fatimaharan)이 그림을 그린 《A Dinosaur Ate My Sister》, 톰 퍼시벌(Tom Percival)의 《Silas and the Marvellous Misfits》, 마커스 래시퍼드와 렉스 팔라세-코야가 글을 쓰고 마르타 키씨가 그림을 그린 《The Breakfast Club Adventures: The Monster Over the Fence》, 앤디 그리피스(Andy Griffiths)가 글을 쓰고 테리 덴톤(Terry Denton)이 그림을 그린 《The 13-Story Treehouse: Monkey Mayhem!》이다.

그중 래시퍼드가 렉스 팔라세-코야와 공저로 이름을 올린 《The Breakfast Club Adventures: The Monster Over the Fence》는

그의 첫 번째 소설이다. 조찬 클럽은 저소득층 어린이에게 아침을 제공하는 곳으로, 래시퍼드도 어렸을 때 이용했던 적이 있었다. 그는 소설 속에서 조찬 클럽의 진정한 본모습을 보여주고 싶었다고 한다. 래시퍼드에게 그곳은 시리얼, 토스트와 주스로 "하루를 밝게 시작할 에너지를 주는 곳"이었고 우리가 누구인지 잠시 잊을 수 있는 "안전한 피난처"이자 "평생의 우정이 형성된 곳"이었다고 한다. 그리고 그곳에서 친구들과 꿈을 이야기하고 모험을 계획한 것은 "인생 최고의 기억 중 하나"였다고 추억했다. 본인이 어렸을 때 경험했던 연대와 거기서 받은 따뜻한 기운을 아이들도 느꼈으면 좋겠다는 것이 그의 바람이었다.

저소득층 어린이에게 밥과 책을 주려고 노력한 래시퍼드의 활동은 큰 박수를 받았다. 그는 2021년 윌리엄 왕세자로부터 영국에서 세 번째로 높은 대영제국훈장(Most Excellent Order of the British Empire)을 받았다. 《타임》지는 그를 차세대를 이끌 100인 중 한 명으로 선정했고 한 그라피티 작가는 래시퍼드의 얼굴을 맨체스터 위팅턴에 있는 한 건물 옆면에 대형 벽화로 그렸다. 위팅턴은 그가 어린 시절을 보낸 동네 중 한 곳이다.

하지만 위기도 불어닥쳤다. 2021년 여름, 래시퍼드 어깨에 문제가 생겼으나 영국 대표로 유럽축구연맹(UEFA) 유로 2020에 참가하기 위해 치료를 미뤘다. 결승까지 올라가 이탈리아와 맞붙었지만 연장전에서도 승부를 내지 못했다. 해리 케인(Harry Kane)과 해리 맥과이어(Harry Maguire)가 첫 두 골을 성공시켰다. 그 뒤로 대표팀의 젊은 피 래시퍼드, 부카요 사카(Bukayo Saka), 제이든 산초(Jadon Sancho)가 나섰지만 셋 모두 득점에 실패하면서 준우승에 그쳤다. 이후 인종차별적인 언어폭력이 세 명의 비 백인 선수들에게 쏟아졌고 심지어 맨체스터의 래시퍼드 벽화가 훼손되기까지 했다. 아동 독서나 무료 급식 같은 사회운동은 집어치우고 축구나 열심히 하라는 비난도 쏟아졌다. 물론 래시퍼드를 응원하는 쪽의 목소리가 훨씬 컸다. 인종주의적 공격과 벽화를 훼손시킨 것에 대해 분노한 시민들이 4만 파운드(약 6400만 원)를 벽화 수리 기금으로 마련해 전달했고(래시퍼드는 이 돈을 자신이 후원하는 무료 급식 단체 페어쉐어에 기부했다), 벽화의 원작자는 다시 벽화를 그렸다.

래시퍼드가 겪은 가난과 인종차별적 혐오는 역설적이게도 그가 제시한 북클럽의 중요성을 설파한다. 계층적, 인종적, 종교적, 성적으로 주변부에 있는 아이들이 '나를 위해 쓴 것이구나'라고 한 번쯤은 느낄 수 있는 책. 살벌한 현실에서 잠시 벗어나 자유를 느끼고 영감을 얻고 꿈을 꿀 수 있는 책. 그리고 배제보다는 포용과 사회적 연대를 보여주는 이야기. 그는 인간의 보편적 성장을 돕는 데 꼭 필요한 것이 무엇인지 꾸준히 질문을 던지고 있나 보다.

북클럽은 전통이다

아동 복지의 일환으로 책을 무료로 나눠주는 마커스 래시퍼드 북클럽은 과거에 찾아볼 수 없던 유형이다. 이전까지는 도서를 구매하는 유형과 독서 모임 같은 유형이 대세였다. 도서 구매형이란 북클럽 운영진이 '이날의 책'을 추천하고 회원들이 저렴한 가격에 사서 읽는 방식이다. 독서 모임형은 대체로 한 달에 한 권을 지정해서 같은 책을 읽고 의견을 나누는 방식인데 온라인과 오프라인 둘 다 있다.

이들 또한 20세기에 들어서야 가능해진 형태다. 그전에는 출판사가 북클럽을 조직할 수 있는 통신 수단과 책을 제날짜에 맞춰 배달할 전국 단위의 우편 제도가 마련되지 않았다. 회원들이 같은 책을 같은 시기에 읽고 토론 모임을 갖기에는 경제적으로나 시간상으로 어려웠다. 우선 지역 서점이 같은 책을 북클럽 회원 수만큼 쌓아 놓고 팔 수 있을 만큼 출판 부수가 많지 않았다. 또 사람들 대부분은 매달 비싼 책을 살 수 있을 만큼 형편이 넉넉하지 않았다. 빌려본다 해도 공공도서관은 걸음마는커녕 눈을 갓 뜬 수준이었고 운 좋게 동네에 있다 해도 소장 도서가 그리 많지 않았다.

위에서 지적한 기술적 한계 때문에 18세기에 등장한 초기의 북클럽은 대부분 책을 공동으로 구매한 후 순서대로 돌아가며 읽었다. 열악한 조건이었지만 그저 책을 읽고 싶은 마음에 개인적으로 알음알음 빌려 읽던 문화를 제도로 정착시킨 것이다. 회비로 운영되었던 옛 북클럽의 규모는 다양했다. 작은 북클럽은 20명 안팎이지만 소위 잘나가는 북클럽은 회원 수가 130여 명을 넘길 정도로 인기가 많았다. 클럽 회원 수는 시기에 따라 늘기도 하고 줄기도 했다.

회원들은 한 달에 한 번 동네 펍이나 회원 집을 순서대로 돌아가며 모였다. 지난달 읽은 책을 반납하고 이번 달에 읽을 책을 받는 자리다. 결석하거나 책을 반납하지 않으면 벌금을 내야 했다. 새로 구매할 책을 정하는 자리이기도 했다. 신간에 대한 정보는 출판사가 배부하는 카탈로그를 통해 얻었는데, 토론으로 어떤 책을 읽을지 정했다. 그리고 대표로 한 사람이 큰 서점이 있는 지방 도시나 런던에 가서 책을 사 오면 제비뽑기로 순서를 정하고 그 순서대로 읽었다.[136]

몇 년이 지나서 읽을 만큼 읽은 책이 쌓이면 북클럽 각자의 방식대로 처분했다. 가장 흔한 방식은 경매였다. 우선은 회원 내부에서 경매를 벌이는데 보통 책은 원가의 반, 비싼 책은 원가의 3분의 2에서 시작하여 최고가는 원래 가격을 넘지 않는 선으로 정하고 진행했다. 경매에 들어간 경우 일반적으로 책을 사자고 제일 먼저 제안한 사람이 처음 가격을 부를 자격을 가졌다.[137] 경매로 판매하지 못한 책은 중고 책방으로 갔다. 책을 처분하지 않고 계속 북클럽 소유로 보관하는 곳도 물론 있었다. 이 경우 몇십 년이 지나면 책의 양이 많아지므로 방 하나를 따로 마련해 보관하고 회원 내부에서 책을 관리할 사람을 뽑아 소장 도서 목록도 만들었다. 북클럽이 작은 사립 도서관으로 발전하는 사례다.[138]

역사학 논문에서나 나올 법한 18세기 방식을 아직도 그대로 고집하는 북클럽이 영국에 남아 있다. 맨체스터에서 북서쪽으로 2시간 거리에 있는 돌턴-인-퍼니스(Dalton-in-Furness) 마을의 돌턴 북클럽(Dalton Book club)이다. 1764년부터 모이기 시작했으니, 250살을 훌쩍 넘긴 세계에서 가장 오래된 북클럽이다. 회비는 매년 12파운드(한화 2만 5천 원)으로 회기는 6월에 시작해서 다음 해 5월에 끝난다. 회원들은 매달 네 번째 수요일 저녁 8시 동네 하얀말여관(The White horse Inn)에 모인다. 이날 회원들은 7시 45분까지 지난 달에 대여한 북클럽 소유의 책을 테이블 위에 갖다 놓아야 한다. 8시에 공식 모임이 시작되면 북클럽 대표는 클럽 운영에 관한 안건을 처리하고 서기는 출석자 및 회의 내용을 기록한다. 회의가 끝나면 책이 놓인 테이블로 자리를 옮겨 각자 빌릴 책을 고르고 짧게 담소를 나누다 9시에 해산한다.

돌턴 북클럽은 18세기식 규칙에 따라 운영된다. 우선 회원 수를 30명으로 제한한다. 회원의 자녀가 가입을 희망할 경우를 고려해서 마지막 서른 번째 회원은 관습적으로 비워두기 때문에 사실상 최대 인원은 29명이다. 정기 모임에 결석하면 벌금이 부과된다. 6개월 연속해서 결석할 경우 클럽은 회원을 제적할지 그 여부를 결정할 수 있다. 매번 회의록을 작성하고 책 대출 및 반납 장부를 기록한다. 책 관리에 대한 규칙도 있다. 옛 방식처럼 제비뽑기로 처음 빌려 갈 사람을 정하며 책은 클럽 소유로 비회원에게 빌려주지 않는 것이 원칙이다. 책을 반납하지 않을 시 벌금을 내야 하고 분실하거나 훼손했을 경우 책 원가에 해당하는 벌금을 내야 한다.

모임에 결석했을 때는 다른 이를 통해 책을 반납해야 하고 그렇지 못하면 벌금을 낸다. 벌금은 500원 정도로 부담스러운 액수는 아니다. 클럽은 책을 쌓아 두기보다 파는 쪽이다. 1년에 2번 중고 서적상에게 책을 팔고 그 돈과 회비를 합쳐 다시 새 책을 산다.

돌턴 북클럽은 주야장천 책만 읽지는 않는다. 1년에 한 번 연례 파티를 열었던 18세기 북클럽의 전통을 이어받아 매해 2월 첫 번째 금요일에 "심프슨 디너(Simpson Dinner)", 여름에는 "포스터 디너(Forster Dinner)"라는 이름으로 1년에 두 번 저녁 모임을 갖는다. 이 밖에도 몇몇 사회적 기능도 있다. 회원 중 누군가 교회에서 사제직을 받게 되면 그 사람은 클럽을 위해 위스키 한 병을, 아이가 태어난 경사를 맞은 사람은 럼주 한 병을, 결혼하는 사람은 음료를 한턱 내 다 같이 한자리에 모여 축하한다. 북클럽 활동 50주년을 맞이한 회원에게는 클럽에서 특별히 브랜디 한 병을 선물한다.[139]

책을 읽고 싶은 사람들의 평범한 동네 모임이지만 어찌어찌 250년 이상 유지되다 보니 돌턴 북클럽은 전통과 근대를 동시에 보여주는 무형 문화재가 되었다. 이들에게서 책을 공동으로 구매해 공동으로 사용하는 농촌 사회의 오랜 상부상조 전통을 엿볼 수 있다. 동시에 클럽 결성 당시 영국은 엄격하게 구분되었던 신분과 계급이 완전히 해소되지 않았지만, 클럽 회원들이 모두 동등한 권리를 행사했다는 점에서 근대적으로 진보한 모습도 간직하고 있다. 문화 인류학적 측면 외에도 이들이 계속 적어나가는 회의록과 도서 목록은 역사학계가 이미 점찍어 놓은 사료다. 돌턴 북클럽의 문화적 가치를 알고 있는 지방 정부는 이 모임을 지역 홍보용으로 사용하고 있다.

외부에서 찍어 놓은 눈도장과 상관없이 돌턴 북클럽의 운명은 회원 손에 달려 있다. 아날로그 시대와 걸쳐 있는 마을 주민이 다 사라진 후에도 과연 유지될 수 있을지 미지수다. 책이 예전처럼 비싼 것도 아니고 지역 공공도서관도 촘촘히 발달한 현시점에 "공동 구매→돌려 읽기→경매→공동 구매" 같은 프로세스는 서글프게도 비효율적이다.

하지만 또 모른다. 책과 북클럽은 문화의 양면이다. 책 구입은 일종의 소비문화로 기술의 진보와 유행에 반응하며 민감하게 움직인다. 반대로 북클럽은 변화에 쉽게 반응하지 않는 관습의 영역이요 일상 문화다. 속도와 새로움에 환호하다 피곤함을 느끼고 옛것을 그리워하는 복고 성향은 인간 역사의 패턴이다. 혹시 모른다. 인위적으로 숨 가쁘게 흘러가는 일상의 속도를 늦춰 불편함이 주는 미학을 경험하고 유행을 거스르고 싶은 마음이 대세가 되는 순간, 18세기식 돌턴 북클럽 따라 하기 열풍이 불어올 수도 있다.

북클럽은 전쟁터였다

독립성은 전통식 북클럽에 내재한 미덕이다. 돌턴 북클럽이 보여주듯 이들은 일체 외부의 압력 없이 온전히 내부 규칙에 따라 읽을 책을 결정하며 자율성을 유지하고 한발 더 나아가 고유성을 만들어냈다. 하지만 1920년대 후반 대공황기를 거쳐 2차대전이 끝나는 1940년대까지 영국의 북클럽은 거대한 시대적 조류에 휘말렸다.

우선 1920–1930년대 통신 기술의 발전으로 전국 단위의 북클럽이 등장했다. 1926년 특정인이 추천하는 책을 읽는 미국의 '이달의 책 클럽(the Book–of–the–month club, 이하 '이달의 책')'이 시초다. '이달의 책'에 가입하면 매달 클럽 편집부가 추천하는 '좋은' 책을 우편으로 받아 보는 방식이다. 외진 곳 사람들도 최신 도서 정보를 쉽게 얻을 수 있고 신간을 착착 들여놓는 발 빠른 서점이 동네에 없어도 도서 유행을 따라갈 수 있게 되었다는 점에서 혁신적이었다. 그리고 무엇보다 경제적이었다. 책을 할인된 가격으로 구입할 수 있었고 이따금 몇 권이 덤으로 주어졌다.[140] 여기에 추천이라는 긍정적 이미지가 붙어 1940년대 말 미국 내 회원 수가 무려 89만 명에 육박했다.[141]

미국이 도서 유통의 지리적 한계를 극복했다면 대서양 건너편 영국에서는 경제적 한계를 넘어서려는 시도가 이루어졌다. 1935년 앨런 레인(Allen Lane)이 펭귄 출판사를 설립하여 거의 모든 이가 책을 구매할 수 있도록 저렴한 페이퍼백 문고판을 최초로 시장에 내놓았다. 이 시도는 반신반의했던 출판계의 예상을 깨고 대성공했다.

기술적 진보에 힘입어 보편화되던 책은 1930년대 유럽 정치의 한복판에 놓이게 되었다. 1930년대는 정치에 침묵하던 대중이 깨어나는 시기였다. 1929년 대공황을 겪으면서 자본주의에 대한 회의와 대의 민주주의가 자신들을 대변하지 못한다는 자각하에 대중은 각종 정치·경제 운동에 직접 참여하고 있었다. 독일 나치즘, 이탈리아 파시즘, 수정 자본주의, 사회주의, 스탈린식 사회주의, 국제 사회주의, 조합주의, 아나키즘이 이론으로서가 아니라 대중 운동 차원에서 힘을 겨루고 있었다. 정치 이념이 벌이는 격렬한 경쟁 속에서 유통과 가격의 한계를 극복한 책은 지식을 보급하는 통로로서 대중에게 직접 영향력을 끼칠 수 있었다.

독일 나치는 정치적 잠재성을 가진 책을 태워버렸다. 시작은 1933년 5월 10일 비 오는 저녁, 장소는 베를린이었다. 국가 학생 연합(National Student Associations)은 횃불을 들고 행진한 후 자유주의, 민주주의, 사회주의 등 비-나치 성향의 책을 모아 불태웠다. 이는 한때 소설가였고 1933년 당시 프로파간다 장관이었던 요제프 괴벨스(Joseph Goebbels)가 기획한 일이었다. 그는 이 자리에서 독일의 쇠락이 '독일답지 않은' 책에 있다고 주장했고 그 이후 4개월 동안 나치 학생들은 전국 도시에서 책을 태웠다.[142] 비독일적인 지식과 '불결한' 발상을 사전에 막고 독일 내 유통되는 모든 지식을 검열하겠다는 의도였다.

책을 무기로 삼는 독일을 향해 미국 루스벨트 대통령은 "책은 불로 죽일 수 없다. 사람은 죽지만 책은 결코 죽지 않는다. 누구도 그리고 그 어떤 힘도 생각을 영원히 수용소에 가둘 수 없다"라고 비판했다. 하지만 루스벨트의 발언 역시 정치적으로 이용되었다. 미국은 이 발언을 인용해 대독일 전쟁 포스터를 제작하고 대대적으로 배포했다.[143] 책은 태우는 쪽과 그를 이용해 선전물로 만드는 쪽 사이에 끼어버린 신세가 되었다. 이래저래 책은 치열한 사상 전쟁의 한복판에 놓였다.

독일은 책을 검열하고 비독일적 내용의 책의 출판을 금지하는 방향으로 갔지만, 영국은 반대로 책을 최대로 이용하여 정치적 지지를 호소하는 쪽을 택했다. 바로 '북클럽 전쟁'이다. 1936년 결성된 레프트 북클럽(the Left Book Club)이 한쪽에, 1년 후인 1937년 결성된 라이트 북클럽(the Right Book Club)이 다른 쪽에 있었다. 이름에서 알 수 있듯이 전자의 정치적 성향은 노동당, 후자는 보수당에 가까웠다.

레프트 북클럽은 빅터 골란츠(Victor Gollancz, 1893–1967)가 시작했다. 1928년에 출판사를 설립한 그는 대공황 이후 대중을 정치적으로 계몽할 필요를 느끼고 있었다. 그는 1933년 히틀러가 정권을 잡은 것을 계기로 정치 서적 판매에 속도를 냈다. 동시에 사업가로서 출판사 수익도 생각해야 했던 그는 미국 '이달의 책' 북클럽 모델을 도입하기로 마음먹었다. 독자 수가 어느 정도 갖추어져 있어 책을 출판했을 때 실패할 위험을 줄일 수 있었고 동시에 낮은 가격으로 대중에게 책을 보급할 수 있었기 때문이다.[144]

골란츠는 북클럽의 목표를 반파시즘과 반전쟁으로 내세웠다.

그리고 작가 겸 노동당 소속 정치인 존 스트레이치(John Strachey) 및 런던 정경대 교수 해럴드 라스키(Harold Laski)와 함께 책 선정 위원회를 구성했다. 만반의 준비를 마치고 이들은 1936년 3월 레프트 북클럽 결성 광고를 냈다. 그리고 이들은 의외의 반응에 놀라게 된다. 첫 책이 출간되기도 전에 2,500명이 가입하고, 한 달 후에는 6천 명, 그해 연말에는 회원 수가 4만 명까지 늘어난 것이다. 1939년에는 회원 수가 5만 7천 명으로 최정점에 달했다. 영국 역사학계는 당시 레프트 북클럽의 실질적 영향권을 회원 수의 4배 정도인 약 25만 명으로 추정하고 있다.[145]

정치적 목표를 내세운 북클럽이 이 정도로 빠르게 성공할 수 있었던 것은 대중이 느낀 정치적 불안함이 그만큼 높았다는 뜻이다. 당시는 파시즘의 본질이 명확히 분석되지 않은 상태에서 스페인 내전이 일어났고 아직 전쟁을 일으키지는 않았지만, 독일 히틀러가 내세우던 극우적 슬로건으로 인한 불안함이 배가되고 있었다.

레프트 북클럽은 클럽의 상징으로 오렌지색 표지를 사용했다. 주제는 주로 반파시즘, 반전쟁, 노동 및 실업 문제, 사회주의가 주를 이루었다. 쟁쟁한 저자들이 여기에 참여했다. 문학 쪽으로는 우선 조지 오웰의 《위건 부두로 가는 길*The Road to Wigan Pier*》(1936)과 《숨 쉴 곳을 찾아서*Coming Up for Air*》(1939)가 있다. 에드거 스노(Edgar Snow)의 《중국의 붉은 별*Red Star Over China*》(1937)과 버지니아 울프의 남편 레너드 울프(Leonard

Woolf)가 쓴 《Babarians At the Gate》(1939)도 있었다. 정치인으로는 영국 전후 질서의 설계자로 불리는 클레멘트 애틀리 총리가 《The Labour Party In Perspective》(1937)을 출간했다. 런던 정경대 창립자 중의 한 명이자 단체 교섭권이란 개념을 만든 여성 사회주의 이론가 비어트리스 웹(Beatrice Webb)의 《Soviet Communism: A New Civilization?》도 회원들이 받은 책 중 하나였다. 책 이외에도 회원들은 32–38쪽 정도의 월간 회보 《Left News》를 받았다. 주로 골란츠가 직접 쓴 정치 사설이나 책 서평, 클럽 활동에 관한 글이 실린 것이었다.[146]

레프트 북클럽은 대중 운동으로 발전했다. 마을마다 조직된 토론 모임이 구심점이었다. 1938년 5월에 이르면 그 수가 약 1,000여 개에 달하는데, 회원 수가 작은 시골은 5–6명, 맨체스터나 버밍엄 같은 도시 회원은 500명 이상이었다. 런던은 거의 모든 우편 번호마다 20명 단위로 소그룹이 만들어져 있었다. 중앙에서 배포한 토론을 위한 길잡이를 교재로 삼아 카페나 서점에서 의견을 나누었다.[147]

그러자 경고음이 울리기 시작했다. 북클럽의 선명한 정치적 성향에 전국적 규모의 토론 조직이 결합하면서 어느새 거대한 정치 운동 세력으로 진화하고 있었다. 예상 가능한 필연적 결과였다. 회원이 편집진의 성향에 직간접적으로 영향을 받을 수밖에 없는 구조인 탓이다. 중앙 편집진이 '좋은' 책을 선정해서 지방 곳곳으로 책을 배포했던 미국 '이달의 책'도 유사한 논쟁에 휩싸인 바 있었다. 즉 '좋은' 책이란 과연 무엇인지, 클럽 편집진이 '좋은' 책을 선정하는 기준을 결정할 능력과 권한이 있는지, 설령 그렇다 하더라도 그들이 결정하는 것이 과연 옳은지에 대해 설전을 벌였다.[148]

영국의 레프트 북클럽은 미국의 경우보다 한발 더 나아가 독서 토론 조직까지 갖추고 있었다. 새로운 정보와 시각을 제공해 인식의 폭을 넓히고 의견을 자유로이 교환하는 행위를 장려해야 할 책이 어느새 조직 논리에 갇히는 양상을 띠었고 지역 토론 모임은 경직된 모습을 보이기 시작했다.

레프트 북클럽의 참가자이자 관찰자이기도 했던 조지 오웰은 이 부분을 날카롭게 포착해 지적했다. 그리고 이로부터 골란츠와 미묘한 갈등이 시작된다(골란츠는 이후 조지 오웰이 보내온 《동물농장》 원고를 거절했다). 북클럽에 참가했던 노동당 정치인들도 마찬가지였다. 이들 역시 북클럽이 정치 단체로 성장하는 것은 원하지 않았기에 북클럽과 어느 정도 거리를 두려고 했다.[149] 이들이 우려한 '잠재적' 위험은 벌어지지 않았다. 종이가 전시 배급 품목으로 전환되면서 레프트 북클럽은 출판의 양을 3분의 1 수준으로 줄여야 했고 그 결과 조직 활동도 한풀 꺾이기 시작했다.

레프트 북클럽과 대척점에 있는 라이트 북클럽은 1년 늦은 1937년에 문을 열었다. 운영 방식은 '이달의 책' 북클럽과 비슷하다. 다만 회원 가입비가 없었고, 회원들은 최소 4개월간 추천된 책을 사서 읽으면 되었다. 레프트 북클럽과 달리 클럽 색을 상징하는 표지를 따로 두지 않았다.

라이트 북클럽에는 유럽 대륙의 "혁명적 보수주의" 즉 극우적 흐름을 받아들인 신보수(Neo Tories)들이 있었다. 신보수란 민주주의, 자유주의, 자본주의가 퇴보하고 있다고 보고 유럽 대륙에서 유행하는 '위로부터의 혁명'을 수용해 조합주의 국가를 지향했던 지식인과 정치인을 가리킨다. 대부분이 1890년대에 중산층 가정에서 태어나 옥스퍼드나 케임브리지 등 엘리트 대학 교육을 받았고 반여성주의 경향을 보였다. 일찌감치 유럽 대륙의 파시즘 관련 서적을 번역해 소개하던 이들은 독일 나치에 대한 유화 정책을 주장했다. 파시즘의 극단적 민족주의나 인종주의, 정치적 폭력에는 반대했지만, 파시즘의 복고적 성향은 지지했다. 이는 중세를 미래 국가 모델로 설정하고 군주제를 중심으로 영국의 정치를 재편성해야 한다는 주장으로 이어졌다.[150] 이들은 주류 보수당 인사들과 차별을 두며 스스로 "진정한(true)" 보수로 칭했다.

레프트 북클럽과 마찬가지로 신보수 세력도 라이트 북클럽을 자신들의 신념을 대중에게 호소하는 통로로 활용했다. '좋은' 책을 선정하는 위원회 구성원 중 한 명이었던 앤서니 루도비치(Anthony Ludovici)가 이를 대표한다. 그는 급진화된 진화론의 영향권 안에 있었다. 19세기 말과 20세기 초 다윈의 진화론은 제국주의를 정당화하는 사회 진화론으로 확장되었고, 더 나아가 인간 개량을 논하는 우생학을 합리화하는 데 사용되었다.

이를 수용했던 루도비치에게 민주주의는 부자연스러운 것이고 평등은 철학적 오류였다. 인간은 평등하게 태어나지 않고 능력 또한 다르기에 남성 중심의 사회 질서를, 그리고 정치도 민주주의보다는 소수의 능력 있는 니체식 '슈퍼맨'이 지배하는 귀족 정치가 낫다고 믿었다. 그리고 유대인은 영국 전통과 공존할 수 없다며 인종주의적 주장까지 내세웠다.[151] 그의 사고는 영국 파시스트당(British Union of Fascists, BUF)과 결이 같았고 결과적으로 파시스트당의 지도부와 가까웠던 라이밍턴 자작(Viscount Lymington), 더글라스 제럴드(Douglas Jerrold), 칠스 페드리(Charles Petrie) 등 신보수 인사들이 쓴 책이 라이트 북클럽을 통해 배포되었다.

라이트 북클럽은 실패로 끝났다. 우선 대중에게 미치는 영향력 면에서 레프트 북클럽과 차이가 컸다. 1930-1940년대 영국 지성계는 진보 쪽이 주도권을 갖고 있었다. 회원 수도 레프트 북클럽 회원이 5만 7천 명으로 라이트 북클럽의 2만 명보다 2.5배 이상 앞섰다. 정치도 상황은 비슷했다. 보수당 내에서도 이들의 급진주의는 온건파에 밀려났고, 결정적으로 영국이 독일과 전면전에 들어서면서 보수당 내 극우의 목소리는 자리를 잃었다.

대공황 이후 파시즘과 2차대전이라는 극단의 역사가 끝나고 두 북클럽은 사라졌지만, 레프트 북클럽의 사회적 영향력은 남았다. 영국 사회는 노동당이 제시하는 복지 국가와 제국주의의 종말을 받아들일 준비가 되어 있었다. 1945년 7월 총선에서 노동당의 클레멘트 애틀리는 처칠의 보수당을 상대로 거의 두 배에 달하는 차이로 압승을 거두었다. 하원에서의 절대적 우위를 바탕으로 애틀리 총리는 자유주의를 뒤집고 국가가 시장에 강력하게 개입하는 수정 자본주의로 전환했다. 영국 중앙은행, 광산, 철도, 전기 등 기간 산업을 국유화했고, 그가 줄기차게 고민해왔던 질문, 즉 "국가가 모든 이들에게 보장해야 할 삶의 최저선은 무엇인가?"에 대한 답으로 의료 보험, 실업 보험, 도시 계획, 임대 주택, 의무 교육 확대, 여성과 아동노동 보호법을 추진했다. 현재 대부분의 국가가 실시하는 제도지만 1940년대에는 지극히 급진적인 안이었다. 대외적으로는 인도 독립 등 제국주의를 정리하는 수순을 밟았고, 동시에 구 식민지들과 우호적 관계를 유지할 수 있는 영연방(commonwealth) 제도를 확립했다.

전후 질서 건설에 있어 애틀리가 가장 공들인 것은 국가 의료 시스템(National Health Service, NHS)이었다. 애틀리는 의료 개혁을 추진하는 보건부장관 자리에 노동당 내 가장 추진력이 있고 강경파로 당시 40세였던 베번(Aneurin Bevan, 1897−1960)을 기용했다. 비번은 웨일스 광산촌의 트레더가 의료 조합(Tredegar Medical Aid Society)을 모델로 한 보험 체계를 구상했고, 1946년 국가 의료 서비스법(National Health Service Act 1946)을 상정하여 통과시켰다. 개인의 신체적·정신적 건강은 국가가 책임진다는 신념 아래 전국에 있는 3,000개의 병원 중 2,700개 이상의 병원을 국유화하고 의사·간호사·약사 등 의료진을 보건부에 소속시켰다. 하지만 의사들이 집단행동에 들어가는 등 반대 의견에 부딪히는 바람에

1948년 7월에야 시행되었다.

의료 복지 시스템이 서서히 구축되어 가는 시기에 레프트 북클럽은 결성한 지 12년 만에 해체되었다. 종전으로 나치즘이 사라졌고 영국은 복지 국가로 방향을 틀었다. 레프트 북클럽이 지향했던 목표들이 어느 정도 해소된 상태에서 더는 거대한 북클럽을 유지할 이유가 없었다.

하지만 이야기는 허무하게 끝나지 않는다. 해체된 지 약 70년이 지난 2015년 9월 영국의 시민운동가, 지식인, 작가들이 힘을 모아 레프트 북클럽을 부활시켰다. 현재 레프트 북클럽에서는 매달 대안적 미래를 생각하자는 취지로 책을 발간한다. 출판물은 기후 변화, 주택 문제, 신자유주의 사회에서 노동과 복지의 역할 및 의미, 감옥 시스템, 사회적 혐오 등 주로 시사 문제를 다루고 있다. 예전과 다른 점이 있다면 표지색이다. 새로 발간하는 책은 노란색, 다시 읽는 고전은 검정색을 사용한다.

괴팍스러울 수도 있지만 나는 책을 특정인으로부터 정기적으로 추천받아 읽고 싶은 마음은 없다. 한때 이런 나에게 딱 들어맞는 북클럽이 있었다. 2010년대 영국 일간지 《가디언》이 운영한 온라인 북클럽인데 책을 선택하는 방식이 민주적이었다. 기존 온라인 북클럽과 달리 운영자는 매달 주제만 툭 던졌다. 혁명, 모더니즘, 인류 종말론, 불복종, 인도 독립 등 접근하기 어려운 주제도 있었지만, 휴가 때 읽으면 좋은 책, 비영어권 작가, 알려지지 않은 보석 같은 책 등 가벼운 주제도 섞여 있었다. 문학상 발표가 가까워지면 부커상 수상작 중 다시 읽고 싶은 책이 주제로 나오기도 했다. 회원들은 운영자가 던진 주제에 맞겠다 싶은 책을 추천하고 운영자는 추천된 책 제목을 각각 적은 쪽지를 모두 모아 모자에 넣고 눈을 감고 하나를 뽑는다. 고전이든 삼류 소설이든 뽑힌 책이 그달의 책으로 선정되고 다 함께 같은 책을 읽는다.

내가 기웃거렸던 그 북클럽은 안타깝게도 2020년 말 해체되었고 현재 나는 참여하는 북클럽이 없다. 나에게는 어떤 북클럽이 어울릴까? 책을 공동 구매해 돌려보다가 경매로 처분하는 18세기식 북클럽이 제일 매력적으로 보인다.

내가 아무래도 구닥다리인 걸까?

책 너머에 존재하는 이야기

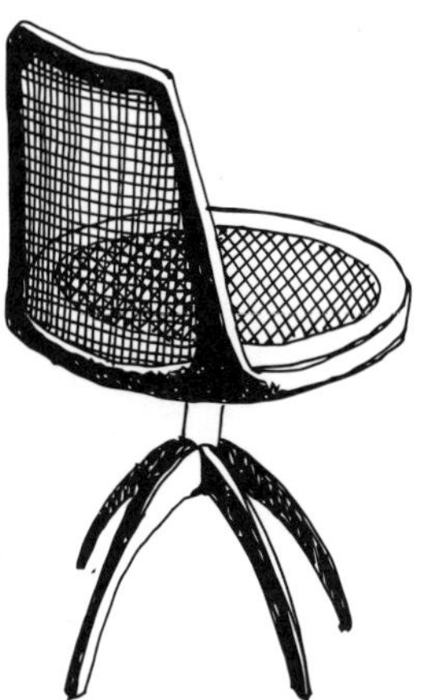

2009년 4월 어느 아침, 나는 여느 날처럼 BBC를 틀었다. TV 화면에는 어김없이 다우닝가(Downing Street)의 모습이 잡혔다. 영국 방송사에서 내보내는 정치 뉴스는 의회가 있는 웨스트민스터나 총리 관저와 내각 행정부가 자리한 다우닝가 두 곳 중 한 군데를 비춘다. 그날 색다른 점은 없었다. 그런데 카메라는 고위 공직자가 들고 있는 아주 낡은 물건, 재질이 뭔지도 알기 어려울 만큼 닳은 붉은색 가방을 유난히 부각하고 있었다. 말끔한 남성 정장과 구닥다리 가방. 짙은 남색 양복과 빨간 가방은 부조화 그 자체였다. 가방을 들고 있는 사람은 노동당 고든 브라운 내각의 제2인자이자 재무장관인 앨리스테어 달링턴(Alistair Darlington)이었다. 가방을 들고 있는 것이 영광인 듯한 표정으로 그는 가방을 든 팔을 앞으로 쭉 내밀며 취재진에게 기꺼이 사진을 찍을 기회를 주었다. 그날의 주인공은 의심할 여지 없이 가방이었다. '저 가방 뭐

야? 그리고 저 낡은 걸 자랑하듯 쭉 내밀어 보이는 건 또 뭐고?'

아무리 봐도 정장 차림에 국가의 제2인자가 쓸 것 같지 않은 남루한 가방, 팔을 쭉 뻗어 그걸 보여주는 행위, 그리고 쉴 새 없이 들리는 카메라 소리에 담긴 이야기는 길었다. 우선 가방의 제작 연도는 1853년. 2009년, 가방의 나이는 156세였다. 재질은 나무이고 공식 이름은 "빨간 상자(red box)" 혹은 "예산 상자(budget box)"다. 가방의 주 임무는 재무부 장관이 매년 하원에서 발표하는 예산안 및 연설문을 하원으로 배달하기다. 보수-노동당 등 당적에 상관없이 공유하는 가방이다.

가방의 첫 번째 주인은 윌리엄 글래드스톤(William E. Gladstone, 1809-1898)이었다. 글래드스톤은 12년 동안 총리직을 맡았고 나머지 12년간 재무장관을 지냈다. 그는 노예제, 자유무역, 아일랜드 자치권, 저작권 등등 최전성기였던 19세기 후반기 대영제국의 정치·경제·문화를 논할 때 빠짐없이 등장하는 인물이다.

글래드스톤이 들고 다녔던 가방은 다음 재무장관에게 넘어갔다. 그리고 15년이 지난 1868년, 황당한 사건이 벌어졌다. 재무부 장관 조지 워드-헌트(George Ward-Hunt)가 연설문을 집에 놔둔 채 가방만 들고 하원에 도착한 것이다. 이후 연설문을 잊지 않고 가방에 챙겨 넣은 것을 확인했다는 뜻으로 재무장관 공관(다우닝가 11번지) 앞에서 가방을 들어 올려 대중에게 보여주는 퍼포먼스가 생겼다. 내가 가방을 처음 본 날은 재무장관이 하원에서 그해 예산안과 관련해 직접 연설하는 날이었고 전통에 따라 가방을 카메라 앞에 들어 보인 것이었다.

약 150년 동안 50여 명의 재무장관 연설문을 하원까지 배달한 빨간 가방은 2009년, 영국 기록 보존소(National Archives)가 사용 불가 판정을 내리는 바람에 새로운 가방으로 대체되었다. 2010년 새 가방의 주인공은 보수당 데이비드 카메론 내각의 재무장관 조지 오스본이었다. 하지만 그는 윤기가 자르르 흐르는 새 가방으로 멋스러운 기분을 내기보다 옛 기억과 전통이 고스란히 담긴 가방을 든 마지막 장관이 되고 싶어 했다. 오스본이 가방을 들기 위해 간곡하게 부탁한 데 이어 상당한 로비까지 벌였다는 재미난 사연도 전해진다. 기록 보존소로부터 특별 허가를 받은 그는 기어이 연설문을 넣은 가방을 취재진 앞에서 자랑스레 들어 올렸다. 그 후 가방은 박물관으로 직행했고 현재는 전시실에 고이 놓여 있다.

빨간 가방은 특정 사물에 이야기를 만들어 문화적 가치를 창조하는 영국 문화의 전형적인 사례다. 이야기의 사전적 정의는 '어떤 사물이나 현상, 사건(혹은 있지 않은 일)에 대하여 줄거리를 가지고 하는 말이나 글'이다. 달리 해석하면 "존재하는 모든 것에는 이야기가 담겨 있다"라는 뜻이다. 붉은 가방은 장관의 연설문을 배달하는 특수기능과 가방 수명으로는 상상하기 어려운 150년이라는 시간과 결합하면서 고유한 서사를 만들어냈다. 가방을 처음 사용한 글래드스톤은 아득하게 머나먼 전설 속 존재다. 이후 대영제국 시기, 세계 제1·2차 대전, 냉전, 그리고 신자유주의를 거쳐 약 50여 명의 장관이 가방의 계보를 차근차근 쌓았다. 연설문을 넣지 않고 가방만 가지고 간 실수는 아무 탈 없이 흘러가 다소 지루하게 느껴질 가방의 역사에 우스개를 집어넣었고, 딱딱하고 고루한 관료 사회 분위기를 잠시 무마하는 '튀는' 전통을 만들어냈다.

상품으로서 가치가 떨어지는 것과 반비례하여 사연은 쌓여 갔고, 그에 따라 가방의 문화적 가치도 쑥쑥 올라갔다. 여기저기 해진 가방과 신상 냄새가 폴폴 풍기는 빨간 가방을 경매에 부치면 낡은 것이 새것보다 수십 배 이상의 가치를 증명할 것이다. 끊임없이 차별화된 새로움을 추구하는 근대적 가치 속에서 낡은 전통은 상품적 가치도 만들어냈다. 현재 별도로 제작된 빨간 가방은 비싼 브랜드를 밀어내고 가끔씩 정상 간 외교 선물로 활용되고 있다. 진설·계보·전통·역사·문화적 상징성까지 아우른 빨간 가방은 언젠가 소설이나 영화에서 '영국스러움'을 표현하는 소품으로 등장할지도 모른다.

빨간 가방에 얽힌 수수께끼를 풀어낸 이후 나는 영국 케임브리지에서 지내면서 느꼈던 불편함의 정체를 알았다. 사실 많이 불편했다. 나는 세련된 이미지를 예상하고 있었다. 근대 철학, 사회과학 및 자연 과학의 발달을 이끈 대학 도시 아닌가! 프랜시스 베이컨(1561−1626)을 선두로 사회 계약론의 기반을 세운 철학자 토마스 홉스(Thomas Hobbes, 1588−1679)가 《리바이어던*Leviathan*》을 저술한 곳, 과학계 최고 스타인 아이작 뉴턴이 생애 대부분을 보낸 곳이다. 그뿐인가. 19세기 찰스 다윈, 20세기 거시 경제학의 케인즈, 컴퓨터학의 개척자 앨런 튜링, 그리고 20세기 말에는 스티븐 호킹까지 배출했다.

하지만 케임브리지는 자본주의와 민주주의를 만들어낸 최첨단의 생활 공간이 아니었다. 오히려 전통이라는 그릇에 근대적 가치를 담아낸 도시였다. 보통 눈에 띄는 장소에 커다란 로고 'M'을 자신만만하게 내다 거는 맥도날드이지만 이곳에서는 소박한 간판을 달고 옛 골목에 조신하게 들어앉아 있다. 이 모습은 웃기기도 하고 당혹스럽기도 했다. 전통과 충돌하는 근대가 익숙한 내게 전통은 극복해야 할 낡은 것, 아니면 국수주의적이거나 문화재처럼 보호하고 계승해야 할 그 무엇이었다. 그러나 케임브리지는 나의 이분법적 사고를 보란 듯이 깨겠다는 듯, 낡은 것이 쏟아지는 새로움을 끌어안고 있었다.

빨간 가방이 보여주듯 무언가가 보물이 되기 위해서는 '시간'이란 요소가 필수적이다. 많은 경우 매력 없는 구닥다리 신세를 면치 못하고 폐기 처분되는 경우가 많지만, 영국 사회는 신기할 만큼 이 단계를 잘 견딘다. 이는 관광 자본을 형성하고 앤티크 문화를 만들어내면서 무절제한 개발을 저지하는 힘이 되었다. 그 과정에서 생긴 이야기는 공간을 풍성하게 만들고 책의 소재가 된다. 이야기를 기억하고 쉽게 꺼낼 수 있게 저장하는 방식은 지방마다 다르겠지만 내겐 유난히 길 이름과 강 이름, 과수원 등이 눈에 띄었다.

9장 이야기 보존하기

'옛날 자전거 가게'엔 자전거가 없다

케임브리지 시내를 따라 이어진 리전트 가에는 옛날 자전거 가게(Old Bicycle shop)란 식당이 있다. 피시 앤 칩스 같은 고전적이고 대중적인 영국 음식보다 도시적이고 국적을 딱히 알기 어려운 퓨전 음식을 주로 판다. 그런데 정작 식당 이름은 구수하게도 '옛날 자전거 가게'다. 자전거의 흔적은 식당 이름에만 남아 있는 게 아니다. 메뉴에 들어가는 재료나 먹는 것과 전혀 관계없는 자전거 한 대를 식당 앞 외벽에 떡하니 걸어 놓았다. 겉에서 얼핏 보면 여기가 자전거를 파는 곳인지, 식당인지 분간이 되지 않을 정도다.

자전거 흔적은 식당 내부에도 군데군데 있다. 주인은 자전거 의자의 위아래를 뒤집어놓고 손잡이를 뽑아 그 위에 놓으니 영락없이 황소 머리로 재탄생시켰다. 이 장식물이 여기저기 걸려 있다. 뿐만 아니라 주변에서 더는 볼 수 없는 초기 단계의 자전거와 녹이 많이 슨 세발자전거도 있다. 최신식에 밀려 이제는 추억이 된 것들에서 풍겨 나오는 은근한 향기는 벽에 붙어 있는 흑백 사진들에서 정점에 달한다. 사진 속에는 1920-1930년대 종업원으로 추정되는 이들이 옛날 스타일 옷과 찐빵 모자를 쓰고 자세를 잡고 있다.

식당이 자전거를 테마로 정한 데는 사연이 있다. 개업 직전까지 이 가게 터가 영국에서 제일 오래된 하워스 바이시클(Howes Bicycles) 가게였기 때문이다. 자전거 가게를 제일 처음 열었던 하워스(Howes)는 바퀴를 제조하거나 수리하는 일을 하다가 점차 기술을 발전시켜 기차 객차를 만드는 기술자로 일했다. 하워스는 1840년 하워스 바이시클이란 이름으로 사업을 시작했다. 자전거를 대량 생산하는 게 불가능했던 시절이라서 모든 자전거를 가게에서 직접 만들어 팔던 때였다.

이후 가게는 산업 변화의 흐름에 쓸려 갔다. 20세기 중후반 자전거를 대량 생산하는 전문 제조 회사가 등장하면서 제조를 포기하고 판매 중심으로 재편되었고 21세기에는 온라인 판매로 입지가 더 좁아졌다. 그렇게 173년이란 시간이 흐른 2013년 6대 후손이 은퇴하면서 가게 문을 닫기로 했다. 이 결정은 당시 지역 신문에 보도될 만큼 파장이 꽤 컸다. 아쉬운 마음에 가게를 인수해서 자전거 사업을 이어가겠다는 사람이 있었으나 주인은 가족의 성이 유지되지 않는 이상 의미가 없다며 정리했다. 이로써 영

'옛날 자전거 가게'라는 이름의 식당 (©권신영)

국 최고령 자전거 가게 타이틀은 1860년에 개장한 런던의 피어슨(Pearson)으로 넘어갔다. 이곳은 여전히 자전거 제조업을 고집하며 고급화된 틈새시장을 목표로 하고 있다.

어떤 존재도 공간을 영구적으로 점유할 권리는 없다. 모든 인간, 사물, 그리고 사건은 한시적으로 공간을 차지할 뿐이다. 식당을 열면서 이곳이 자전거 가게 터였다는 옛일을 상기시키는 것은 자연스러운 흐름을 역행하는 것이지만, 사라진 존재에 대한 일종의 따뜻한 배려였고 아쉬움을 활용한 좋은 마케팅이기도 했다. 언제 그런 게 있었냐는 듯 자전거에서 풍기는 비릿한 쇠 냄새를 싹 쓸어버리지 않은 새 주인의 마음 씀씀이에 나를 포함한 주위 사람들이 가게가 어떻게 변했는지 궁금해서 한 번씩 다녀갔고, 자전거를 활용한 내부 장식을 마주하자 모처럼 반가웠다.

어떤 식으로든 자전거가 보이지 않았다면 173년 전 이야기는 신기루처럼 사라질 운명이었다. 동시대인의 상실감은 간판이 내려지고 자전거들이 빠져나가는 순간부터 새로운 가게가 들어서는 순간까지 이어진다. 새롭게 단장된 내부 공간에 금세 적응되고 기억은 희미해진다. 길게 잡아 10–20년만 지나면 자전거 가게와 인연이 없는 사람들이 대부분일 터다. 그나마 남은 흔적 때문에 사람들은 자전거+식당이라는 신박한 조합과 "옛날에 여기가 자전거 가게였대, 찰스 다윈도 자전거를 여기서 샀다던데……" 등 사람들 사이에서 추측에 근거한 소문만 떠돌아다닐 것이다.

찰스 다윈이 자전거를 구입했다는 이야기는 시기상 개연성은 있으나 정확한 사실을 확인할 수 없는 풍문이다. 모든 이야기가 그렇다. 서명, 문서, 그림, 사진 등 출처가 분명한 자료가 없으면 사실관계가 흐릿해지기 마련이다. 이야기가 힘을 가지려면 매개체가 필요한데 그중 '테이블'은 가장 흔하다.

가령 1667년에 영업을 시작한 케임브리지 시내 '그 독수리(The Eagle)' 펍은 유명한 과학자의 테이블을 가지고 있다. 가게를 이전하기 전에는 물리학과 실험실이 펍과 가까운 곳에 있어 과학도들이 애용했던 곳이다. 그러던 1953년 2월 28일, 프랜시스 크릭(Francis Crick)과 제임스 왓슨(James Watson)은 이곳에서 "생명의 비밀(DNA)을 발견했다"라고 처음 발표했다. 두 과학자는 일과를 마친 후 이곳에 들러 종종 맥주 한잔을 앞에 두고 주로 같은 자리에 앉아 DNA와 관련된 대화를 주고받았다고 전해진다. 이들이 노벨상을 타고 펍과 관련된 이야기가 퍼지면서 주인은 테이블에 두 학자의 이름을 새겨 넣었다. 테이블이 가게의 마스코트가 된 셈이다.

스코틀랜드 에든버러에 있는 코끼리 집(Elephant house) 카페에는 1990년대 중반 롤링이 해리 포터를 쓴 테이블이 있다. 그녀도 언제나 같은 자리에 앉는 습관이 있었는데, 그녀가 좋아했던 테이블은 카페 주인이 앤티크 중고 시장에서 직접 구입한 원목이었다. 이때의 인연으로 롤링은 카페 주인에게 직접 사인한 책을 주기도 했다.[152]

영국은 작은 흔적에라도 기대어 무언가를 기억하려는 속성이 강하다. 자전거나 테이블에 얽힌 소소한 일화처럼 사람들의 마음과 감정에 호소하는 '이야기'를 활용한다. 특정 물건과 인물을 연결하여 이야기를 만드는 행위의 저변에는 집단적인 사회적 기억을 만들어내려는 문화정치가 있다. 국립 공원, 유명인의 생가나 유적지 같이 문화적 가치가 있는 장소를 보존하는 사업, 동상을 통한 기념사업 등이 이에 속한다. 19세기 후반, 유럽 각국에서 이와 유사한 계몽주의와 민족 만들기(nation making) 프로젝트를 진행했는데, 목표는 공동의 공간을 형성하는 데 있었다. 크고 작은 문화적 장치들이 길가 여기저기에 깔려있지만 내 눈에는 유독 파란 명판과 길 이름에 눈에 들어왔다. 전자는 노골적으로 티를 내는 듯 보이지만 후자는 사뭇 은은하게 느껴졌다.

파란 명판 달기

재미있는 뜻을 가진 단어 중 "statuomania"란 것이 있다. 동상(statue)과 마니아(mania)를 결합한 단어로 '동상 세우기 열풍' 정도로 이해하면 된다. 현실에서 존재할 것 같지 않은 열풍이지만 실제로 프랑스는 19세기 후반에 동상 및 조각상을 수없이 만들어 세웠고, 이 단어는 당시 프랑스의 튀는 분위기를 묘사하기 위해 만들어진 말이다.

당시 프랑스는 과거와 현재를 바탕으로 미래를 예측하기 어려운 상황이었다. 1789년 프랑스 혁명으로 왕정을 무너뜨렸지만 나폴레옹이 다시 왕정으로 되돌렸고 "실패란 내 사전에 없다"고 선언하면서 유럽 정복의 꿈을 꿨다. 그러나 그는 영국에 패하면서 몰락했고, 1848년에 다시 한번 혁명의 불길이 타올랐다. 대세는 왕정과 공화정 중 공화정으로 기울어진 듯했다. 그러나 공화정에 대한 희망만큼 경험해보지 못한 것에 대한 불안함이 교차하는 상황이었다. 그 속에서 경제적으로는 자본주의가 확산하여 농촌 공동체가 약화되었고, 사회적으로는 신분에 의한 위계질서가 무너졌다. 사상적으로는 교회 권위가 도전받았으며, 기독교적 가치를 중심으로 한 도덕 질서가 예전만큼 힘을 발휘하지 못했다.

새롭게 부상하는 존재, 즉 자유롭고 평등한 개인들을 사회적으로 묶을 수단이 필요해지자 프랑스는 집단적 기억을 공유한 "상상의 공동체," 즉 '민족' 만들기에 나섰다. 그 통로가 바로 동상과 조각물 세우기였다. 19세기 후반 정부의 지원하에 각종 동상 및 조각상이 프랑스의 공간을 채웠고 덕분에 오귀스트 로댕(Auguste Rodin)과 같은 거장도 탄생했다. 조각물에 담긴 주제는 다양했지만 1870년대 프러시아와 전쟁을 겪었던 만큼 조각물에 애국심, 전쟁에서 사망한 이들을 향한 존경, 미래에 있을지도 모르는 전쟁에 대비하자는 의미를 담은 작품이 유독 많았다.[153]

19세기 후반 프랑스 사회의 변화를 '동상'이 시각적으로 보여주었다면 영국에는 '파란 명판'이 있다. 사회적으로 공헌한 인물이 거주했던 건물에 특수 주문 제작된 명판을 내거는 제도로 목표는 대중을 계몽하거나 혹은 문명화된 사회를 만드는 것이었다. 프랑스가 정치적으로 불안정한 상태를 걱정했다면 영국의 고민거리는 대중이었다. 영국은 산업 혁명을 일으킨 국가로서 자본주의가 초래한 사회 문제의 직격탄을 맞았다. 역사상 본 적도 들은 적도 없는 노동자라는 존재, 이들이 모여들며 빠르게 전개되는 도시화, 그 과정에서 일어나는 주거 문제, 비위생적인 환경에서 발생하는 전염병, 그리고 각종 범죄까지……. 이 모두 전에는 경험해보지 못한 문제였기에 예측하고 대비할 수 없었다. 정치인들은 야만과 문명이란 개념 안으로 고민을 끌어들였고 답을 계몽에서 찾았다. 그러면서 합리성과 절제 등 중산층이 대표하는 가치를 대중에게 전파하면 문명화된 사회에 도달할 것이라고 내다봤다.

19세기 대중의 야만성을 대표하는 것 중의 하나는 광장에 모여 단두대 공개처형을 구경하는 모습이었다. 공개처형은 사형 선고를 받은 범죄자를 대중 앞에 세워 범죄자의 육체에 가해지는 고통을 보며 공포심을 극대화하여 사람들이 처벌을 두려워하고 권위와 법에 순응하게 만드는 전통적인 수단이었다. 하지만 공개처형 며칠 전부터 멀리서부터 몰려와 장사진을 친 영국인들은 처벌을 지켜보며 두려워하기보다 타인이 고통받는 모습에 열광하는 듯한 광경을 연출했다.

계몽주의자들이 꿈꾸는 '문명'과 동떨어진 현실이었다. 이들이 상정하고 있던 문명화된 개인은 타인의 육체적 고통을 위로할 줄 아는 고상한 존재였다. 하지만 공개 처형장에 몰려든 일반 대중은 남의 고통을 즐기는 병적이고 잔인한 인간의 속성을 드러내고 있었다. 계몽주의자들에게는 피 튀기는 닭싸움을 즐기는 야만적인 문화와 별반 다르지 않아 보였다.

19세기 초 무렵, 계몽주의자들은 공개된 폭력이 오히려 대중의 도덕성을 타락시킨다는 주장을 제기했다. 뒤이어 영국 하원은 선한 감정과 도덕의 상호 작용으로 사회 질서가 유지되지 않는 모습을 직접 목격하고 1830년대부터 공개처형을 두고 찬반 논의를 시작했다. 그리고 1868년 공개처형을 금지하고 비공개 사형으로 바꾸었다. 범죄자 역시 보다 인간적으로 다루어져야 한다는 주장에 사형제도 폐지도 함께 하원에서 논의되었지만, 사형제도 자체는 그대로 유지하기로 의견을 모았다. 대신 범죄자를 '인간적'으로 취급해야 한다는 취지는 인정되어 감옥 제도를 개선하기로 결정했다.[154]

영국은 공개처형 금지 외에 교육으로 대중을 계몽하는 사업을 추진했는데 파란 명판도 그중 하나였다. 1863년, 하원 의원이었던 에드워드 이워트(Edward Ewart, 1798–1869)가 최초로 이 아이디어를 제안했다. 그는 리버풀에 터를 둔 상인 집안에서 태어나 1828년 처음 하원에 진출했다. 이워트는 자유무역을 옹호하는 법안과 더불어 사형제도에 반대하고 공공도서관 설립을 지지하는 법안 등을 추진했던 급진적인 개혁론자였다. 범죄를 예방하고 노동자 계층의 도덕적 수준을 높이는 데 교육만 한 것이 없다며 특히 대중 교육 정책을 열렬히 지지했다.[155]

이워트는 대중 교육의 하나로 파란 명판을 제안했다. 뛰어난 인물들과 관련 있는 특정 장소에 간략한 설명을 명판에 새겨 넣은 후 건물 밖에 걸어두는 제도다. 모범으로 참고할 인물과 정보를 사람들 눈에 띄게 걸어 놓는다면 자연스럽게 대중을 계몽할 수 있을 것이라는 생각에서 고안한 것이었다.

이워트의 구상을 추진한 이는 예술협회(The Society of Arts, 후에 왕립 예술협회(The Royal Society of Arts)로 개명함) 소속의 헨리 콜(Henry Cole, 1808–1882)이었다. 제러미 벤담의 "최대 다수의 최대 행복"이라는 공리주의 철학을 견지한 그는 대중의 건강, 부, 교육을 중요시했다. 보다 구체적으로 그는 대중이 예술적 취향을 가졌을 때 자신의 삶에 만족감을 느껴 이전보다 행복해지고 도덕적 기준이 향상될 것이라 믿었다.[156]

현재 우리는 직접 방문하지 않아도 언제 어디서나 예술을 접하고 향유할 수 있지만 당시 대중에게는 전시회나 박물관이 유일한 통로였다. 콜은 빅토리아 여왕의 남편인 앨버트(Albert) 공과 같이 1851년 만국 박람회(the Great Exhibition)를 기획했다(1993년 대전 엑스포 같은 세계 박람회의 시작점이다). 그는 우선 런던 하이드 파크에 수정궁을 별도로 지어 도자기, 가구, 향수, 피아노, 망치 등 약 100,000개에 달하는 상품을 전시했다. 약 6개월에 걸쳐 전시하는 동안 6백만 명이 이곳을 찾았다. 다음 해인 1852년 그는 사우스 켄싱턴(South Kensington) 박물관을 세웠고, 빅토리아 앤 앨버트 박물관(Victoria and Albert Museum)의 첫 관장으로 부임했다. 대중 계몽을 위한 문화 교육을 염두에 두고 있던 콜에게 파란 명판 만들기 프로젝트는 안성맞춤이었다. 물론 그 자신도 예술의 가치를 향상하는 데 기여한 업적을 인정받아 사후에 파란 명판을 받았다.

이른바 '파란 명판' 달기 사업은 1867년부터 시작되었다. 예술협회는 두 개의 파란 명판에 시인 바이런과 나폴레옹 3세(1808–1873)를 적어 넣었다. 나폴레옹 3세는 나폴레옹의 조카로 파리에서 태어났지만 영국과 인연이 깊다. 1815년, 워털루 전쟁에서 패한 후 망명길에 오른 나폴레옹 3세는 스위스, 독일, 이탈리아, 미국, 런던 등에서 살았다. 25년간 각지를 떠돈 그는 대중의 분노가 사그라들었을 것이라는 판단하에 1840년에 고국으로 귀국했지만 무기 징역을 선고받았다. 그로부터 6년이 흐른 뒤, 나폴레옹은 가까스로 감옥에서 탈출하여 런던으로 돌아왔다. 1848년 프랑스 혁명 후 왕정을 끝낸 듯한 프랑스에 귀국하여 대통령이 되지만 이내 황제로 등극했다. 하지만 1870년에 프러시아와 벌인 전쟁에서 패하면서 영국으로 도망치듯 망명했고 결국 영국에서 사망했다. 나폴레옹 3세의 이름이 적힌 명판은 현존하는 것 중 가장 오래되었다. 바이런의 명판은 1889년, 그의 집터가 허물어지고 백화점이 들어서면서 소실되었다.

160여 년간 파란 명판 사업을 관리하는 단체는 3번에 걸쳐 바뀌었다. 예술협회는 1900년까지 사업을 꾸준히 이어갔다. 약 35년간 35개의 명판을 만들었으나 이후 이러저러한 이유로 건물이 소실되면서 그 흔적이 대부분 사라졌다. 예술협회가 제작한 명판 중에서 현재까지 살아남은 것은 반도 채 되지 않는다. 두 번째는 런던 시(London County Council, Greater London Council)로 1901년부터 1985년까지 맡았다. 마지막은 잉글리시 헤리티지(English Heritage)로 1986년 이후부터 지금까지 명판 사업을 책임지고 있다. 1983년에 세워진 잉글리시 헤리티지는 현재 자선 단체로 등록되어 있고 회비와 기부금으로 운영된다.[157]

잉글리시 헤리티지는 파란 명판을 수는 원칙을 분명하게 성했다. 인물의 경우 사후 20년이 되어야 하고, 명판이 걸릴 건물은 인물과 직접 연관성이 있어야 한다. 잠시 다녔던 학교, 교회, 극장과 같은 공간은 해당하지 않는다. 인물은 누구나 추천할 수 있다. 하지만 전문가들로 구성된 위원회(Blue Plaques panel)의 심사를 통과해야 하므로 추천에서 실제로 명판이 걸리기까지는 약 2-3년이 소요된다. 명판은 지름 20인치(약 50센티미터)의 원형으로 이름, 태어난 해와 죽은 연도, 직업, 거주 및 작업장 등 인물과 건물과의 관계만 간략하게 적어 놓는다.

파란 명판의 주목표는 대중 계몽에 있었지만 무려 160년 이상 시행되다 보니 의도치 않게 도시를 보존하는 역할도 했다. 명판 제도가 도입되었던 19세기 후반은 유럽에서 '보존'에 대한 개념이 희미했을 때다. 고대 그리스-로마에 관심을 기울였던 르네상스 시기를 거치면서 이후에도 옛 흔적에 관심을 두는 이들이 있었지만, 개인적인 관심에 그칠 뿐 사회적 담론으로 확장되지는 못한 상태였다.

기원전 5세기에 지어진 그리스 파르테논 신전과 같은 거대 건축물도 마찬가지로 2천 년 이상 버려져 있었다. 건물 조각이 마음에 들면 연장을 들고 와 조금씩 떼어가기도 했고 오스만 제국이 현재 그리스 영토를 지배했을 때는 신전이 탄약 제조 공장으로 사용되어 화재가 발생하기도 했다. 심지어 오스만 제국은 영국 대사 엘긴 백작이 조각을 인위적으로 떼어내 영국으로 가져가겠다고 했을 때 공식적으로 허가증까지 발급해주었다. 파르테논 신전 같은 건축물도 문화재로서 제대로 대우하지 않았으니, 다른 것은 말할 필요도 없을 터다.

영국이 보존이라는 가치에 눈을 뜨고 '잠깐만!'을 외친 것은 산업 혁명기에 전국적으로 뻗어나가는 철도와 도로 공사 덕분이었다. 당시에는 문화적 재산, 즉 문화재(cultural property)란 개념이 없었기에 오로지 효율성만 고려했던 영국은 1819년, 런던과 남서 지역을 이을 목적으로 현재 스톤헨지와 원형 돌무리가 흩어져 있는 에이브러리(Averury) 지역을 가로질러 길을 닦았다. 돌아서 길을 내겠다는 최소한의 방안도 고려하지 않고 선사시대 유적지 한가운데로 근대식 도로를 낸 것이다.

거침없는 길 닦기에 문제점을 느낀 사람 중에는 은행가이자 정치인인 존 러벅(John Lubbock, 1834–1913)이 있다. 전문적인 고고학자는 아니지만 구석기·신석기라는 학술 용어를 처음 고안했을 정도로 고고학에 깊은 관심을 가졌던 인물이다. 러벅이 8살이 되던 1842년, 그는 동네로 이사 온 33세의 찰스 다윈을 처음 만났다. 둘은 20년 이상의 나이 차를 극복하고 이때의 인연으로 평생 서로를 응원하는 사이로 거듭났다. 다윈을 통해 인류의 진화 단계에 관심을 두게 된 러벅은 1862년에 스톤헨지를 처음 방문한 것을 계기로 선사시대 유적에 관심을 쏟게 되었다. 1864년에는 X-클럽 결성을 주도하여 진화론 지지자들인 토마스 헨리 헉슬리, 허버트 스펜서와 정기적으로 교류했다.

1870년대 러벅은 개인적 관심을 넘어 문화재를 보호하기 위해 전력을 다했다. 사회적 합의에 도달할 때까지 기다릴 시간적 여유가 없었기 때문에 그는 1871년 자신이 직접 에이브버리 주변 땅을 사들였다. 1871년에는 옛 문화재를 보존하기 위해 고대 유물법(The Ancient Monuments Protection Act)을 발의했지만, 연달아 고배를 마셨다. 이후 자연을 파괴하고 인간을 기계로 만들어버리는 공장제에 반대해 예술·수공업 운동(Arts and Crafts Movement)을 이끈 윌리엄 모리스(William Morris)와 1877년에 고대 건물 보호회(The Society for the Protection of Ancient Building)를 결성했다. 전보다 많은 인원과 함께 조직적으로 목소리를 낼 수 있게 되었고 그에 힘입어 5년 후인 1882년, 마침내 고대 유물법을 통과시켰다.

19세기는 영국 전역을 기차로 연결한 철도의 시대였지만 동시에 철도는 자연경관 훼손에 대한 경각심을 불러일으켰다. 현재 세계문화유산으로 지정된 레이크 디스트릭트는 1880년대 철도가 깔릴 위험에 처해 있었다. 하드윅 론슬리(Hardwicke Rawnsley,

1851−1920) 목사와 임대주택 정책의 초석을 닦은 여성 사회 개혁가 옥타비아 힐스(Octavia Hills, 1838−1912)가 철도 건설에 반대하는 운동을 주도했다. 레이크 디스트릭트 자연보호 운동으로 탄력을 받은 보호론자들은 1895년에 250명 정도의 소규모 회원으로 자선 단체인 내셔널 트러스트(National Trust)를 설립했다.[158] 이 단체는 2020년 현재 회원 수가 537만 명에 달하는 영국 최대 자연·문화재 보호 단체다.

동화 《피터 래빗 이야기》의 작가인 베아트릭스 포터가 내셔널 트러스트에 결정적인 힘을 보탰다. 실제 레이크 디스트릭트에 거주했고 하드윅 론즐리를 존경했던 그녀는 책을 출판하여 번 돈으로 주변 땅 4천 에이커와 14개의 농장을 사들였고 그 지역 고유종인 허드윅 양(Herdwick Lamb)이 멸종되지 않도록 노력했다. 사후 농장 동물들을 포함해 거의 모든 재산을 내셔널 트러스트에 기부했다.

19세기 말, 자연과 역사 보호라는 명분하에 개발의 논리가 들어갈 수 없는 '보존'의 영역이 만들어졌지만 이는 거주지에는 적용되지 않는 개념이었다. 변화와 차별화의 가치가 지배하는 도시 공간은 더욱더 그러했다. 도시는 시시각각 변화하는 산업 구조를 뒷받침해야 하는 곳이고, 매 순간 이루어지는 인구 이동과 더불어 새로움에 끝없이 열광하는 소비문화에 적응해야 했기 때문에 외부에서 인위적인 힘이 가해지지 않으면 예전 모습을 그대로 지켜내기 어려운 공간이다.

사용 중인 건물을 보존하려는 시도는 2차대전 이후부터 본격적으로 논의되었다. 노동당 정부는 전쟁이 끝나고 피폐해진 영국 사회를 일으키기 위하여 복지 국가로 거듭나기를 택했고, 시장원리가 전적으로 지배했던 도시 공간에 개입하기 시작했다. 도시 계획 시 지켜야 할 임대주택 비율, 녹지 조성, 운동 및 여가 시설 의무조항 등을 중점적으로 고려했다. 이를 뒷받침하는 조치 중 하나가 1947년 마을 및 도시 계획법(The 1947 Town and Country Planning Act)에 있는 '등록된 건물(listed buildings)' 조항이다. 건축학적 미와 역사적 중요성을 고려하여 보존할 필요가 있다고 판단한 건물에 등급을 매기는 제도로 정부의 허가 없이 내부를 수리하거나 철거할 수 없다는 내용이다. 당시로서는 낯선 개념이었기 때문에 반동이 뒤따랐다. 1950–1960년대 영국 사회는 다시 도시 재개발 쪽으로 대세가 기울어졌고 격론 끝에 1837년에 세워진 런던 유스톤(Euston)기차역 입구인 유스톤 아치(Euston Arch)를 헐었다.[159]

늘 그렇듯 개발과 보존을 축으로 논쟁이 이루어졌다. '과거'의 유산을 고이 간직하려는 보존은 언뜻 보면 과거를 지향하는 복고주의처럼 보이지만, 실은 둘 다 미래 지향적이다. 개발이 지금보다 기술적으로 발달한 미래를 꿈꾼다면, 보존은 미래 세대가 인류의 지난 궤적을 이해하고 새롭게 해석할 수 있도록 자산을 있는 그대로 넘겨주려는 것이기 때문이다. 서로 공유할 수 있는 지점이 있지만 이 둘을 떠받치는 관념엔 차이가 있다. 새로움, 편리,

효율성, 신속함, 경쟁, 근대화 등이 개발을 둘러싸고 있는 언어라면 보존은 흔히 오래되고 사라지는 것에 대한 가치, 기원에 대한 호기심, 연속성, 전통과 연결된다.

개발과 보존이 한 번씩 치고받은 때를 지나 1970년대, 영국은 타협의 시대로 들어갔다. 대치되는 두 개념을 절충시킨 '개발과 균형'을 제시하면서 애초에 도시를 계획할 때 역사성을 필수적 요소로 고려하고 개발하도록 정하였다. 바스, 요크, 체스터(Chester) 등 소위 도시 자체를 보존할 가치가 있는 "보석 도시(jewel cities)"는 옛 도시 구조를 최대한 유지하면서 관광업에 활용될 수 있도록 꾸몄다.

하지만 여전히 개발과 보존은 긴장 관계에 놓여 있다. 시간이 지나면 모든 것이 보존할 가치가 생기기 때문이다. 한 예가 산업 혁명의 도시 리버풀과 맨체스터다. 두 도시는 도시화에 대한 고민이 생기기 전에 만들어진 곳으로 체계적인 계획에 따라 만들어지지 않아 재개발이 필수였지만 1980년대, 초기 산업 혁명의 흔적을 보존해야 한다는 담론이 등장했다.[160]

이 주장은 인정되었다. 산업 혁명기에 해상무역의 중심지 모습을 간직한 리버풀은 2004년 세계문화유산으로 지정되었다. 이후 리버풀시는 최대한 주의해서 낙후된 지역을 허물고 새 건물을 지었지만 유네스코(UNESCO) 측은 경관이 훼손되었다며 2012년 리버풀을 위험군 리스트에 올렸다. 그리고 2021년 7월 21일, 새로운 (리버풀) 개발이 "도시만의 특징을 심각하게 훼손했고 이는 돌이

키기 어려운 손실"을 가져왔다고 평하고는 최종적으로 리버풀을 세계 문화유산 목록에서 삭제했다.

파란 명판을 단 건물도 개발과 보존 사이에서 이리저리 헤맨다. 현재 잉글리시 헤리티지는'진본(authenticity)'을 원칙으로 삼는다. 예전에는 건물이 바뀌어도 남아 있던 터에 명판을 주기도 했으나 현재는 건물이 사라지면 인물과 맺었던 의미 있는 연관성도 같이 없어진다고 판단한다. 게다가 파란 명판을 받은 건물 소유주가 건물을 원형 그대로 유지해야 할 법적 의무는 없다. 허물고 새로 지을 수 있다. 낡은 대로 원판을 유지할 것인지, 아니면 과거를 지우고 현대 기준에 맞는 새로운 건물을 지을지 두 가지 선택지 사이에서 갈팡질팡하는 이유다.

오스카 와일드와 반 고흐(Van Gogh, 1853–1890, 1873–1874년 런던에서 살았음)가 살았던 주택을 보면 보존이 우세한 듯하다. 충분히 집을 허물 수도 있었으나 주인들이 보존을 택한 덕에 살아남았기 때문이다. 이 흐름이 언제 뒤집힐지는 아무도 모르지만.

입맛대로 골라 만드는 이야기

980여 개의 파란 명판. 재료가 충분히 쌓일 만큼 쌓였다. 그중 몇 개를 뽑아내 이야기로 엮는 것은 개인의 능력에 달렸다. 잉글리시 헤리티지는 홈페이지에서 단계별 시범을 보여주고 있다. 눈에 띄는 공통점을 뽑아내 옆구리에 살을 덧붙이는 것은 이 중에서 가장 간단한 방식이다. 잉글리시 헤리티지는 시각·청각 장애를 안고 살았던 그룹, LGBTQ 정체성을 가졌던 인물 그룹을 만들어 우리에게 생각해볼 거리를 던져 주고 있다.

소설가라는 공통점을 뽑아 관광 코스를 만들기도 했다. 저널리즘까지 합쳐 글쓰기로 명판을 받은 인물의 수는 200명을 훌쩍 넘는다. 이들 모두를 담기는 불가능한 탓에 잉글리시 헤리티지는 문인들이 특히 많이 살았던 런던 서쪽 켄싱턴에 집중하여 파란 명판 경로를 만들었다. 추리 소설의 대모 애거사 크리스티, 당시 금서였지만 현재 20세기 영문학을 논할 때 건너뛸 수 없는《율리시스》의 제임스 조이스, 시인이자 파시즘을 지지했던 에즈라 파운드(Ezra Pound), 시인 엘리엇(T.S. Eliot), 풍자물의 대가 새커리, 사실주의와 모더니즘에 걸쳐 있는 헨리 제임스(Henry James), 포드 매독스 포드(Ford Madox Ford), 찰스 모건(Charles Morgan), 지그프리드 새순(Siegfried Sassoon) 등이 여기에 속한다. 원한다면 핸드폰에 어플을 다운 받아 동네를 탐방할 수도 있다.

난이도를 중간 단계로 올리면 특정 주제에 따라 명판을 받은 인물들을 배치할 수 있다. 같이 묶이기 어려운 다른 분야의 인물들을 같은 선상에 놓을 수 있다는 것이 매력이다.

가령 19–20세기 런던의 어린이 빈곤 문제는 문학, 예술, 사회과학, 정치계를 한방에 묶을 수 있다. 이 문제를 쉽게 공감할 수 있도록《올리버 트위스트》로 풀어 쓴 찰스 디킨스부터 시작하여 실제 구빈원에서 자란 배우 겸 영화 제작자 찰리 채플린(Charlie Chaplin, 1889–1977)으로 이야기를 발전시킨다. 다음은 이를 사회 문제로 확상한 학자층이다. 런던 노동자 계급의 일상생활을 상세히 보여준 《런던 노동과 런던의 가난한 이들*London Labour and the London Poor*》을 쓴 헨리 메이휴(Henry Mayhew)와 런던의 빈곤 실태를 조사하며 사회 조사 영역을 개척한 찰스 부스(Charles Booth)가 있다. 1945년에 영국이 복지 국가로 방향을 틀기 전에 이 문제를 정치 영역으로 끌어들여 복지 정책의 기반을 닦은 헨리 캠벨–배너먼(Henry Campbell–Bannerman) 총리와 데이비드 로이드 조지(David Lloyd George) 총리를 마무리로 연결했다.

잉글리시 헤리티지는 또한 흑인들의 이야기를 보여주기 위해 '런던 흑인 역사'라는 주제도 포함했다. 각 분야에서 워낙 소수라 묻히거나 예외로 짧게 언급되지만 이 주제 아래 묶인 이들은 소수인종도 각 분야에서 역동적으로 삶을 이끌어간다는 것을 보여준다. 기타 연주자 지미 헨드릭스(Jimi Hendrix), 런던에 거주하는 동안 음악 활동을 했던 밥 말리(Bob Marley), 자메이카 이민 가정에서 태어나 흑인 최초로 영국 국가 대표팀에 들어간 축구 선수 로리 커닝험(Laurie Cunningham), 영국 유학 후 케냐로 귀국하여 독립운동 지도자로 활동해 첫 대통령이 된 조모 케냐타(Jomo Kenyatta)를 비롯하여 배우, 과학자, 작가, 인권 운동가까지 훨씬 입체적인 그림을 한눈에 살펴볼 수 있다.

잉글리시 헤리티지가 선보인 최고 난도는 20세기 전반기 우생학 이야기다. 우생학이란 식물의 품종을 개량하듯 인간도 품종을 개량해 우월한 종으로 바꿀 수 있다는 이론이다. 좋은 유전자를 늘리고 불량한 유전자는 줄여 이상적 사회를 건설한다는 '과학적인' 생각에 근거한 이론이었다. 생각 자체가 극도의 엘리트·비엘리트에 기반한 구조지만 과학적 방식으로 앞으로 나아가는 진보적인 개념을 포함하고 있어 의외로 당대 영국 최고 식자층과 사회개혁가 등이 피하지 못하고 걸려들었던 사고방식이다.

우생학은 영국을 넘어 유럽은 물론이고 대서양 건너 미국, 그리고 아시아의 끝인 일본까지 도달해 법으로 만들어질 만큼 위력을 떨쳤다. 하지만 이 생각이 현실화되었을 때 나타날 광기와 잔혹성을 독일 나치가 실제로 보여주면서 지금은 거의 사라졌다. 명판을 받은 이들로서는 감추고 싶은 흑역사이겠지만 잉글리시 헤리티지는 우생학을 주제로 무려 32명을 역사 속에서 끄집어냈다. 각자가 자기 분야에서 세웠던 눈부신 공만큼 이들이 보였던 사고의 한계도 객관적으로 조명해야 한다는 메시지를 던지고 있는 셈이다.

우생학은 과학자가 아닌 탐험가이자 통계학자인 프랜시스 골턴(Francis Galton, 1822–1911)의 주도로 시작되었다. 찰스 다윈의 사촌으로 다윈의 자연 선택(natural selection) 개념에 친숙했던 그는 사회 계층과 인종을 연결하여 인간의 능력과 속성을 과학적인 방법으로 파악하려고 했다. 그리고 인종의 질을 향상할 수 있는 부부가 좀 더 많은 아이를 낳도록 장려하는 "긍정적 우생학"을 제시했다. 하지만 곧 질이 '떨어지는' 유전자를 가진 이들의 재생산 능력을 억제하는 "부정적 우생학"이 등장했고 이는 비백인과 사회 부적응자에게 화살을 날렸다. 통계학자로 골턴에게 힘을 보탰던 카를 피어슨(Karl Pearson, 1857–1936)은 인종적으로는 백인이 우위에 있는 사회를 이상화했다. 국내적으로는 "사치 부리는 사람, 정신적 문제가 있는 사람, 범죄자, 부랑자" 등의 재생산 권리를 억제해야 한다는 시각을 보였고 여기에 의료계와 과학계의 의견이 덧붙여졌다.

우생학을 사회 문제의 "치료제"로 보는 시각은 사회 곳곳에 퍼졌다. 명판을 받은 이들로 국한하면 영국 총리 중 세 명이 지지했을 정도다. 바로 보수당의 윈스턴 처칠과 네빌 챔벌레인(Neville Chamberlain), 그리고 노동당의 램시 맥도널드(Ramsay Macdonald)다. 거시 경제학의 창시자 존 메이너드 케인스는 1937년 우생학 협회 부회장까지 역임했고, 실업 수당 등 사회 복지를 주장했던 경제학자 윌리엄 비버리지(William Beveridge)도 마찬가지다. 사회주의 계열도 예외가 아니다. 베아트리스와 시드니 웹(Beatrice Webb, Sidney Webb) 부부도 우생학이 놓은 덫에 걸려들었다.

과학자 중에서는 줄리안 헉슬리(Julian Huxley), 피터 메다와르(Peter Medawar), 헬렌 그윈–본(Dame Helen Gwynne–Vaughan)이, 문인 중에서는 예이츠와 올더스 헉슬리, 사회과학 계열에서는 리처드 티트무스(Richard Titmuss), 피셔(RA Fisher), 해롤드 라스키(Harold Laski)가 있다. 버트런드 러셀과 버지니아 울프는 우생학 협회에 가입하지는 않았지만 지지를 표했다.

피임과 출산을 조절해야 한다는 주장은 우생학자, 페미니스트, 사회 복지 단체가 만나는 공통분모였다. 영국 가족 교육과 성교육을 시작했다는 공로로 푸른 명판을 받은 마리 스토프(Marie Stopes)는 '건설적 산아 제한 및 인종적 진보 협회(the Society for Constructive Birth Control and Racial Progress)'의 초대 대표가 되었다.

파란 명판을 받은 이중 우생학에 반대를 표한 이는 아나키스트 표트르 크로포트킨(Peter Kropotkin)과 독실한 가톨릭 신자였던 로버트 세실(Robert Cecil), 작가 체스턴(G.K. Chesterton), 시인 힐라이어 벨로크(Hilaire Belloc) 정도였다.

우생학은 법으로도 제정되었다. "나약한 마음(feeble minded)"을 가진 사람들이 부모가 되지 못하게 하는 법안(Mental Deficiency Bill, 1912)으로 1913년 하원을 통과했다. 여기서 "나약한 마음"을 가진 이는 알코올 중독자, 습관적 범죄자, 구걸하는 자, 매춘을 하거나 결핵 등 질병이 있는 자, 간질이나 히스테리 증세가 있는 자, 혹은 지적 능력이 떨어지거나 도덕적 판단 능력이 부족한 이들을 의미했다.

당시 자유주의 계열 정치인 조슈아 웨지우드(Josiah Wedgwood)는 이 문제의 본질을 가장 정확하게 꿰뚫어 본 사람이었다. 그는 이 법안이 "권위주의적이고 정의롭지 못한" 법이라며 어떤 결과를 초래할지 아무도 확신할 수 없다고 경고했다. 1차 대전 후 국제 연맹(League of Nation)을 설립한 공로로 푸른 병빤을 받은 로버트 세실 경(Lord Robert Cecil)도 웨지우드에 힘을 보탰다. 이들의 강력한 반대로 "나약한 마음"을 가진 이들에게 "자발적 불임"을 권한다는 조항은 막았다. 하지만 정신적으로 문제가 있는 이들을 사회에서 따로 격리한다는 내용은 통과되었다.

우생학은 1931년 불임법(Sterilization bill)이란 이름으로 다시 하원에 상정되었다. 법안의 목표는 "정신적으로 문제가 있는 사람들"에게 "자발적 불임"을 권하는 것으로 이들의 아이들은 "태어나지 않는 쪽이 더 낫다"는 사고가 전제되어 있었다. 카톨릭 종교계와 노동당의 반대로 부결되었지만 논의가 완전히 종결되지는 않았다. 1933년, 하원은 정신과 의사, 생물학자, 의료계, 사회복지사 등 60명을 대상으로 "정신적으로 문제가 있는 이들에게 불임을 권하는 것은 정당한가"를 물었는데 이중 단 3명만 반대했다. 이 조사에 의하면 정신적 문제뿐 아니라 신체적 불구가 있는 이들에게까지 "자발적 불임"을 확대 적용할 것도 고려했다고 한다.

영국은 독일 나치를 경험하고 나서야 우생학에 대한 환상을 버렸다. 나치는 1933년 사회 부적응자로 판단된 이들에 대한 "의무 불임법"을 통과시켰다. 우생학에 기반한 우열의 개념은 이후 독일 민족의 우수성으로 연결되었다. 이들은 비독일 민족은 열등한 존재로 여겼다. 특히 유대인을 겨누어 열등한 인종을 청소하여 우수한 인종이 지배하는 사회를 만들겠다는 일념으로 2차 대전 시 홀로코스트를 자행했다. 나치의 광기는 독일의 패전으로 끝났다. 이후 우생학은 사회 문제와 거리를 두고 과학 영역에만 국한되어 존재하고 있다.[161]

과연 우생학은 무엇이었을까? 이성에 대한 오만함이었을까, 아니면 인간의 존엄성, 자유, 평등의 개념이 설익었기 때문에 벌어졌던 해프닝이었던 것일까.

길 이름에도 스토리가 있다

잉글리시 헤리티지가 소개하는 몇몇 내용은 파란 명판으로 만들어낼 수 있는 이야기가 무궁무진하다는 것을 보여준다. 하지만 런던에 어쩌다 한번 가는 김에 관광을 겸해 가볍게 둘러보는 나에게 1,000여 개에 달하는 런던 명판은 융단 폭격처럼 버거웠다. 처음에는 밋밋한 벽에 붙은 푸른색 현판이 눈에 띄어 발길을 멈추고 하나하나 읽고 머릿속에 넣으려 노력했다. 하지만 한길 건너 계속 나타나다 보니 그저 건물 벽에 찍힌 파란 점 하나로 보일 뿐이었다. 희소성이 떨어지니 써 있는 글자도 읽지 않고 '여기도 누군가 살았나 보네' 하고 지나치게 되었다. 시간이 지날수록 점점 더 몰려오는 피로감에 '그래서 뭐……. 저 집에 산 게 어떻다구?' 같은 짜증 섞인 투덜거림으로 변해 갔다.

'나 좀 한번 봐주세요'를 소리 없이 외치는 파란 명판과 대비를 이루는 것이 길 이름이다. 지금은 주소 체계를 길 중심으로 바꿨지만 과거 한국과 동아시아는 공간을 통·반 등 덩어리로 인식했다. 반면 선 중심으로 공간을 이해한 유럽은 모든 길에 이름을 붙여주었다. 뉴욕이나 시카고 등 바둑판 모양으로 계획된 도시는 숫자를 사용해서 1, 2, 3, 4가를 붙이지만 자연적으로 만들어진 옛 유럽의 도시는 숫자를 사용할 수 없었기에 모든 길에 고유한 이름이 있다.

미국인으로 영국에서 오래 거주한 빌 브라이슨(Bill Bryson)은 《빌 브라이슨 발칙한 영국 산책*Notes from a Small Island*》에서 런던의 길 이름이 무려 45,687개라는 데 경악한다. 덕분에 런던 택시 기사 자격증 시험은 한때 세계에서 제일 어려운 시험으로 불렸다. 가뜩이나 구불구불한 미로 같은 옛 도시의 구조를 익히는 것도 어려운데 런던 전체 길의 절반에 달하는 25,000개 정도는 기본적으로 이름을 외우고 위치를 파악해야 했기 때문이다. 지금은 다행히 내비게이션을 사용하는 덕분에 이름을 외울 필요가 덜해졌지만.

런던의 길 이름은 화려하다. 그저 길 이름이라 생각하고 덤덤하게 넘어가면 휙 지나칠 수 있지만, 단어 뜻을 풀어보면 '피식' 웃음이 나온다. 장르는 다양하다. 괴기스러운 쪽으로는 "피 흘리는 심장(Bleeding heart yard)", "야만스러운 정원(Savage gardens)", "성 메리 도끼(St. Mary Axe)", "교수형에 처하는 칼(Hanging Sword Alley)" 등이 있다. "옷장의 장소(wardrobe place)", "멍청한 거리(Silly lane)", "하-하 길(Ha-Ha road)", "수탉 길(Cock lane)", "달에 있는 사람(Man in Moon passage)"은 뭔 생각으로 저런 이름을 붙였을지 머리를 갸우뚱거리게 한다. "화상 당한 발(Burnfoot Avenue)", "목발 짚은 수도사(Crutched Friars)", "되돌아가(Turnagain Lane)", "새장 길(Birdcage walk)", "꿀 길(Honey Lane)" 등은 이름에 얽힌 사연이 궁금해지고 상상을 하게 만든다.

런던이 영국 내 최대 규모의 도시가 된 11세기 이래로 1666년 런던 대화재와 2차 대전 시 독일군이 입힌 폭격을 제외하고는 크게 손상되지 않았던 역사를 감안하면 아마도 그간 발생한 온갖 사건·사고를 반영한 이름일 것이다. 정확한 일화는 알 수 없지만, 이처럼 문학적인 이름을 가진 길을 통과할 때면 저마다 이야기 하나씩을 상상하며 유쾌하게 지나갈 수 있다.

대학 도시라 그런가? 케임브리지 길 이름은 런던에 비해 창의력이 떨어지고 학구적이다. 길 이름의 주인공 대다수가 대학을 거쳐 간 인물들이다. 이름은 꽤 많은 것을 알려준다. 길 주인공의 생애를 찾으면 그 길이 언제 닦였는지 대충 알 수 있다. 그리고 인물의 업적이나 행적을 이해하면 당시 케임브리지 지역 사회가 중시했던 가치를 얼추 알 수 있다.

20세기 말과 21세기 초에, 대학이 21세기 연구 환경에 맞지 않는 구도심의 실험실을 박물관으로 전환하고 서쪽으로 캠퍼스를 확장·이전하면서 케임브리지에 새로운 길과 건물이 대거 등장했다. 길 이름과 건물 이름은 막강함 그 자체다. 2차 대전 시 독일보다 한발 빨리 터보제트 엔진을 발명하는 데 성공한 프랭크 휘틀(Frank Whittle, 1907–1996), 물리학에서 아이작 뉴턴, 아인슈타인과 함께 위대한 3대 학자로 꼽힌다는 제임스 클러크 맥스웰(James Clerk Maxwel, 1831–1879), 수소를 발견한 헨리 캐번디시(Henry Cavendish, 1731–1810), 핵물리학의 아버지라 불리는 어니스트 러더퍼드(Ernest Rutherford, 1871–1937), 전자를 발견했을 뿐만 아니라 자신을 비롯하여 5–6명의 제자들, 그리고 심지어 아들까지 노벨상을 탄 노벨상의 사나이 조지프 존 톰슨(J.J. Thompson, 1856–1940), 찰스 배비지(Charles Babbage, 1791–1871), 닐스 보어(Niels Bohr, 1885–1962), 막스 보른(Max Born, 1882–1970), 윌리엄 헨리 브래그(William Henry Bragg, 1862–1942) 등 노벨상 정도는 타야 명함을 내밀 수 있는 공간이다.

저명한 과학자 이름이 즐비한 구역에서 두 여성의 이름을 딴 길이 단연 눈에 띄었다. 에이다 러브레이스 로드(Ada Lovelace Road)와 필리파 포셋 드라이브(Philippa Fawcett Drive). 이들은 어떤 사연이 있길래 쟁쟁한 이들과 나란히 자리하게 된 것일까?

에이다 러브레이스 길은 직각으로 붙어 있는 찰스 배비지 길과 같이 놓여 있어 가늠이 갔다. 그녀의 아버지는 영국을 대표하는 시인 조지 바이런으로 그는 에이다 러브레이스(Ada Lovelace,

에이다 러브레이스 로드(상)와 필리파 포셋 드라이브(하) (©권신영)

1815–1852)가 태어난 직후 가족을 놔두고 떠났다. 남편을 향한 원망과 딸이 아버지 바이런의 기행을 닮지 않도록 그녀의 어머니는 개인 교사를 채용해 딸에게 문학 대신 수학을 가르쳤다고 한다. 당시 여성은 대학 교육은 물론이고 왕립 학회에 가입하는 등 공식적인 활동을 꿈도 꿀 수 없던 시기라 그녀의 수학 공부는 지극히 개인적인 차원에 머물렀다. 그나마 상류층인 덕분에 자유롭게 수학을 공부할 수 있었을 터다.

공식 활동에는 제약이 있었지만 러브레이스는 영국 시성계 인사들과 친분을 쌓았다. 찰스 배비지는 그중 한 사람으로 메리 서머빌(Mary Somerville)의 소개로 만났다(옥스퍼드 대학의 첫 여자 칼리지인 서머빌 칼리지(Somerville College)는 그녀의 이름에서 따온 것이고 현재 그녀의 얼굴은 스코틀랜드 10파운드 지폐에 새겨져 있다). 서머빌은 스코틀랜드에서 태어나 정식 대학 교육을 받지 못하고 당대 수학자들과의 개인적 교류와 독학으로 활동하고 있었다. 러브레이스의 수학 가정교사였던 그녀는 배비지를 제자 러브레이스에게 소개했고 러브레이스는 배비지가 골몰하던 수학 문제에 깊은 관심을 가졌다.

훗날 그가 근대 컴퓨터의 기본 원리를 담은 "해석 기계(analytical machine)"를 고안했을 때 러브레이스는 기계의 알고리즘을 만드는 중대한 공헌을 했다고 알려져 있다. 두 사람의 이름을 딴 길을 함께 놓은 것은 배비지가 세운 업적에 밀려 쉽게 묻힐 수 있는 그녀의 기여를 기억하려는 21세기 대학 사회의 노력으로 읽혔다.

필리파 포셋(Philippa Fawcett, 1868–1948)의 이야기는 좀 더 가슴 아프다. 그녀는 시대를 앞선 가족 환경에서 자라났다. 그녀의 아버지는 헨리 포셋(Henry Fawcett, 1833–1884)이고 어머니는 밀리센트 개럿 포셋(Millicent Garrett Fawcett, 1847–1929)으로 아주 드물게 부모가 각각 파란 명판을 받은 경우다.

경제학자이자 정치인이었던 아버지 명판에는 1858년 25세 때 총기 사고로 시력을 잃은 개인적인 불행과 여성 참정권을 일찌감치 지지한 그의 진보적 정치관, 그리고 영국의 근대 우편 제도인 소포 시스템, 텔레그램, 우체국 저금 등을 만들어 사회에 공헌한 그의 업적이 쓰여 있다.

어머니 명판에는 케임브리지 대학 내 칼리지 중 하나인 뉸햄(Newnham) 칼리지를 설립한 사람으로 남녀평등권을 실현하기 위해 평생을 헌신했다고 소개되어 있다. 그녀는 19세기 말부터 1차 대전까지 20년간 영국 최대 여성 단체인 전국 여성 참정권 연합(the National Union of Women's Suffrage Societies, NUWSS)을 이끌었다.

남녀평등을 당연시하는 성장 환경이었지만 필리파 포셋이 만난 세상은 달랐다. 필리파는 1880년대 후반 어머니가 1871년 창립한 케임브리지 대학의 뉸햄 칼리지에 입학했다. 수학을 전공한 그녀는 1890년 어렵기로 악명 높은 케임브리지대 수학과 졸업시험에 응시했다. 이 시험은 흔히 영국 대학의 학부 과정에서 성취할 수 있는 최고 단계로 여겨지는데, 1등에게는 '시니어 랭글러'(Senior wrangler)라는 타이틀을 준다. 이 시험에서 1등으로 졸업한 대표적인 인물로는 본초 자오선을 확립한 그리니치 천문대 왕립천문학자 조지 에어리(George Airy), 방정식 계의 스타 학자 아더 케일리(Arthur Cayley), 토성을 연구한 천문학자 존 허셀(John Herschel) 등이다.

물리학 계에서는 제임스 맥스웰과 조지프 존 톰슨, 경제학은 앨프레드 마샬이 2등을 차지했고 10위권으로 졸업한 이가 거시경제학을 창시한 케인스와 인구 경제학의 이론을 확립한 맬서스, 근대 지질학의 기초를 닦은 애덤 세지윅, 그리고 철학자 버트런드 러셀이 있다. 시험 결과와 이후 이들이 세운 학문적 업적은 별개로 쳐야 하지만 응시생의 학문적 잠재력을 보여줄 수 있는 시험이다.

필리파 포셋은 2등과 상당한 차이로 1등을 차지했다. 하지만 '시니어 랭글러(senior wrangler)' 타이틀은 2등을 한 '남'학생에게 돌아갔다. 대신, 따로 발급한 여학생 성적표에 '1등보다 상위'라고 써주었다고 한다. (1등보다 상위), 1등, 2등, 3등… 그해 수학 졸업시험 등수였다. 케임브리지 대학에서 내린 기괴한 결정은 당시 대학 구조에 원인이 있다. 케임브리지 대학은 30개가 넘는 칼리지로 구성되어 있다. 1871년 뒤늦게 세워진 뉸햄 칼리지는 여자 칼리지였고 나머지는 남자 칼리지였다.

여자 칼리지가 만들어진 데는 1860년대 선거권 확대 운동에서 받은 영향이 컸다. 영국은 선거로 하원 의원을 뽑았던 1695년 이후부터 19세기 중반까지도 완전한 보통 선거제가 아니었다. 재산, 성별, 학벌에 따라 차등을 두었기 때문이다. 투표권은 '재산(집)'을 가지고 있는 성인에게 주어졌다. 이는 일차적으로 자가로 집을 소유할 수 없는 사람들, 남의 집에 고용되어 먹고 자는 사람들, 즉 저소득의 노동자 계층은 선거권을 가질 수 없다는 뜻이었다. 또한 자기 명의로 재산을 가질 수 없었던 모든 여성을 원천적으로 배제하는 조항이었다.

반대로 여러 도시에 집을 소유한 경우, 그 개수만큼 선거권도 늘어났다. 한 사람이 다섯 번이나 투표할 수도 있었다는 의미다. 게다가 옥스퍼드와 케임브리지 등 몇몇 대학은 대표를 하원으로 보낼 권한까지 있었다. 가령 아이작 뉴턴은 케임브리지 대학 대표로 하원에서 활동하며 정치적인 영향력까지 행사했다. 따라서 대학 관련자들은 지역구 선거권과 더불어 대학 선거구 선거권이라는 복수 선거권을 가졌던 셈이다.

일단 학력 부문을 제외하고 살펴보자. 1840−1850년대 사회 개혁가들은 노동자 계층과 여성에 대한 정치적 차별, 즉 "재산과 성별"을 기준으로 두는 것이 정당한지 문제를 제기했다. 노동자 쪽은 차티스트 운동(Chartism)으로 투표권을 쟁취하기 위해 맞서 싸웠다. 여성 쪽에서는 시민사회 단체 켄싱턴 모임의 에밀리 데이비슨(Emily Davison)이 주도했다. 여성계는 당시 하원에 진출해 있던 존 스튜어트 밀과 필리파의 아버지 헨리 포셋의 힘을 빌려 청원을 넣는 데 성공했다. 그러나 노동계와 여성계가 받아든 결

위아래로 나란히 붙은 두 개의 파란 명판. 영국의 참정권 운동가였던 필리파 개럿 포셋(상)과 그녀의 아버지이자 정치가이며 경제학자였던 헨리 포셋(하)을 기념하는 것이다. (©권신영)

과는 달랐다. 1867년, 집이 없는 남성도 투표할 수 있는 법은 통과되었지만, 여성의 선거권 조항을 담은 안은 부결되었다. 미리 결과를 말하면 영국 여성이 투표권을 얻은 때는 그로부터 50여 년이 지난 1920년대다.

참정권 획득에 실패한 이후 여성 운동은 정치 영역 못지않게 여성에게 높은 벽을 세워두었던 금녀의 공간, 대학 교육으로 향했다. 일차적으로 여성이 원하는 수업을 자유롭게 수강할 권리를 목표로 삼았고 이는 의외로 쉽게 받아들여졌다. 1869년 여학생 수업을 맡은 철학과 교수 헨리 시지윅(Henry Sidgwick)은 여학생들이 장거리 통학으로 불편을 겪는다는 것을 알게 되었다. 그는 다주택자였던 지인을 설득하여 여학생들이 거주하며 수강할 수 있도록 집 한 채를 제공했다. 이것이 후에 뉴햄 칼리지로 이어졌다. 여성 교육에 뜻을 함께한 이들이 기금을 모아 주위 부지를 확보하고 칼리지를 세웠다.

하지만 케임브리지 대학은 "남녀 학생이 같이 있지만 여전히 공식적으로는 남자 대학"이었다. 뉴햄 칼리지는 공식적으로 승인된 칼리지가 아닌 그저 '인식된(recognized)' 상태였다. 따라서 여학생들은 수업 과정을 마치고 졸업시험을 모두 치러도 남학생들과 다른 성적표를 받았고 더 나아가 대학 이름으로 발부되는 정식 학사 학위도 받을 수 없었다. 여학생들은 1887, 1897년 10년 간격으로 이를 시정하려 했지만 두 번 다 실패했다. 이 문제로 남학생들과 여학생들의 갈등의 골은 꽤 깊었다. 1897년에는 남학생들이

'반-여대생'을 외치며 과격한 시위를 벌였고 그 과정에서 케임브리지 시청 건물 일부가 훼손되기도 했다.

필리파 포셋이 수학과 졸업시험에서 1등을 하사 대학 당국은 당혹했다. 그녀가 1등한 것을 인정하면 눈햄 칼리지를 대학의 공식 구성원으로 승인한다는 의미였다. 이를 기회로 삼아 대학을 개혁해 나갈 수도 있었지만, 대학은 현실에 충실했다. 눈햄 칼리지가 공식 구성원이 아니라는 논리로 그녀의 1등을 인정하지 않았다. 똑같은 이유로 필리파 포셋은 대학 이름이 새겨진 학사 학위도 받지 못했다. 그녀에게 닥쳐올 미래이기도 했다. 누구 못지않게 잠재력은 뛰어났으나 시대적 제약에 갇혔던 그녀는 졸업하고 나서 활발히 연구 활동을 벌이지 못했고 오로지 여성의 공간이었던 눈햄 칼리지에서 수학을 가르쳤다.

케임브리지 대학이 여학생에 대한 태도를 바꾼 것은 그로부터 반세기가 지난 1948년이다. 진정한 의미의 보통 선거권이 이루어진 해였다. 영국은 1차 대전이 끝나고 2년이 지난 1921년에 여성의 참정권을 인정했다. 이로써 재산과 성별에 따른 차별이 사라졌다. 하지만 학력에 대한 차별이 남아 있었다. 여전히 몇몇 명문 대학들이 자체적으로 하원 의원을 뽑는 대학 선거구(university constituency) 제도가 존재했기 때문이다. 1603년부터 무려 350년 가까이 유지된 제도였다. 2차 대전 후 복지 국가를 내세운 애틀리 노동당 내각은 보통 선거권을 향한 마지막 걸음으로 대학 선거구를 폐지했다.

대학에도 실질적인 변화가 일어났다. 1948년 케임브리지 대학은 뉸햄 칼리지를 공식적으로 인정했고, 1965년에는 설립단계에 있던 다윈 칼리지가 최초로 남녀 공학을 선언했다. 1970년대에는 기존 남학생 칼리지도 여학생을 받아들이기로 하고 여자 화장실을 만드느라 분주한 시간을 보냈다.

그리고 마침내 21세기 초. 대학 캠퍼스를 확장하며 새로 닦은 길 중 하나를 골라 필리파 포셋에게 내어주었다. 백 년도 더 지난 일이라 이제는 기억하는 이도 거의 없지만, 공정하지 못했던 과거를 반성한다는 의미이자 뒤늦은 사과를 하려던 것이 아닐까? 얼마큼 그녀에게 위안이 될지는 모르겠지만.

길 이름에는 심각한 이야기만 얽힌 것은 아니다. 천문학자 존 카우치 애덤스(John Couch Adams, 1819−1892)의 이름을 딴 애덤스 로드엔 억울한(?) 사연이 있다. 수학과를 1등으로 졸업한 사람에게 주어지는 '시니어 랭글러' 타이틀을 가지고 의기양양하게 학교를 나선 그는 천문학으로 방향을 돌렸다. 태양계 해왕성이 발견되기 전인 1845년, 애덤스는 천왕성의 공전 주기가 불규칙한 이유가 알려지지 않은 다른 행성(해왕성)이 있기 때문일 수도 있다고 생각하고 이를 전적으로 수학적 풀이로만 증명해 냈다.

자신의 의견을 런던 그리니치에 있던 왕립 천문학자 조지 에어리에게 알리려 찾아갔으나 직접 만나지 못하고 간단한 메모만 남긴 채 돌아갔다. 나중에 에어리는 애덤스가 적어 놓은 노트를 검토했고 보다 상세한 풀이 과정을 보내달라고 요청했다. 하지만, 스물여섯의 청년이었던 애덤스는 자기 생각이 하찮을 것이라 간주하고 답변을 보내지 않았다. 에어리도 이후 메모를 잊어버렸다.

시간이 얼마 지나 에어리는 1845년 말 프랑스 천문학자 위르뱅 르베리에(Urbain Le Verrier)가 애덤스와 비슷한 논지로 발표한 논문을 읽고 번개를 맞은 듯 번뜩 메모의 존재를 떠올렸다. 누가 먼저 해왕성을 발견할 것인가의 문제였다. 에어리는 애덤스에게서 둘러 연락해 일단 급한 대로 케임브리지 대학 천문대에서 해왕성을 관측하라고 했다. 하지만 간발의 차로 늦고 말았다. 영-프 양국의 설전이 있었으나 해왕성을 최초로 발견한 국가는 프랑스로 기록되었다. 애덤스 길은 본인의 생각을 과소평가하지 말라는 크나큰 교훈이 담긴 계몽적인 길이라 할 수 있다.

애덤스 길의 주인공을 천문학자 애덤스로 보는 것은 순전히 나의 추측이다. 성만 붙여진 것이니, 다른 애덤스일 가능성도 있다. 내가 천문학자 애덤스라 생각한 이유는 그 길이 수학자 및 천문학자들의 성을 딴 허셸 로드(Herschel Road)와 실베스터 로드(Sylvester Road)와 연결되어 있기 때문이다. 또 길이 닦이기 전에 살았어야 하므로 20세기 이전에 살았던 사람으로 추렸다.

성만 적은 탓에 길 이름의 주인공이 누구인지 몰라 이따금 논란이 일기도 한다. 리버풀의 페니 레인(Penny Lane)이 바로 그렇다. 이 이름은 비틀스가 1967년에 히트 친 곡 〈페니 레인〉(Penny Lane)이다. 멤버들이 유명해지기 전 추억을 쌓은 곳으로 열성 팬들에게는 신성한 이름이다. 그런데 공교롭게도 18세기 노예 상인

애덤스 로드 (©권신영)

제임스 페니(James Penny)의 이름에서 왔다는 주장이 제기되었다. 리버풀은 노예무역의 중심지였고 노예 폐지론자 토머스 클락슨(Thomas Clarkson)을 거의 죽음에 이르게 했던 테러도 발생했던 데다 유명한 노예 상인의 성과 맞아떨어지니 개연성은 충분하다.

이 길은 인종 차별 문제가 불거질 때마다 논란에 쌓인다. 길 이름을 바꿔야 한다는 목소리가 한쪽에서 나오는 동시에 자동으로 비틀스도 소환된다. 비틀스가 남긴 흔적을 지킬 것인가 아니면 노예 상인의 이름을 제거할 것인가. 현재는 노예 상인 제임스 페니의 이름을 따왔다는 증거가 충분치 않다는 이유로 이름을 유지하기로 결정이 난 상태다. 하지만 언제든 다시 불거질 수 있는 논란이다.

21세기에 만들어진 길 이름은 필리파 포셋처럼 성과 이름을 다 넣었다. 오해할 여지를 주지 않아 명쾌한 맛이 있지만 아빠 포셋일까, 엄마 포셋일까, 아니면 딸 포셋일까를 추리하는 재미는 줄었다. 나에겐 추론하고 상상하는 즐거움이 꽤 쏠쏠했나 보다. 나는 한때 옛길 이름에 담긴 이야기를 열심히 파헤쳤다. 파란 명판이 정리가 말끔하게 끝난 박물관이라면, 길 이름은 무엇이 묻혀 있을지 모르는 유적지 같았다.

10장 그란체스터 과수원과 초원

거기에 그 초원이 있다

지금 생각해보니 기벽이었다. 2011년 여름, 트럼핑턴으로 이사를 갔을 때부터 3년 반 정도 나는 매일 아침 5시경에 일어났다. 빈 속에 진하게 내린 커피를 한잔 마시며 1시간가량 책을 읽고는 6시 15분경 바깥이 어느 정도 밝아지면 옷을 대충 걸치고 그란체스터(Grantchester)가 있는 서쪽으로 빠르게 걸었다. 그란체스터는 케임브리지의 남서쪽에 있는 외곽 동네로 남쪽에서 외곽인 트럼핑턴과 맞닿아 있다. 나의 행선지는 집에서 약 2킬로미터 떨어져 있는 그란체스터 초원이었다.

초원으로 가려면 두 동네의 경계를 가르는 큰길을 건너야 한다. 그 길만 건너면 주변 풍경은 거짓말처럼 적어도 100년 전으로 돌아간다. 17세기에 지어진 저택, 그 건너편에는 초가지붕을 얹은 집이 있고 조금만 걸어가면 양 키우는 목장이 마을 초입에 있다.

고요한 캠강 (©권신영)

목장을 지나 조금 더 안쪽으로 가면 시인 조지 바이런 경이 즐겨 수영했다는 지점을 가리키는 안내 표지판이 나온다.

진짜배기는 이제부터다. 조금만 더 들어가면 일단 걸음을 멈추게 되는 낡은 캠강 다리가 나온다. 한쪽에는 오리와 백조, 거위가 한가로이 강물에서 노닐고 그 옆에는 철학자 러셀이 살았던 밀 하우스(The Mill house)가 있다. 문화재(Grade II)로 지정된 이 집은 지금도 사람이 거주하는 곳이지만 정부가 허가해주지 않는 이상 건드릴 수 없다. 그 집을 지나면 비좁은 커브 길이 나온다. 대체 누가 고안해낸 발상인지! 두 사람도 나란히 걸을 수 없을 만큼 좁다. 구간이 짧기에 망정이지 길도 기울어져 있는 데다가 심지어 벽돌로 된 벽까지 약간 비스듬하다. 툴툴거림이 끝나면 바로 앞에 고풍스럽고 멋들어진 주택 "오래된 사제관(Old Vicarage)"이 나온다.

그리고 연이어 1897년에 지어진 "그 과수원(The Orchard)"이 나온다. 다음으로 1847년에 지어진 그린맨 펍(Green Man pub)이 눈에 들어온다. 이 건물을 끼고 오른쪽으로 돌면 1930년대에 지어진 레드 라이온 펍(Red Lion pub)이 있다. 특이하게도 초가지붕을 얹었다. 한국에서 초가는 가난의 상징이었던 반면, 영국에서 초가는 빈곤이 아니라 낭만과 향수를 가리킨다. 레드 라이온 펍은 옛 2층 건물에 자리한 가게로 폭신한 지붕을 얹어 마치 과자로 지은 동화 속 집처럼 보인다. 두 펍 사이로 난 길로 들어가면 캠강 양옆으로 초원이 좌악 펼쳐진다. 날씨 좋은 여름에는 소들이 먼저 나와 한 자리씩 차지하는 땅. 크게 숨 한번 들이쉬고 5분 정도 서 있다가 서둘러 발길을 돌렸다. 밥하러 갈 시간이었다.

고작 몇 분을 위해서 이른 아침 기계적으로 일어나 무작정 걸어갔던 초원을 향한 나의 짝사랑은 오래갔다. 강과 초원, 야생 동물들이 만들어내는 목가적인 아름다움을 요란 떨지 않고 담담하게 바라볼 수 있게 된 것은 몇 년이 지난 후부터다. 이 풍경은 케임브리지에서 나고 자란 작가의 소설을 원작으로 만든 영국 드라마 〈그란체스터〉에도 등장한다. 드라마 속 예스러운 배경은 가감이 없는 진짜다. 12세기 건축물인 성당은 실제로 문화재로 지정되었다. 대부분이 그린벨트로 묶여 있어서 길, 주택, 다리, 자연경관 등이 드라마의 배경인 1950년대뿐 아니라 19세기 후반 모습도 거의 그대로 간직하고 있다. 심지어 초원은 인간의 손길이 거의 닿지 않은 채로 있다. 땅 주인인 케임브리지 대학 킹스 칼리지가 초원에 인위적인 힘을 가하지 않겠다고 1930년대에 일찌감치 선언했기 때문이다.[162]

위기도 있었다. 2000년대 초 주택 부족 현상이 심화하자 케임브리지시는 2003년 그린벨트를 일부 풀어 주택 1,000여 채를 짓는 안을 고려했다. 물론 초원에 집을 짓는 건 아니었지만 주변에 주택이 들어서면 멀리서라도 시야에 들어올 수밖에 없었다. 주민들은 반대 서명을 받는 한편으로 1960−1970년대 비틀스 이후 시대를 풍미했던 프로그레시브 록 그룹 핑크 플로이드(Pink Floyd)의 멤버 로저 워터스에게 도움을 요청했다.

캠강에서 놀다가 그란체스터 초원으로 올라오는 백조 무리 (©권신영)

오래된 사제관(상)과 레드 라이온(하) (©권신영)

다섯 멤버 중 시드 배럿, 데이비드 길모어, 로저 워터스는 유·청소년기를 케임브리지에서 함께 보낸 친구 사이이다. 시드 배럿은 어렸을 때 워터스의 어머니한테서 음악을 배웠고, 데이비드 길모어의 집이 그란체스터 초원 근처에 있던지라 초원에서 뛰어놀며 많은 시간을 함께했다. 워터스는 개발에 반대하는 운동에 기꺼이 응하며 다음과 같이 초원에서 보냈던 시간을 회상했다.

> 캠강에서 작은 빵 조각을 입에 물고 대나무 낚싯대로 잉어를 잡으며 행복한 시간을 보냈다. 발가락 사이로 올라오는 따뜻한 여름날 진흙에서 풍기는 냄새에 대한 강렬한 기억을 갖고 있다. (초원에서 보낸) 시간은 창작성을 키우는 데 중요했다. 나의 곡들엔 새들이 지저귀는 소리 같이 자연에서 흘러나오는 노래가 어느 정도 묻어 있다.[163]

위 말은 결코 과장이 아니다. 워터스는 초원에 대한 애정으로 〈그란체스터 초원〉(Grantchester Meadow)이라는 곡을 작사·작곡하고, 1969년 앨범 〈움마굼마〉(Ummagumma)에 수록했다. 그는 실제로 새소리를 직접 녹음해 곡에 담았다.

케임브리지시는 초원을 지키려는 운동이 점차 확산되자 그란체스터 대신 트럼핑턴을 개발하기로 계획을 수정했다. 고집을 꺾지 않았다면 더 큰 반대에 부딪혔을 것이다. 개발은 단순히 초원의 경관을 바꾸는 것을 의미하지 않는다. 그 공간에 담긴 이야기까지 소멸시킨다. 초원 바로 옆 과수원에는 자연만이 아니라 훨씬 더 중대한 옛이야기가 고스란히 담겨 있다.

이 과수원은 초원에 이어 캠강까지 하나로 이어진 곳으로 1868년에 조성되었다. 1897년 5월, 과수원을 찾은 케임브리지 대학생들의 요청으로 차를 판 것이 계기가 되어 과수원은 지금까지도 사과나무와 배나무 아래 테이블을 놓고 차와 스콘을 팔고 있다. "잉글랜드의 한구석에 자리한 과수원. 빨리 돌아가는 세상 속에서 시간이 멈춘 유일한 장소."라는 설명과 함께.[164]

그란체스터 그룹

160년 가까운 기나긴 과수원의 역사 중 1909년부터 1914년, 1차 대전이 발발했던 때까지 과수원에서 만나 초원과 강에서 어울렸던 한 무리가 있었다. 과수원은 이들을 '그란체스터 그룹'이라 부르며 100년도 더 되었을 법한 귀한 사진을 붙여 놓고 짧은 설명을 곁들인다.

등장인물은 모두 일곱 명이다. 철학자이자 반전 운동가이면서 노벨 문학상을 받은 버트런드 러셀, 러셀과 같이 언어 철학의 장을 연 그의 제자 루트비히 비트겐슈타인(Ludwig Wittgenstein, 1889–1951), 영국 모더니즘 문학을 대표하는 버지니아 울프(Virginia Woolf, 1882–1941)와 포스터(E.M. Foster, 1879–1970), 촉망받는 시인이었으나 1차 대전 때 요절한 루퍼트 브룩(Rupert

Brooke, 1887–1915), 거시경제학의 창시자 존 메이너드 케인스(John Maynard Keynes, 1883–1946), 그리고 '영국의 고갱'으로 흔히 불리는 후기 인상파 화가 어거스트 존(Augustus John, 1878–1961)이다.

이들이 친구라고? 일단 분야가 철학, 문학, 경제학, 미술까지 제각각이다. 게다가 자기 분야에서 당대 최고의 반열에 오른 인사들이다. 한자리에 모인 것 자체가 기적이라 부를 정도인데 이들이 하필 외딴 과수원에서 만나 초원을 거니는 사이였다니. 그것도 각자 자기 분야에서 입지를 굳히기 전인 시점에. 정말 낮은 확률의 만남이다.

여기에 얽힌 뒷배경은 복잡하지만 매우 흥미롭다. 시작은 4년 전인 1905년으로 거슬러 올라간다. 이야기는 런던 북부 블룸즈버리에 위치한 고든 스퀘어 46번지에 스테판 삼 남매가 이사 오면서 시작된다. 첫째는 바네사(Vanessa Stephen, 1879–1961)로 결혼 후 바네사 벨(Vanessa Bell)이란 이름으로 활동했던 모더니즘 화가다. 둘째는 토비 스테판(Thoby Stephen, 1880–1906)으로 케임브리지 대학을 졸업한 후 스물여섯에 일찍 병으로 죽었다. 셋째가 버지니아(Virginia)로 결혼 후 남편 성으로 이름을 바꾼 소설가 버지니아 울프다.

사교 모임이 중산층의 주된 문화였던 당시 첫째인 바네사는 금요일에 그림 그리는 친구들을, 토비는 목요일에 런던에서 사회생활에 뛰어든 케임브리지 대학 시절 친구들을 집으로 초대했다.

바네사는 "우리는 정중함을 없애야 했다. 모임이 작을 때 우리는 서로 못마땅한 이름으로 부를 수 있고 불륜에 대해 편안하게 이야기할 수 있다"라고 하면서 금요일 클럽(Friday club)을 결성한 배경을 설명했다.[165] 가장 깊숙한 사생활까지 예의를 갖추지 않고 편안하게 말할 수 있는 모임이 필요했던 것이다.

지리적 위치도 더할 나위 없이 적당했다. 블룸즈버리는 용광로 같은 곳이었다. 런던의 정통 부촌과 달리 1753년에 영국 도서관과 박물관이 들어서고 1826년에 국립 런던 대학(University College London)이 세워졌는데 이로 인해 예술가와 더불어 작가, 과학자들이 오가고, 이들의 새로운 아이디어가 수시로 오가는 덕에 활기가 가득한 곳이었기 때문이다. 서로 다른 날 따로 모임을 열었던 두 그룹은 안면을 트게 되고 얼마 지나지 않아 하나로 통합되었다. 이들이 바로 20세기 전반기 영국의 예술, 문학, 그리고 지성사에 큰 발자취를 남겼다고 평가받는 블룸즈버리 그룹(Bloomsbury group)이다.

그룹이 활동했던 초기에 핵심 구성원은 열 명 남짓이었다. 미술 쪽은 바네사 벨, 던컨 그랜트(Duncan Grant), 메리 바레-코니쉬(Mary Warre-Cornish)가 중심이었고, 철학과 비평, 문학 쪽은 주로 버지니아 울프의 오빠인 토비의 인맥으로 그가 케임브리지 대학에 재학 중이던 시절에 만난 친구가 주를 이루었다. 존 메이너드 케인스, 로저 프라이, E.M. 포스터, 레너드 울프, 리튼 스트래치, 데스몬드 매카시(Desmond MacCarthy), 클라이브 벨(Clive

그란체스터 과수원 (©권신영)

Bell) 등이 주요 구성원이었다(학부 시절 케인스는 수학과였고 관심은 미학과 철학에 있었다). 동생 버지니아는 언니 오빠의 친구들과 자연스럽게 어울리게 되었다.

구성원들의 친구나 친척 관계가 더해지면서 몇 명이 더 그룹에 들어왔다. 미술계 쪽에서 활동하는 던컨 그랜트는 리튼 스트래치의 사촌으로 파리에서 미술을 공부할 때 알고 지낸 어거스트 존을 소개했다. 여기에 사랑과 결혼이 얽히면서 관계가 사뭇 복잡해졌다. 바네사는 클라이브 벨과 결혼하고, 버지니아는 레너드 울프, 메리는 데스몬드 매카시와 결혼한다. 케인스는 몇 년간 그랜트와 동성연애 관계에 있다가 러시아인 발레리나와 결혼했고, 바네사는 클라이브와 결혼이 깨진 후 그랜트와 평생을 같이했다. 미묘한 관계에서 오는 불편함과 더불어 구성원 몇몇이 사망하고 새로운 멤버가 들어오는 등 시간의 흐름에 따라 변화가 있었지만 블룸즈버리 그룹은 1956년까지 계속되었다.[166]

블룸즈버리 그룹이 갖는 사회적 의미에 대한 논의는 학계에서도 의견이 분분하다. 핵심 멤버인 레너드 울프가 "세상을 바꾸고자 하는 원칙, 이론, 시스템 같은 건 없었다"고 말하듯 그룹 내 개개인의 색깔이 워낙 강해 이들을 하나로 묶어 논하는 것 자체에 회의를 표하기도 한다.[167] 그렇지만 이들이 주고받은 편지와 작품에는 생각의 연결 고리가 존재했으며 서로에 대한 신뢰와 믿음이 있었다.

케인스는 1차 대전이 벌어졌던 때부터 그룹과 거리감을 느끼게 되었다. 당시 멤버 대부분이 반전 노선을 취하면서 뚜렷한 견해차가 생긴 데다 그가 영국 정부의 대독일 배상 협상가로 바빠지면서 교류가 뜸해졌던 탓이다. 하지만 케인스는 런던 아티스트 협회(London Artists Association)와 현대 미술 사회(Contemporary Arts Society) 단체가 만들어지는 데 공헌하는 등 예술 분야를 발전시키기 위해 아낌없이 지원했다. 케인스는 블룸즈버리 구성원들과 나누었던 추억을 끝까지 간직한 사람이기도 했다. 그는 1916년, 블룸즈버리 그룹이 처음 만났던 고든 스퀘어 46번가 집에 월세로 들어간 후 1946년에 사망할 때까지 그곳에서 살았다.[168]

글을 쓰며 호가드(Hogarth) 출판사를 운영했던 울프 부부는 경제학자 케인스, 소설가 포스터, 비평가 프라이 등 블룸즈버리 멤버의 글을 출판해주었고, 화가 그룹은 이들이 출판하는 책이나 잡지 표지를 디자인했다. 벨 클라이브는 친구 로저 프라이가 자신의 아내 바네사와 염문을 뿌렸는데도 로저가 기획한 두 번째 후기 인상파 전시회(Second Post-impressionist Exhibition)를 지원했다.

본론으로 돌아오면, 그란체스터 그룹은 블룸즈버리 그룹 구성원 일부와 케임브리지 대학교에서 비밀리에 활동했던 엘리트 토론 그룹인 '사도(Apostle)'의 일부 구성원으로 이루어진 모임이다. 블룸즈버리 측 구성원은 버지니아 울프, 어거스트 존, 케인스, 포스터이고 사도 측은 러셀, 비트겐슈타인, 케인스, 포스터, 루퍼트 브룩이다(케인스와 포스터는 중복되어 있다). 인적 관계에서 루퍼트 브룩은 양쪽을 잇는 일종의 다리 역할이었다. 그는 케인스의 동생 제프리 케인스와 중고등학교 시절부터 친구로 지냈다. 브룩은 대학에 입학한 후 사도 그룹에 뽑혔고 그곳에서 예전부터 알고 지내던 제프리의 형 케인스를 비롯하여 러셀, 비트겐슈타인, 포스터를 만나게 되었다. 블룸즈버리 멤버이기도 한 케인스는 버지니아 울프와 어거스트 존을 사도 그룹과 연결해주었다. 버지니아 울프는 런던에 살고 있었지만, 고모와 사촌이 케임브리지에 거주하던 터라 왕래가 수월했다. 반면 당시 케임브리지에서 살지 않았던 포스터와 존은 자주 어울리지는 못했을 것이다.

그란체스터의 '과수원과 초원'이 만남의 장소가 된 것은 브룩 때문이다. 그는 대학을 졸업하고 1909년부터 과수원집에서 하숙하며 시를 썼고, 1910년에서 1912년까지 2년 동안 과수원 옆에 자리한 '오래된 사제관' 일부를 빌려 지냈다.

그란체스터 멤버들은 모두 최소 중산층 이상으로 경제적으로 풍족한 가정에서 태어났다. 러셀은 귀족 가문으로 그의 대부는 무려 《자유론》을 쓴 사상가 존 스튜어트 밀이었다. 오스트리아 출신인 비트겐슈타인은 2차 대전 때 나치를 피해 국적을 영국으로 바꾸었는데, 그의 집안은 '오스트리아의 철강왕 앤드루 카네기'로 불릴 정도로 유럽 전체에서 손꼽히는 부자였다. 케인스는 아버지가 케임브리지 대학교수인 지식인 집안이었고, 브룩은 아버지가 명문 사립학교 럭비(Rugby)의 교장이었다. 나머지도 모두 유복한 가정에서 자라났다.

경제적으로 편안한 환경에서 자라난 이들이 한적한 과수원에서 만났던 1909년부터 세계 1차 대전이 발발했던 1914년. 이들에게 5년이라는 시간은 어떤 의미였을까? 과수원에서는 그 시기를 다음과 같이 설명했다.

> 목가적인 시기였다. 워털루 전쟁 이후 세상은 거의 100년 동안 비교적 평화로웠다. 여유롭고 나긋한 우아함, 활기찬 에너지로 가득하고 긍정적이었던 시대였다.

음…… 틀린 말은 아니다. 1815년, 영국의 웰링턴 백작은 유럽 정복을 꿈꾸던 나폴레옹이 지휘하는 프랑스군의 약 3분의 2를 워털루에서 괴멸시켰다. 회복하기 어려운 패배에 나폴레옹은 결국 몰락하게 되었고 이후 1차 세계 대전이 벌어질 때까지 유럽 땅에서 큰 전쟁은 없었다. 그렇지만 뭔가 설명이 좀 부족하다. 전쟁이 없으면 평화의 시기이고, 평화는 곧 여유롭고 목가적이라는 생각엔 반론할 여지가 많다. 전쟁이 없었다면 과연 무엇이 있었을까?

그란체스터 그룹에는 선명한 세대 차가 있었다. 러셀과 나머지 구성원들 사이의 세대 간 격차는 무시할 수 없는 부분이었다. 최연장자인 러셀은 자서전에서 "10년이 가지고 온 정신세계의 변화는 놀라웠다"고 고백했다. 러셀은 1872년생으로 버지니아 울프보다는 열 살, 케인스보다는 열한 살이 많았다. 브룩과 비트겐슈타인은 울프와 케인스보다도 어리고 존과 포스터는 1880년대에 가까운 1870년대 말에 태어났다. 불과 10여 년 차이였지만 러셀은 자신을 19세기 "빅토리아 세대"로, 케인스와 그 주변 인물들을 20세기 "에드워드 세대"로 구분했다(1901년에 빅토리아 여왕이 사망한 후 에드워드 7세가 왕위를 계승했다).[169]

전통과 모던, 구세대와 신세대. 그란체스터 구성원 대부분이 태어난 1880년대부터 이들이 20대를 지낸 1900년대는 사회 변화가 유달리 돋보였던 시기다. 그래서 붙여진 이름이 소위 '진보의 시대'다.

여기에서 진보란 두 가지로 나누어 살펴볼 수 있는데, 우선 과학 기술에서 이루어낸 변화가 있다. 1889년에 완공된 에펠탑(Eiffel Tower)은 인간이 닿을 수 있다고 생각했던 높이의 한계를 넘어섰다. 미국 에디슨이 전구를 발명하고 영국은 1880년대부터 전기를 도시부터 공급하기 시작했다. 인간은 이제 어쩔 수 없이 따라야 했던 자연의 시간과 리듬, 어두움에서 점차 벗어나고 있었다.

공간적 제약도 줄었다. 1886년에는 칼 벤츠(Karl Benz)가 아직 미숙한 단계지만 엔진으로 움직이는 자동차를 발명했다. 1903년에는 대서양 저쪽 미국에서 라이트 형제가 비행기 실험에 성공했다는 소식이 들려왔고, 영국에서는 1909년 야심 차게 초호화 여객선인 타이타닉을 건조하는 작업에 착수했다. 사람들 간에 연락을 주고받는 일도 수월해졌다. 19세기 전반기부터 영국 전역에 깔리기 시작한 철도 덕에 전국이 연결되면서 우편 같은 행정 시스템이 자리를 잡았다. 1895년에 발명된 라디오에 이어 1897년, 무선 전신이 개통되면서 먼 세상 이야기를 같은 시간대에 들을 수 있게 되었다.

두 번째는 사회 영역에서 이루어낸 진보(?)다. 진보에 담긴 개념은 그 수도 많고 다소 복잡하지만 당시 사회를 지배했던 가장 강력한 개념 중 하나가 사회 진화론에 근거한 서구우월주의였다. 철도와 통신 기술은 그 상징이었다. 자유 무역주의와 문명화를 내세운 영국은 철도를 놓는 동시에 식민지화 사업을 추진했고, '해가 지지 않는' 대영 제국의 정점을 향해 달려가고 있었다. 문화와 과학은 이를 뒷받침했다. 다윈의 진화론은 사회 진화론으로 변형되어 국가 간 우열 개념을 굳히는 데 이용되었다. 나아가 인종 개량으로 이어져 1900년대 우생학이 등장하기에 이르렀다. 우월함에 기반한 제국의 민족주의에 대항할 식민지 민족주의도 빠르게 형성되었다.

영국 내부에서는 정의 개념을 결합한 진보가 등장했다. 노동자를 비롯한 여성은 정치적 평등을 내세우며 참정권 운동을 벌였다. 무자비한 시장 자본주의에 도전하며 경제적 불평등을 시정하려는 사회주의 운동도 퍼져나갔다. 다른 한편으로 사람들은 공장제식 노동과 대량 생산에 기댄 소비주의로 인간다운 삶을 살기 어려워지자 자연의 흐름대로 노동하고, 휴식을 취할 수 있었던 과거 생산 체제를 그리워하게 되었다. 도로 곳곳에 넘쳐나는 오물로 지린내가 진동하는 등 도시 위생이 최악으로 치닫는 상황은 도시와 주택을 개혁하고, 무차별적 개발에 반대하는 자연 보호 운동이 태동하게 된 근거로 작용했다.

사회 변화가 동시다발적으로 발생하던 세기말과 세기 초 모습에 대해 버지니아 울프는 에세이 《*Mr. Bennett and Mrs. Brown*》(1924)에서 다음과 같이 표현했다.

> 1910년 12월을 기점으로 인간 속성(human character)이 변했다.…… 변화는 갑작스럽지도 명확하지도 않았지만 분명히 있었다 …… 주인과 하인, 남편과 아내, 부모와 자식 등 인간관계가 변했다. 인간관계가 변하면서 종교, 행동, 정치, 문학도 같이 변했다.

불분명하지만 버지니아는 세상이 변하고 있다는 사실을 느끼고 있었는데 1910년 12월을 기점으로 그 정체가 명확해졌다는 뜻이다. 여기서 버지니아가 콕 집어 언급할 만큼 자신의 머리를 크게 한 방 때린 사건은 바로 1910년 12월에 열린 〈마네와 후기 인상파〉 전시회다.

반 고흐와 폴 고갱, 앙리 마티스, 폴 세잔의 그림을 최초로 런던에 선보이는 자리였다. 전시 기획자는 블룸즈버리 구성원인 로저 프라이다. 그는 케임브리지에 재학하던 시절에는 자연 과학을 공부했으나 졸업한 후 회화로 진로를 바꾸고 화가 겸 평론가에 미술관 큐레이터로 활동하고 있었다. 로저는 1906년, 뉴욕 메트로폴리탄 미술관에서 큐레이터로 일하던 중 세잔의 작품을 접했다.

전에 없던 새로움에 충격을 받은 그는 바로 런던 전시회를 기획했다.[170] 런던 시민들은 처음 보는 '기괴한' 인상파 미술 작품에 싸늘한 반응을 보였지만 버지니아 울프에게는 뿌옇기만 했던 뭔가가 선명해진 계기였다.

버지니아 울프가 후기 인상파 전시회를 통해 읽은 시대 변화의 본질은 '개인'이었다. 이전에는 다수가 수긍할 수 있도록 사물을 있는 그대로 바라보고 그려냈다면, 인상파는 화가 자신의 주관적인 느낌과 해석에 집중하여 대상을 표현하는 식으로 바뀌었다. 위 인용문에서 버지니아 울프는 개인성 발달의 전사로서 세 가지 영역에서 발생하는 인간관계의 변화를 지적하고 있다. 주인과 하인은 노동관계를 의미하고, 남편과 아내는 당시 여성 참정권 운동으로 대표되는 젠더 관계를, 부모와 자식은 가족 관계의 변화를 뜻한다. 그 결과로 나타난 개인이 사회가 다층적으로 바뀌는 지점에서 무엇을 읽고 취하는지는 온전히 개인의 몫이었다.

새로움은 사방으로 열려 있었다. 누구는 분절되는 관계 속에서 외롭고 소외된 개인을 표현할 것이고, 누군가는 자유로워진 개인의 자의식에 관심을 가질 것이다. 누군가는 지난 빅토리아 시대에 솔직하지 못한 중상류층의 위선과 또 그걸 알면서도 벗어나지 못한 개인적 고뇌에 초점을 둘 수도 있다. 사회과학적으로는 노동과 국제 정치에서 불거진 불평등의 문제를 다루는 사람도 있을 것이고 과학의 진보 속에 신의 존재를 다시 묻는 사람, 신이 없다고 믿는다면 인간이 닿을 수 있는 인식의 끝을 철학적으로 파고드는 이도 있을 것이다. 그리고 외부 변화와 무관하게 자기만의 방식을 고수하는 존재들에게 시선을 돌리는 이도 생겨날 터다.

그란체스터 그룹이 과수원에서 만나 교류했던 시기는 버지니아 울프가 시대 변화의 분기점으로 꼽은 1910년 12월을 앞뒤로 끼고 있다. 그란체스터 그룹 멤버가 처한 상황은 제각각이었다. 일부는 비눗방울 같은 현실에 불안함을 품고 있었다. 러셀은 그 안에서 세대 차를 느꼈고 정신적으로 특히 예민했던 비트겐슈타인과 브룩, 울프는 우울증과 자살 충동 등으로 힘겨워하고 있었다.

변화한 시대를 소화할 방법을 자기 나름대로 모색하던 이들도 있었다. 케인스는 경제학으로 서서히 진로를 변경하던 중이었고 버지니아 울프는 펜을 들었다. 《전망 좋은 방》(1909)과 《하워즈 엔드》(1910)로 문단의 호평을 받은 포스터는 이때 파격적인 《모리스 *Maurice*》를 썼다. 동성애를 다룬 작품으로 포스터는 영국 사회가 이 책을 소화하지 못할 것이라 판단하고 출판하지 않았다(이 작품은 저자 사후인 1971년이 되어서야 발표되었다).

버지니아 울프의 말마따나 "인간 속성이 바뀌는" 시점에 이들은 그란체스터 과수원에서 만났다. 문명의 상징인 동시에 소비가 지배하는 도시에서, 유복한 가정환경 아래 엘리트 교육을 받은 이들이 원초적이고 모두에게 평등한 초원에서.

네오 페이건

1911년 버지니아 울프가 브룩과 자정에 가까운 시각, 알몸으로 함께 수영한 것은 그란체스터 초원에 얽힌 일화 중에서 가장 유명하다. 언뜻 야릇하게 들릴 수도 있지만 지금까지 알려진 바에 의하면 둘 사이에 전해지는 염문은 없다. 같은 사도 그룹 출신이자 훗날 버지니아와 결혼하는 레너드 울프가 "아프로디테의 눈에 비친 아도니스가 그일 것 같았다"고 묘사할 만큼 브룩은 매력적인 남자였지만 당시 연인이 있었다.[171]

파격은 야외에서 수영할 때 엄격하게 적용되던 사회적 인습을 깼다는 데 있다. 케임브리지에서 야외에서 수영을 즐기는 것은 흔한 일이었다. 지역명조차 'Cam+bridge', 다시 말해 '캠강의 다리'일 정도로 일상생활이 강을 중심으로 이루어져 있었다. 캠강은 폭이 좁고 물살이 세지 않아 수영하기에 최적인 곳이다. 하지만 당시 관습적으로 소년을 비롯한 남성만 알몸으로 수영하는 것이 허용되었고, 수영하는 곳도 남녀가 따로 마련되어 있었다.[172] 두 사람은 이런 사회관습을 깨고 같은 장소에서 수영을 즐긴 것이다. 버지니아 울프까지 옷을 벗고서.

버지니아 울프는 그란체스터 초원을 둘러싼 캠강에서 풍기는 냄새를 "민트와 진흙(mint and mud)"으로 표현할 만큼 강을 잘 알고, 그만큼 좋아했지만 인습을 거슬러 알몸으로 자주 수영할 수 있는 형편이 아니었다. 그녀의 근거지는 런던이었으니 말이다.

하지만 그란체스터 초원을 앞마당 삼아 살던 브룩에게는 그저 흔한 하루 일과였다. 영국의 겨울이 유난히 온화해서 그랬을까? 그는 겨울에도 밤낮을 가리지 않고 수영했다. 지인에게 보낸 편지에서 "네가 코트를 걸치고 불 앞에서 차랑 같이 먹을 밤을 굽고 있을 오후에 나는 벌판과 나무를 가로질러 물로 뛰어들었다"라고 적었다. "별은 수없이 많았지만 달이 없던 밤"에도 그는 거침없이 물에 뛰어들었다. "나는 완벽한 고요 속 검은 물 앞에 알몸으로 섰다. 뛰어들었다. 물은 생명을 내줄 듯한 차가움으로 나를 안았다. 강이 떨고 있다고 생각할 정도"였다며 차가운 겨울 강에 들어갔을 때 고스란히 전해졌던 충격을 표현했다.[173]

브룩의 알몸 생활은 강 바깥에서도 이루어졌다. 과수원에는 브룩이 1909년 7월, 과수원집에서 당시 여자친구인 노엘 올리비에(Noel Olivier)한테 보낸 편지 일부가 남아 있다.

> 나는 시골에 있다. 케임브리지에서 2마일 떨어진 곳이다. 너도 이곳을 알겠지만, 거의 모든 곳이 소풍하기에 좋다. 여기서 나는 셰익스피어를 연구하고 사람들을 거의 만나지 않는다. 공부하다가 지겨워질 때면 맨발에 거의 알몸 상태로 자연 속을 걸어 다닌다. 자연을 이해하려는 척하지는 않지만 나는 자연이란 이웃과 사이좋게 지낸다. 나는 책을 챙기고 그녀(자연)는 닭, 먹구름, 뭐 이런 것들을 가지고 만나는데 우리는 서로에게 꽤 좋은 방향으로 인내심을 발휘하고 있다.

편지에서 브룩은 자연을 의인화하여 옷을 거의 입지 않은 상태로 자연을 이웃으로 삼아 지내는 모습을 보여준다. 그의 자연친화적 생활은 다른 그란체스터 멤버를 통해서도 확인된다. 1909년 11월 브룩을 방문한 케인스는 "그가(브룩) 스웨터 하나만 걸친 채 멋진 여성들과 앉아 있었다"고 기록했다. 브룩은 자신의 생활에 만족했다. 친구에게 보낸 편지에도 이렇게 묘사했을 정도다.

> 나는 건강한 생활을 하고 있다. 일찍 일어나고 고기를 먹지 않고 옷을 거의 입지 않고 머리도 빗지 않는다. 찬물에 목욕하고 하루 10시간씩 (논문)작업을 하고 목욕 수건만 가지고 산과 폭풍우 속을 몇 시간이고 헤맨다. 최고다. 이게 자연으로 되돌아가려는 내 계획의 일부다.[174]

자연으로 되돌아가기. 버지니아 울프는 이렇게 살아가는 브룩을 네오 페이건(neo-pagan)이라 불렀다. 페이건(Pagan)은 자연신, 즉 자연을 숭배하는 이들로 대부분 여러 신을 믿는다. 번개, 땅, 지옥, 태양, 바다, 달 등을 대표하는 신과 여신을 만들고 이를 기반으로 세계관을 구축했던 그리스 신화가 여기에 해당한다. 유일신을 믿는 기독교가 유럽 종교에서 주류를 차지하면서 중세에는 주변부로 밀려났다. 그러나 그리스-로마를 향한 관심이 다시 증폭했던 르네상스 이후부터 주목받기 시작했다. 이때부터 시작되는 현대 이교주의(modern paganism)에는 다양한 형태가 있지만 토속 종교, 지역성, 초자연적 인식론, 자연과 생태계, 친여성주의, 축제, 의례와 같은 것을 공통으로 강조한다. 정치적으로는 중세를 지배한 기독교에 지항한다는 의미를 내포하고, 문화 및 사상적으로는 원시 과거를 그리워하는 19세기 유럽 낭만주의와 결을 같이한다.[175]

버지니아 울프가 말한 신이교주의(neo–paganism)는 19세기 철학자이며 사회주의자였던 에드워드 카펜터(Edward Carpenter, 1844–1929)로부터 빌려온 개념이다. 케임브리지 대학에 재학하던 중 기독교 사회주의를 접한 카펜터는 혁명이 아닌 점진적 사회주의를 추구하는 페이비언 협회(Fabian Society)를 결성하는 데(1884) 힘을 보탰고 현재 보수당과 함께 영국의 양대 정당으로 자리매김한 노동당을 창당하는 데도 참여했다. 또 다른 한편으로 그는 산업 자본주의를 비판하고 자연과 환경을 보호하자고 외친 존 러스킨(John Ruskin)과 자본주의의 대량 생산 방식보다는 손으로 만들어내는 상품에 아름다움이 있다고 믿었던 윌리엄 모리스의 영향을 받았다.

이후 그는 사회주의와 반공장(친자연)이란 개념을 결합해 1880년대 더비셔(Derbyshire)에서 소규모 공동체를 이루어 생활하면서 원시 공산주의를 실험해보았다. 목표는 땅으로 되돌아간 단순한 삶을 사는 것이었다. 검소한 옷을 입고 채식을 위주로 먹으며 직접 채소를 재배하는 삶. 카펜터는 집에 일하는 사람을 두지 않고 스스로 노동하는 일상을 살았다.[176]

브룩은 1906년, 케임브리지 대학에 입학한 후 가입한 사회주의 단체 페이비언을 통해 에드워드 카펜터의 생활 방식을 알게 되었다. 그러고는 페이비언에서 만난 노엘 올리비에와 자크 라베라트(Jacques Raverat)와 가까워졌다. 둘은 남녀 공학 학교인 비데일스(Bedales)를 졸업하고 페이비언 단체에 가입한 참이었다. 비데일스는 배들리(J.H. Badley)가 설립한 학교로 그는 카펜터를 추종하던 사람이었다. 자신이 다닌 엄격한 남자 사립학교와 정반대인 교육 환경을 제공하고 싶었던 그는 카펜터식 삶을 변형하여 학교 교육 방식에 적용했다. 학생들은 수확기가 되면 밭에 나가 일했다. 비수확기에는 머리 쓰는 일을 오전에, 오후에 몸 쓰는 일을 하도록 정했다. 남학생들도 부엌에서 같이 일했고 남녀 모두가 다 같이 찬물에서 수영했다. 순수한 마음과 건강한 몸을 위해 야외 캠핑을 적극적으로 장려하는 등 자연과 인간을 합일하는 교육을 추구했다.[177]

브룩은 페이비언 친구들과 네오 페이건 그룹을 형성했다. 노엘 올리비에와 자크 라베라트뿐만 아니라 찰스 다윈의 손녀 그웬 다윈(Gwen Darwin, 1885–1957), 신여성(New Woman)이었던 캐더린 콕스(Katherine Cox, 1887–1938), 수줍음 많은 더들리 워드(Dudley Ward) 등이 뜻을 같이했다.[178] 1909년, 브룩은 과수원으로 집을 옮기고 페이비언 친구들과 자연 친화적인 삶을 본격적으로 시도한다.

여기에 이따금씩 케인스가 합류했다. 그해 케인스는 케임브리지 대학에서 경제학 강의를 시작했다. 그는 이튼학교에 다니던 시절에는 수학과 역사에, 학부 때는 철학에 관심이 많았으나 뜻밖에도 케인스는 대학을 졸업하고 런던에서 공무원 생활을 했다. 하지만 얼마 지나지 않아 그만두었다. 이후 자신에게 경제학 공부를 강력하게 권했던 알프레드 마샬(Alfred Marshall) 교수 밑에서 학위를 마치고 대학 강단에 섰다. 과수원에는 케인스가 초원에서 친동생의 친구 브룩, 그리고 네오 페이건 그룹과 캠핑 생활을 즐겼다는 설명과 함께 그가 아버지에게 보냈던 편지 한 구절이 걸려 있다.

> 캠프 생활은 제게 잘 어울립니다. 바닥은 딱딱하고 목욕은 아침에 강에서 합니다. 따끈따끈하게 막 요리한 음식도 없고 의자도 없습니다. 하지만 사람들이 생각하는 것만큼 생활이 힘들지는 않습니다.

늘 경제학 이론과 씨름해야 했던 케인스에게 캠핑은 머리를 식힐 기회이지 않았을까? 특히 《확률에 대한 논문*A Treatise on Probability*》(1921)을 준비하기 시작한 이후부터는 더더욱 그에게 필요한 시간이었을 것 같다. 그즈음 통계와 확률 등 책에서 설명한 수학적 개념을 두고 토론 그룹 사도에서 러셀, 비트겐슈타인과 격한 토론을 자주 벌였다고 전해지니 말이다.[179]

후기 인상파 화가 어거스트 존도 1909년, 여기저기 떠도는 집시처럼 캐러밴을 끌고 와 초원에 자리를 잡았다. 존은 그란체스터 구성원 중에서 네오 페이건식 삶과 가장 가까운 사람이었다. 존은 1907년 즈음, 프랑스에서 피카소를 만나 자극을 받고 "뭔가 신선하고 새로운 것"을 시도하고 싶어 했고 이후 사회 제도나 관습에 매이지 않고 유랑하며 사는 집시들을 관찰하고 있었다. 그의 예술 세계를 설명할 때면 항상 따라붙는 '보헤미안'이란 수식어가 무색하지 않을 만큼 존은 실제로도 많이 떠돌아다녔다. 그란체스터는 그가 머물렀던 수많은 곳 중 하나였다. 과수원에는 케인스가 그곳에 머물렀던 존의 모습을 보고 남긴 글귀가 있다.

> 존은 두 명의 부인과 열 명의 벌거벗은 아이들과 캠핑을 하고 있다……. 나는 오늘 이 놀라운 광경을 봤다. 모두 존에 대해 이러쿵저러쿵 수군거리고 있다……. 루퍼트(브룩)가 그를 돌보고 있는 것 같았다. 그는 존, 도렐리아, 피라머스, 데이비드 등을 이끌고 강으로 데리고 갔다……. 루퍼트에 따르면 존은 대부분 케임브리지에 있는 펍(주점)에서 노닥거리며 시간을 보내고 있다. 이따금 거리에서 주먹다짐도 했다고 전해주었다.

19세기 말, 영국 중산층 가족과는 한참 떨어져 있는 광경이다. 당시 이상적인 가족상은 피아노 치는 아내, 엄마를 둘러싸고 서 있는 서너 명의 아이들, 그리고 이들과 함께 노래 부르는 아버지였다. 이런 시대적 분위기 속에 일부일처제가 아닌 일부다처제라니. 존은 워낙 자유분방한 연애를 추구했기에 두 명의 여성이 누구인지는 정확하지 않다. 분명한 사람은 실명으로 언급되는 도렐리아다. 그녀는 존의 뮤즈였던 도로시 맥닐로 도렐리아(Dorothy McNeill)라는 별칭으로 불렸다. 화가 지망생이었던 도로시는 존의 친누나이자 화가인 그웬 존(Gwen John, 1876−1939)을 먼저 알고 그녀의 소개로 존을 만나 알고 지낸 후부터 그와 평생 사실혼 관계를 유지했다.

열 명의 아이들은 누구일까. 존은 아내와 아이 다섯을, 도렐리아와는 아이 넷을 낳았다. 케인스가 위에서 언급한 데이비드는 아내와 낳은 첫 아이고, 피라머스는 도렐리아와 낳은 첫 아이였다.

위 케인즈의 글에는 존의 파격적인 초원 생활을 두고 쏟아졌던 여러 반응이 보인다. 일단 수군거림이 있었다. 통속적인 기준으로 보았을 때 놀랍지 않다. 그런가 하면 존의 대가족을 온전히 환대하는 브룩 같은 사람도 있었다. 간단한 설명만으로는 사정을 속속들이 알 수 없지만 브룩은 존의 가족이 불편하지 않도록 편의를 제공하고 벌거벗은 아이들을 캠강으로 데려가 자연스럽게 일상을 공유하는 한편, 존이 술집에서 싸움을 벌이면 그것까지 손수 나서서 정리해주었다.

케인스는 내부자인데도 제3자로서 객관적인 관점을 유지했다. 그의 감정이 드러나는 곳은 "놀라운 광경"이라는 구절 하나뿐이다. 그 나머지는 자신이 본 사실과 들은 것에 대해 출처를 밝혀가며 오로지 정보에 입각한 이야기를 전했다. 케인스는 가십과 온전한 수용 그 사이에서 선을 지키며 존을 관찰했던 듯하다.

선불리 판단하지 않기. 케인스와 그의 세대에게 도덕은 타인이 이러쿵저러쿵할 수 없는 개인의 영역이었다. 이들은 절대적 가치, 절대선, 모두가 따라야 할 일반 도덕률에 공감하지 못했다. 당시는 과학 기술이 발전하여 천 년 이상 유럽인들의 판단과 행동을 지배했던 신이라는 존재가 의심받는 시대였다. 젊은 세대를 중심으로 서서히 움트던 일반 도덕률에 대한 반발은 케인스의 《My Early Belief》란 글에 잘 나타난다.[180] 여기서 케인스는 "우리(블룸즈버리 그룹)는 우리 세대 중 처음으로 벤담 전통(Benthamite tradition)에서 벗어났다"[181]고 말한다.

여기서 말하는 벤담주의는 '최대 다수의 최대 행복'을 표방하는 공리주의적 도덕관이다. 19세기 영국은 가족 윤리, 이타성, 절약, 성적 절제 등의 가치를 내세우며 질서 있고 공리성이 살아있는 사회를 추구했다. 그러나 이는 현실과 맞지 않았다. 규제 없는 시장 자본주의 속에서 노동자 계층의 아동은 공장과 광산에서 일해야 했고 여성은 성매매로 돈을 벌었으며, 많은 이들이 싸구려 술인 진에 중독되어 살았다. 반면 소비문화에 노출된 중산층에게 이타심, 절약, 절제와 같은 가치는 거북할 따름이었고, 기술적 진보로 나날이 새로운 세상을 경험하는 젊은 세대에게 기존 덕목은 고루할 뿐이었다.

공리주의적 이상과 현실 사이의 괴리가 점차 커지던 무렵, 철학자 무어(G.E. Moore)가 《윤리학 원리*Principia Ethica*》(1903)를 출판했다. 케임브리지에서 러셀, 비트겐슈타인과 함께 영국 분석

철학의 기초를 닦았던 무어는 이들과 토론 모임 사도에서 같이 활동했다. 무어는 러셀의 1년 후배였다. 하지만 20대 초의 러셀은 "나는 그(무어)를 거의 신처럼 숭배했다. 그 누구에게도, 과하다 싶을 정도로 존경을 느껴본 적이 없었다"고 말했다.[182] 그를 추앙한 이는 러셀만이 아니다. 케인스, 울프, 포스터, 프라이 등 그룹 사도와 블룸즈버리 그룹에 사상적으로 가장 큰 영향을 끼친 이가 무어라는 데는 이견이 없다.

무어가 쓴 책에서 케인스가 두 팔 벌려 환호한 내용은 선(good)에 대한 개념이다. 무어는 '선, 즉 좋다는 것이란 무엇인가'라는 철학적 질문을 두고 "선은 정의되지 않는다"고 답했다. 옳고 그름의 판단은 개인에게 있으며 개인이 사회가 부여한 일반 도덕률에 따를 의무는 없다고 주장했다.[183]

무엇이 가치가 있는지 판단할 결정권은 개인에게 있고, 그 결과로 불가피하게 생겨날 개인 간 차이를 인정하고 존중해야 하며, 더 길게 보았을 때 가치와 도덕은 시대에 따라 변한다고 주장했다. 시대적 함의가 깊은 주장이었다. 무어가 주장한 상대성은 절대성을 추구하는 기독교식 사고관에 대한 도전이었고 무어가 강조한 개인성은 사회적 이익을 우선시했던 공리주의에 대한 저항이었다.

사회에서 통용되던 대부분의 가치를 상대화시킨 무어였지만 그가 예외적으로 절대성을 인정한 선(좋음)이 있었다. "우정 등 인간관계에서 오는 기쁨"과 "예술과 자연의 아름다움을 즐길 때

오는 기쁨"이다. 무어는 이 두 가지만큼은 시간을 초월해 보편적으로 존재할 수 있는 선이라 주장했다.

무어의 주장에 블룸즈버리 그룹은 열광했다. 케인스는 《My Early Belief》에서 "(무어의 책을 읽은 후) 우리(블룸즈버리 그룹)는 일반적인 규칙에 복종해야 할 개인적 부채감을 전부 없앴다. 우리에게는 개인적 사안 일체를 판단할 권리, 능력, 지혜, 그리고 경험이 있다. 이것은 우리의 신념 중 아주 중요한 부분이었다"고 당시를 소회했다.[184]

그란체스터 초원은 무어의 보편적 선(좋음)과 개인성 모두를 실현한 공간이었다. 초원 생활에서 오는 기쁨은 무어가 말한 자연의 아름다움에 속한 선이었다. 그 속에서 그란체스터 그룹 각각은 일반 도덕률에서 벗어나 개인이 지향하는 가치에 맞추어 무어의 원리를 적용했다. 이는 그란체스터 초원이 모든 도덕관과 정치관에 열려 있는 평등한 공간인 덕분에 가능한 일이었다.

머리도 빗지 않고 옷을 거의 입지 않은 채 초원을 헤매는 브룩과 네오 페이건에게 초원은 원시 사회주의를 시험할 최적의 장소였다. 연인 두 명과 열 명의 아이들을 이끌고 캠핑하는 존에겐 사회 인습으로부터의 해방을 실험하는 공간이었다. 그리고 그란체스터 그룹은 이를 이러쿵저러쿵 평가하지 않고 오롯이 개인의 판단에 맡겼다. 개인의 가치관을 전적으로 신뢰하는 것이 바로 우정을 쌓는 방법이었고 우정(인간관계)에서 오는 기쁨 역시 무어가 꼽은 두 번째 선이었다.

개인성에 대한 인정, 간섭하지 않는 우정, 서로 자유롭게 시작과 끝을 맺을 수 있는 사랑은 버지니아 울프를 중심으로 두드러지게 나타났다. 버지니아 울프는 이따금 페이비언(사회주의)식 생활방식과 페이건식 생활을 병행하곤 했다. 칼 마르크스와도 직접 알고 지내던 메이트랜드 래드퍼드(Maitland Radford)와도 이를 공유했다. 공동 관심사인 자연이 버지니아와 페이비언 그룹을 연결해주었지만 이들에겐 중대한 차이가 있다. 개인과 자아의식을 중시한 버지니아 울프는 자연을 개인 해방의 공간으로 파악한 반면, 페이비언들은 인간을 사회적 존재로 보고 자연 앞에서 평등한 공동체를 중시했다.

개인주의 성향이 강한 버지니아는 신기하게도 사회주의자인 레너드 울프와 결혼했다. 레너드는 케인스처럼 케임브리지 대학의 사도 모임과 블룸즈버리 그룹 양쪽에 걸쳐 있는 인물이었다. 그란체스터 그룹이 함께 어울렸던 1909년에서 1914년 사이에 레너드가 케임브리지에 있었다면 마땅히 일원이 되었겠지만, 그 시기에 영국 식민지 실론(Ceylon, 현재 스리랑카)에 있었다. 1904년부터 1911년까지 식민지에서 관료로 지내는 동안 그의 눈에 비친 대영제국은 아름답지도 정의롭지도 않았다.

결국 그는 반제국주의자로 변모했고 관료 생활을 접게 되었다. 영국으로 귀국한 그는 1916년에 점진적 사회주의를 추구하는 페이비언 협회와 노동당에 가입했다. 이후 레너드는 노동당에서 국제 관계 자문도 하면서 정치 평론 분야에서 저술 활동을 펼쳤다.

그가 밟아온 삶의 경로를 알고 있는 버지니아는 존경을 표했고 레너드가 페이비언 협회의 청탁으로 《Empire and Commerce in Africa》을 저술할 때 자료를 수집하고 정리하는 등 그를 직접 도왔다.[185]

하지만 버지니아는 레너드처럼 페이비언 협회에 몸을 담그지 않았다. 오히려 페이비언에겐 미학적 요소가 부족하다고 평하며 거리를 두었다.[186] 그런 그녀를 두고 레너드는 "아리스토텔레스가 정치적 동물이란 단어를 만든 이래 가장 정치성이 없는 동물"이라고 표현했다.[187]

흔들리지 않고 개인성을 고수한 버지니아 울프와 달리, 브룩은 사고의 급격한 전환을 보였다. 1차 대전이 발발하면서 초원은 지켜야 할 땅, 즉 국가를 상징하는 장소로 대체되었고 그란체스터에 대한 그의 사랑은 애국심으로 바뀌었다. 브룩이 케임브리지 입학한 후 그의 사고를 주관하던 단어가 원시적 아름다움, 시, 자연, 사회주의, 해방, 사랑, 채식 등이었음을 고려할 때 애국은 상당히 놀랍다.

하지만 그에게는 애국주의가 발현될 여지가 충분했다. 무엇보다 19세기 남자 사립학교 교육에서 받은 영향이 컸다. 그는 아버지가 교장으로 있는 럭비 학교를 다녔는데, 럭비는 1567년에 설립된 학교로 19세기 후반에는 이튼, 해로우(Harrow)와 영국 10대 사립학교에 나란히 이름을 올렸다. 당시 남자아이들이 다니는 사립학교는 육체적 강인함을 강조해서 럭비 같은 스포츠가 필수 과

목이었다(스포츠 종목인 럭비가 이 학교에서 탄생했다는 설이 유력하다).

육제적 힘은 사립학교가 추구하는 핵심 가치, 즉 남성성, 권력, 우월성, 지도자의 자질, 그리고 지배할 능력을 기르기 위한 기본 조건이었다.[188] 특히 전쟁기의 지도자란 국가에 대한 헌신, 즉 자발적으로 참전하는 것을 의미했다. 실제로 1815년 워털루 전투는 "이튼 운동장에서 이겼다"라는 말이 나올 만큼 주로 사립학교 남학생들이 전장에 나갔다. 이외에도 남학생들은 19세기 전쟁부터 세계 1차대전에도 대거 참전했다. 브룩도 마찬가지였다. 그 역시 19세기 남성성에 기반한 교육과 가치관이 잠재되어 있었다.

전쟁 이외에 그란체스터와 국가를 잇는 또 다른 요소는 향수다. 1912년, 브룩은 독일과 이탈리아로 여행을 갔다. 5월에는 친구 더들리 워드가 있는 베를린에 갔다가 카페에서 시를 썼다. 그의 대표작 중 하나인 《The Old Vicarage, Grantchester》이다.

신이시여, 나는 짐을 싸 기차를 탈 것이오
나를 다시 한번 잉글랜드로 데려다주오!
내가 알고 있는 한 곳
아름다운 마음을 가진 이가 가는 곳,
잉글랜드의 케임브리지
알고 있는 사람을 위한 곳
내가 다른 어디보다도 좋아하는 바로 그곳

사랑스러운 작은 마을 그란체스터

브룩은 자신이 기억하는 그란체스터의 정경을 시에 묘사했다. 자기 방 앞에 피어있을 라일락, 끝없이 쏟아지는 햇살, 평온한 초원에서 즐기던 낮잠, 맨발로 거닐던 초원, 밤낮 가리지 수영하던 기억, 새벽 강물의 얼음 같은 차가움 등. 그는 5월이면 푸르른 모습으로 변하는 그란체스터를 그리워했다.

브룩은 "차에 넣을 꿀이 아직 있을까?"로 시를 마무리한다. 차와 꿀. 차는 그의 몸에 밴 영국 문화다. 여기서 꿀은 시중에서 판매하는 꿀이 아니라 그란체스터에서 생산된 '자연산' 꿀이다. 과수원 옆집 '오래된 사제관' 주인의 취미가 양봉이었던 터라 과수원은 그 꿀을 구입해 사용했고, 브룩은 과수원집 하숙 시절부터 그 꿀을 먹었다. 아마도 오래된 사제관으로 이사한 1910년부터는 양봉하는 과정도 직접 보았을 것이다. 당시 고기를 거의 먹지 않았던 브룩이 친구들에게 자신의 주식은 꿀, 달걀, 우유라고 했을 만큼 꿀은 그의 그란체스터 생활을 상징하는 음식이었다.

잉글랜드 문화를 대표하는 차, 자연과 그란체스터를 상징하는 꿀, 그리고 베를린에서 차와 꿀을 그리워하는 브룩.

향수가 짙게 배어있는 1912년 시는 1차 대전 참전 중에 쓴《병사》(1914)로 연결된다. 브룩은 1914년 8월 군대에 자원해 전쟁터에 있으면서도 틈틈이 시를 써서 발표했는데, 그중 하나가《병사》였다. 이 시는 "내가 죽는다면 나에 대해 이것을 생각해주오"로 시작하여 그가 기억하는 조국 잉글랜드의 이미지를 하나씩 나열한다. 강에서 수영했던 기억, 온 만물을 축복하는 햇살, 풍요로운 땅, 그보다 더 풍요로운 진흙, 사랑스러운 꽃, 한가로이 돌아다니던 길, 그 시절에 꾸었던 꿈, 자연스럽게 흘러나오던 웃음, 자연에서 함께했던 친구, 평화로운 마음. 바로 자기를 그란체스터에서 살았던 모습대로 기억해달라는 부탁이다.

간절한 염원에도 불구하고 브룩은 그란체스터로 돌아오지 못했다. 허망한 죽음이었다. 소속된 군대가 이집트를 거쳐 그리스-터키 쪽으로 이동하던 중 그는 모기에 물려 1915년 4월, 패혈증으로 사망하여 그리스 스키로스섬에 묻히고 말았다. 윈스턴 처칠이 《타임스》를 통해 브룩의 죽음을 알렸다. 브룩을 '시인-병사'로 칭한 처칠은 "그는 잉글랜드의 아름다움과 위대함을 위해 죽을 각오를 하고 있었다"고 썼다. 잉글랜드의 고귀한 아들들이 본받고 싶어 하는 "몸과 마음이 완벽히 일치된" 젊은이였다며 브룩을 국가를 위해 죽은 숭고한 청년으로 칭송했다.

처칠이 브룩을 애국심 가득한 군인으로 바라보았다면 러셀은 그의 꿈을 기억했다. 과수원에는 러셀이 브룩을 추모하며 남겼던 글이 적혀 있다. "젊은 세상이 사라졌다는 것이 애통하다…… 우리는 삶, 에너지, 진실이 가득한 세상을 희망했고 루퍼트(브룩)는 삶과 세상을 사랑했다.…… 그의 마음에 위선과 거짓은 없었다"며 브룩을 초원을 뛰어다니고 거침없이 강으로 뛰어들던 자유로운 영혼으로 기억했다.

치유의 장소-비트겐슈타인과 버트런드 러셀

그란체스터 그룹 내 최연장자이자 1909년 당시 케임브리지 대학 철학과 교수였던 러셀은 가장 먼저 초원을 드나들었던 이다. 과수원에 적힌 설명에 따르면 1900년대 초 러셀은 밀 하우스에서 10년을 살았다. 과수원 옆집이 '오래된 사제관', 그리고 그 옆집이 밀 하우스다.[189]

그곳에 사는 동안 러셀이 쓴 저서가 《수학의 원리*The Principles of Mathematics*》(1903)인데 책을 집필하는 동안 초원을 무진히도 걸었던 그는 스스로 그란체스터의 "풀잎 하나하나까지 전부 다 안다"고 자부할 정도였다. 하지만 그가 케인스나 울프, 존처럼 캠핑을 즐겼다는 기록은 없다. 대신 그는 일요일이 되면 느지막하게 아침을 먹고 저녁을 먹을 때까지 온종일 걸어 다니는 습관이 있었다.

1911년 어느 날, 한 사람이 러셀의 연구실 문을 두드렸다. 그란체스터 그룹에 가장 늦게 합류한 스물두 살의 청년 비트겐슈타인이었다. 1889년에 오스트리아 비엔나에서 태어난 그는 1908년, 영국 맨체스터로 날아가 항공에 관련된 공학을 공부하고 있었다. 뒤늦게 철학과 수학에 관심이 생긴 그에게 독일 철학자 고틀롭 프레게(Gottlob Frege)는 러셀을 찾아가 보라고 권했고 진짜로 그가 머무르는 곳까지 한달음에 달려온 것이었다.

러셀은 자서전에서 그를 "영어를 거의 못 하던 독일인"으로 표현하며 첫 만남에서 일어난 일을 다음과 같이 회상했다.

"당신은 내가 천치바보라고 생각하나요?"

"그걸 왜 알고 싶나요?"

"바보라면 나는 항공학 엔지니어가 되려고 합니다. 만약 바보가 아니라면 나는 철학자가 되어볼까 합니다."

러셀은 철학적 주제를 하나 잡아 글을 써오면 바보인지 아닌지를 알려주겠다고 답했고 비트겐슈타인은 방학 동안 글을 하나 써서 그에게 제출했다. 러셀은 첫 도입부만 보고 그가 천재라는 것을 알아챘다고 한다. 믿거나 말거나 천재로 판정받은 비트겐슈타인은 러셀의 제안으로 1911년 케임브리지 대학에 입학했고 케인스, 러셀, 브룩이 있는 토론 모임 사도에도 뽑히면서 그란체스터 그룹과 자연스레 인연이 닿았다.

비트겐슈타인의 지적 능력에 이견을 다는 사람은 없었다. 훗날 러셀은 자서전에서 그와 맺은 인연을 "(내) 학문 인생의 최대 즐거움"으로 표현하고 비트겐슈타인이 "최고 수준의 지적 능력과 순수한 열정"을 가지고 있었다고 소회를 밝혔다. 동시에 "매일 아침 희망으로 일어나지만 매일 밤 절망으로 하루를 마친다"는 우울증이 유난히 심했던 제자가 한 말도 기억했다.

비트겐슈타인은 늦은 밤에 나를 종종 찾아왔다. 야생 짐승처럼 세

시간을 내 방에서 왔다 갔다 정신없이 걸었다. 어느 날 나는 그에게 '논리와 죄' 중 어떤 것을 생각하고 있냐, 라고 물었다. '둘 다'라고 답하고 그는 계속 걸었다. 잠을 잘 시간이라고 말할 수 없었다. 집을 나서는 순간, 그가 자살할 것 같았다.

당시 비트겐슈타인은 실제로 수년째 외로움과 자살 충동에 시달리고 있었다. 러셀은 정신적으로 위태로운 제자가 보인 행동을 포용하고 격려하면서도 규칙적으로 운동하라고 권했다. 충고를 받아들인 비트겐슈타인은 대학 캠퍼스에서 그란체스터 초원까지 말을 타거나 카누를 타고 노를 저으며 캠강을 따라 내려갔다.

그렇게 1년이 흘러간 후 1912년, 비트겐슈타인은 우연히 러셀의 연구실에서 수학을 전공하던 데이비드 흄 핀센트(David Hume Pinsent, 1891−1918)와 만났고 둘은 금방 친해져 아이슬란드로 같이 여행도 떠났다(비트겐슈타인은 당시 여행에 쓸 돈이 없었던 핀센트를 대신해 비용 전부를 부담했다). 과수원에는 비트겐슈타인을 따라 그란체스터를 자주 찾았던 핀센트에 대한 기록이 걸려 있다.

나는 비트겐슈타인과 카누를 타고 그란체스터에 갔다. 우리는 함께 과수원에서 점심을 먹었다. 언제나 그렇듯 그는 처음 우울한 분위기에 젖어있었지만, 점심을 먹고 나니 갑자기 상념에서 깨어났다. 그리고 우리는 헤엄쳐 바이런이 수영했던 곳까지 내려갔다. 몸을 닦을 수건도 없었지만 정말 재미있었다.

그란체스터의 초원과 강은 우울함에 빠진 비트겐슈타인을 깨어나게 하고 웃게 하는 치유의 공간이었던 셈이다. 이후 비트겐슈타인은 좀 더 깊이 자연으로 들어갔다. 1913년 핀센트와 같이 떠난 노르웨이 여행에서 그는 강이 내려다보이는 깊은 산속의 절벽 끝에 자리한 오두막이 주는 극도의 고독 속에 논리학 문제를 풀기로 마음먹었다. 그의 우울증을 누구보다 잘 알던 러셀은 고립된 환경이 줄 어두움, 외로움이 그의 잠재된 광기를 더욱 악화할 수도 있다며 만류했지만, 정신적으로 상당히 호전되었던 그의 고집을 꺾지는 못했다. 그는 노르웨이로 떠난 후 서신으로 케임브리지에 남은 러셀과 핀센트와 계속 연락을 주고받았다.

집필 활동에 매달리던 비트겐슈타인은 다음 해, 전쟁에 휘말렸다. 1차 대전이 발발하자 그는 오스트리아군으로 지원했다. 전쟁터에서 정신적 불안함이 다시 시작되는 가운데 그는 신과 인간의 의지, 선과 악, 삶과 죽음의 문제를 정면으로 마주하게 되었다.

그리고 전쟁 막바지인 1918년, 핀센트의 어머니로부터 소중한 친구가 사망했다는 소식을 전해 들었다. 핀센트 역시 군에 지원하여 영국 공군 보조 조종사로 참전했다. 비트겐슈타인에 따르면 핀센트는 "나의 첫 친구이자 유일한 친구"였고 "그와 보낸 시간이 내 인생 최고의 순간"일 만큼 의미 있는 존재였다. 비트겐슈타인은 핀센트를 만난 후부터 집필을 시작해 6년간 공을 들여 끝낸 책 《논리철학 논고*Tractatus Logico-Philosophicus*》를 그에게 헌정한다며 친구 어머니에게 답장을 보냈다.

그가 죽은 이후 비트겐슈타인은 러셀에게 이렇게 말했다. "핀센트가 내 삶의 반을 가져갔고 악마가 나머지 반을 가져갔다"고.[190] 비트겐슈타인은 극심한 정신적 고통에 시달리다가 끝내 자살을 시도하지만 친척에게 구제되었다. 종전 후 비트겐슈타인은 케임브리지로 돌아가지 않았다. 러셀에게 보낸 편지에서 "영혼이 행성을 뒤덮을 만큼 커다란 슬픔으로 가득 차" 있다고 하면서 "전쟁이 나를 바꿨다. 케임브리지는 나에게 좋은 기억을 선사해준 곳이지만 나는 초등학교 선생님이 되기로 결심했다"고 전한다.[191]

전쟁은 비단 비트겐슈타인만 바꾼 것이 아니었다. 그란체스터 그룹 구성원인 브룩이 전사했고 러셀은 반전 운동으로 감옥에 투옥되고 대학에서 해고되었다. 케인스는 여전히 케임브리지대 소속이었지만 재정부 일로 케임브리지보다는 런던에 체류하는 시간이 더 길었다. 버지니아 울프는 1915년경부터 정신 건강이 급격히 악화하여 집중해서 글을 쓰는 시간까지 조절해야 할 만큼 힘든 시기로 접어들었다.

비트겐슈타인은 전쟁으로 산산조각이 난 삶 속에서 방황하다 십여 년이 지난 후에야 케임브리지로 돌아갔다. 그때가 1929년이었다. 오후 5시 15분 기차에서 비트겐슈타인을 만났다는 케인스는 "음… 신이 도착했다"며 그의 귀환을 환영했다.[192] 비트겐슈타인은 여기저기 돌고 돈 끝에, 제자리로 돌아왔다. 그는 러셀과 무어의 지도와 지지 속에 박사학위를 받고 1951년에 사망할 때까지 케임브리지에서 철학을 가르쳤다. 그러나 그란체스터 그룹은 이제 자취를 감추었다.

그란체스터 그룹은 문서상으로만 그 흔적을 찾아볼 수 있지만, 초원은 여전히 그 모습 그대로다. 어느 여름날 오후, 나를 찾아온 고등학교 친구와 캠강을 따라 초원을 걷는데 뜻밖에도 큰아이의 친구를 만났다. 아빠의 명으로 집에서 만든 레모네이드를 팔고 있었다. 짐작이 갔다. 레모네이드를 만들어 파는 일은 전통적인 미국식 교육 활동 중 하나이고 그 아이의 아빠는 미국인이었다. 그렇다 해도 지나다니는 사람도 별로 없는 허허벌판에서? 많이 팔았냐고 물었더니 씨익 웃으며 내가 첫 손님이라고 답했다. 분명 차갑게 만들어 왔을 텐데 아이가 건넨 레모네이드는 이미 미적지근했다.

다 팔지도 못할 레모네이드를 내놓고 쨍쨍한 햇빛 아래서 하루 종일 지겹게 바라봤을 초원은 아이에게 어떤 모습으로 남을까. 초원 속 레모네이드. 모두에게 열려 있는 초원은 여전히 같은 자리에서 크고 작은 사연을 만들어나가고 있다.

영국 이야기 문화의 미래

런던 테이트 모던(Tate Modern) 미술관에는 영국 도서관(The British Library)이란 작품이 있다. 나이지리아계 영국인 잉카 쇼니바레(Yinka Shonibare)가 만든 것으로 전시실 3면을 약 6,300권의 책으로 채웠다. 책은 알록달록 총천연색이다. 여기에 사용된 네덜란드 왁스 프린트(Dutch wax print)는 서아프리카와 중앙아프리카에서 의류를 만들 때 사용하는 소재로 다채로운 색상의 면직물이다. 쇼니바레는 이를 활용하여 화려한 색감의 천으로 책 표지를 만들었다.

빼곡히 꽂혀 있는 책등에는 이름이 하나씩 쓰여 있다. 모두 영국 출신 이민자들이다. 엘리자베스 2세의 남편인 필립공, 윈스턴 처칠, 영화배우 오드리 헵번처럼 낯익은 이름도 있지만 대다수는 평범한 사람들이다. 쇼니바레는 이민자들이 결코 사회의 주변인이 아니라 사회를 같이 만들어가는 주체이며 크고 작은 사회적 공

런던 테이트 모던 미술관에 있는 영국 도서관이란 작품이다. (©권신영)

헌을 하고 있다는 메시지를 작품에 담아냈다.

위 작품에서 작가 쇼니바레는 도서관을 한 사회의 총체로 바라보고 있다. 이민자 역시 주체적인 존재라는 메시지를 잠시 옆으로 놓으면, 작가는 개개인의 삶을 이야기로 보고 살아가면서 각자 책 한 권을 쓰는 것이라고 이해하고 있다. 책등에 쓰인 이름은 책 제목이기도 하고 책의 저자이기도 한 셈이니 모든 사람이 자기 이야기를 담은 책 한 권을 도서관에 꽂아 넣는 셈이다. 이들의 이야기가 모이는 도서관, 이곳이 곧 한 사회가 되는 것이다.

그런 의미에서 영국 사회의 총체인 동시에 영국 이야기 문화의 최고 결정체인 영국 도서관이 새로운 미래를 도모하고 있다. 쇼니바레의 작품 말고, 테이트 모던 미술관에서 나와 템스강을 건너 북쪽으로 죽 올라가면 보이는 킹스 크로스 기차역 옆에 있는 '진짜' 영국 도서관 말이다. 거의 1억 7천만 개의 기록화된 목을 가진 영국 도서관은 양적인 측면에서 소장 도서 수가 현재 미국 의회 도서관과 전 세계 1, 2위를 차지하고 있다. 도서관 측 통계에 따르면 연간 이용자 수는 약 160만 명에 달한다.

영국 도서관은 내부를 확장하는 계획을 추진 중이다. 2023년 초 지역구 캠던 의회에서 1차 단계는 통과했다. 이 계획대로 시행된다면 우선 9,290제곱미터에 해당하는 주위 부지를 구입하고, 5억 파운드(한화 약 7,500억 원)를 투입해 건물을 추가로 건설할 예정이다. 2차 단계인 런던시 심사 과정에서 계획이 수정될 수도 있지만 현 계획은 갤러리와 공동체 정원(community garden), 디지털 및 인공지능 세 가지에 방점이 찍혀 있다.[193]

우선 도서관과 갤러리는 어색하게 들리지만 사실 익숙한 조합이다. 영국 도서관은 1753년에 태어날 때부터 영국 박물관(the British Museum)과 한 몸이었다. 설립 당시 책은 그림, 조각물, 그릇, 동전, 유물, 장신구와 마찬가지로 소장할 만한 가치가 높아 '수집한다'는 동사와 어울리는 물건이었기 때문이다. 하지만 200년이란 세월이 흐르는 동안 양쪽의 몸집이 비대해지면서 두 기관은 1970년대에 이르러 법적으로 분리되었고 도서관 측이 그 유명한 원형 열람실(reading room)을 박물관에 양보하고 현재 위치로 이사했다.

그런 영국 도서관이 다시 독자적인 전시 공간을 확보하려는 계획을 세웠다니, 도대체 무슨 생각을 하는 것일까? 나에게는 책이 다시 소장할 가치가 있는 사물, 즉 문화재로 전환되는 과정으로 보인다. 영국 도서관은 문화재급인 귀중본을 상당수 소장하고 있다. 레오나르도 다 빈치가 작성한 아이디어 노트, 4세기에 만들어진 세계에서 가장 오래된 성경 코덱스 시나이티쿠스(Codex Sinaiticus)를 비롯하여 각 시대를 풍미했던 작가들의 친필 메모장도 상당수 가지고 있다.

왕실이나 귀족이 개인 도서관을 통째로 기부하는 경우가 종종 있었고, 박물관과 한 몸이었던 탓인지 도서관도 일찌감치 도서를 수집하는 데 자본을 적극 투자한 덕이다. 현재도 상당한 수준의 상설 전시전이 도서관 1층에서 열리고 있다.

책 전시에서 한발 더 나아가 영국 도서관은 몇 년 전부터 주제가 담긴 콘텐츠를 손수 개발해 왔다. 1차 세계 대전, 예술과 아나키즘 같은 묵직한 주제뿐 아니라 책 안의 마법, 옛 과학책 속 그림, 동물을 소재로 펴낸 책, 신화의 역사, 만화 이야기, 클래식 및 대중음악 악보, 지도 이야기, 옛날 놀이와 장난감, 책 안의 사투리, 세계 종교 경전 등 출판물을 이용한 이야기를 주제로 전시회를 기획하기도 한다. 2010년대 후반에는 “셰익스피어에서 셜록(Shakespeare to Sherlock)” “위대한 작가들이 모이는 곳(Where Great Writers Gather)” “오스카 와일드의 풍경(Landscapes of Oscar Wilde)” 등을 주제로 중국에서 전시회까지 개최했다. 1억 7천만 개에 달하는 소장 인쇄물로 만들 수 있는 전시 기획안이 저자별·테마별·시대별로 거의 무한대이기 때문에 갤러리 공간을 충분히 확보한다면 박물관과는 또 다른 맛을 지닌 문화 콘텐츠가 될 수 있다.

책과 정원은 영국스러운 아이템의 만남이다. 새롭다면 공동체 정원이다. 공동체 정원이란 지역 주민들이 꽃과 나무를 함께 가꾸며 사회적 연대를 도모하는 대안적 미래 공간이다. 사실 영국 도서관은 중앙 도서관 격으로 주위 동네는 낄 틈이 없었다. 열람은 할 수 있으나 관외 대출이 되지 않고 전 세계 연구자들이 주로 사용하는 학구적인 공간으로 인근 주민들이 편안하게 드나들기에는 심리적 장벽이 꽤 높다. 과연 정원이란 공간을 통해서 영국 도서관이 지역성을 회복하고 지역 사회의 일원으로 어떤 역할을 할 수 있을지 기대되는 부분이다.

마지막이 책과 인공지능으로, 과연 어떻게 변화할지 예측이 쉽지 않다. 세계 최초로 컴퓨터를 만든 앨런 튜링의 이름을 딴 앨런 튜링 인스티튜트(Alen Turing Institute)를 도서관에 둘 것이라는 정도만 발표된 상태다.

영국 도서관이 미래로서 제시한 책, 갤러리, 정원, 그리고 인공지능. 이들은 어떤 화학 작용을 일으킬까. 아마도 책은 퇴물보다는 보물이 될 것 같다.

인용 정보 및 주

1 "London set to rival Beijing in "own sweet way"", Reuters, 2008년 8월 24일.

2 "Media reaction to London 2012 Olympic opening ceremony," BBC, 2012년 7월 28일.

3 https://www.pbfa.org/fairs. 2022년 3월 25일 마지막 접속.

4 https://www.pbfa.org/about. 2022년 3월 25일 마지막 접속.

5 Richard B. Sher, "Corporatism and Consensus in the Late Eighteenth-century Book Trade: The Edinburgh Booksellers' Society in Comparative Perspective," *Book History* 1 (1998); 34.

6 James Raven, *The Business of Books: Booksellers and the English Book Trade, 1450-1850* (Yale University Press, 2007), 20.

7 Andrew pettegree and Arthur der Weduwen, *Bookshop of the World: Making and Trading Boooks in the Dutch Golden Age* (Yale university Press, 2019), 266-278.

8 John Barnard, "London Publishing, 1640-1660: Crisis, Continuity, and Innovation," *Book History* 4 (2001): 1-7.

9 James Raven, *The Business of Books*, 342.

10 Amara Thornton, "John Murray," in *Archaeologists in Print* (UCL Press, 2018),128-48.

11 David McClay, "Darwin and His Publisher," *Science Progress (1933-)* 92, no. 3/4 (2009): 219-20.

12 John Murray, "Darwin and his Publisher," *Science Progress in the Twentieth Century (1906-1916)* 3, no. 12 (1909): 538.

13 David McClay, "Darwin and His Publisher": 222-23.

14 John Murray, "Darwin and his Publisher": 539.

15 John Murray, "Darwin and his Publisher": 540.

16 John Murray, "Darwin and his Publisher": 541.

17 John Murray, "Darwin and His Publisher": 537.

18 James Laven, *The Business of Books,* 3.

19 Graham Law, "'A Vile Way of Publishing': Gissing and Serials," *Victorian Review* 33,

no. 1 (2007): 71–74.

20 Julia McCord Chavez, "The Gothic Heart of Victorian Serial Fiction," *Studies in English Literature, 1500–1900* 50, no. 4 (2010): 791–810.

21 Jonathan Sutherland, *The Stanford Companion of Victorian Fiction* (Stanford University Press, 1990), 155.

22 https://www.stationers.org/company/history-and-heritage

23 Karen Nipps, "*Cum Privilegio:* Licensing of the Press Act of 1662," *The Library Quarterly: Information, Community, Policy* 84, no. 4 (2014): 495–496.

24 Lionel Bently and Jane C. Ginsburg, "'The Sole Right... Shall Return to the Authors': Anglo-American Authors' Reversion Rights from the Statute of Anne to Contemporary U.S. Copyright," *Berkeley Technology Law Journal* 25, no. 3 (2010): 1477–1481.

25 Richard B. Sher, *The Enlightenment and the Book, Scottish Authors and Their Publishers in Eighteenth-Century Britain, Ireland, and America* (University of Chicago Press, 2008), 288.

26 Mark Rose, "The Author as Proprietor: Donaldson v. Becket and the Genealogy of Modern Authorship," *Representations* no. 23 (1988): 56–85.

27 위와 같음.

28 Kathryn Sutherland, "Jane Austen's Dealings with John Murry and his Firm," *The Review of English Studies* 64, no. 263 (2013): 115.

29 Juliette Wells, *Reading Austen in America*, Bloomsbury academic, 2017.

30 Noel J. King, "Jane Austen in France," *Nineteenth-Century Fiction* 8, no. 1 (1953): 1–3.

31 Deazley, R. (2008) 'Commentary on *International Copyright Act* 1838', in *Primary Sources on Copyright (1450–1900)*, eds L. Bently & M. Kretschmer.

32 Steven Wilf, "Copyright and Social Movement in Late Nineteenth-Century America," *Faculty Articles and Papers 42* (2011): 131.

33 Eli Maclaren, *Dominion and Agency: Copyright and the Structuring of the Canadian Book Trade, 1867–1918* (University of Toronto Press, 2011), 16.

34 Steven Wilf, "Copyright and Social Movement in Late Nineteenth-Century America":132.

35 Michae Slater, "America Brought to Book, 1842," in *Charles Dickens* (Yale University press, 2009).

36 Steven Wilf, "Copyright and Social Movement in Late Nineteenth-Century America":

131–136.

37 R. Deazley, 'Commentary on *International Copyright Act* 1838', in *Primary Sources on Copyright (1450–1900)*, eds L. Bently & M. Kretschmer (2008).

38 Augus Fraser, "John Murray's Colonial and Home Library," *The Papers of the Bibliographical Society of America* 91, no. 3 (1997): 343–365.

39 Eli Maclaren, *Dominion and Agency,*16–20.

40 Amara Thornton, *Archiologists in Print* (UCL Press, 2018),148–150; Charles Morgan, *The House of Macmillan* (Macmillan, London: Macmillan, 1944).

41 위의 글.

42 https://www.cambridge.org/about-us/visit-bookshop/history-bookshop/

43 https://www.nature.com/nature/history-of-nature.

44 Jan Furgus and Ruth Portner, "Provincial Bookselling in Eighteenth-Century England: The Case of John Clay Reconsidered," *Studies in Bibliography*, 1987, Vol.40 (1987).

45 Edwin D.Hoffman, "The Bookshops of New York city, 1743–1948", *New York History* 30 no1 (1949): 53.

46 Edwin D.Hoffman, "The Bookshops of New York city, 1743–1948": 54.

47 Julie E. Bounford, *This Book is About Heffers: The Bookshop That is Known All Over the World* (Gottahavebooks, 2016), 27–29.

48 Julie E. Bounford, *This Book is About Heffers*, 91–104.

49 Lucy Delap, "Feminist Bookshops, Reading Cultures and the Women's Liberation Movement in Great Britain, c.1974–2000", *History Workshop Journal* no 81 (2016): 172–174.

50 Julie E. Bounford, *This Book is About Heffers: The Bookshop That is Known All Over the World*, 37–40, 67–70, 96–104.

51 "Blackwell book chain owner plans to hand firm over to staff," *The Guardian*, 2010년 9월 8일.

52 "Family owners put Blackwell's bookshops up for sale," *The Guardian*, 2022년 2월 1일.

53 "Waterstones acquires Blackwell's, the UK's biggest independent bookseller," *The Guardian*, 2022년 2월 28일.

54 Wallace Kirsop, "Booksellers and Their Customers: some Reflections on Recent Research," *Book History* 1 (1998): 294–295.

55 1970년대 영국 페미니즘 운동가들이 젠더 문제와 책을 결합시켜 '여성들의 책버스' (The Women's Bookbus)를 만들었다. Lucy Delap, "Feminist Bookshops, Reading Cultures and the Women's Liberation Movement in Great Britain, c.1974-2000", *History Workshop Journal* no 81 (2016), 185.

56 T.R. Glover, *David of Cambridge* (Cambridge: Cambridge University Press, 2015), 9.

57 https://specialcollections-blog.lib.cam.ac.uk/?p=13381

58 Shireen Huda, "The Major London Auction Houses," in *Pedigree and Panache: A History of the Art Auction in Australia* (ANU Press, 2008), 19-32, 28-30.

59 Ed Potten, "The Rest of the Iceberg: Reassessing Private Book Ownership in the Nineteenth Century," *Transactions of the Cambridge Bibliographical Society* 15, no. 3 (2014): 125-126.

60 Philip Connell, "Bibliomania: Book Collecting, Cultural Politics, and the Rise of Literary Heritage in Romantic Britain," *Representations* no. 71 (2000): 24-25.

61 Lee Erickson, "The Economy of Novel Reading: Jane Austen and the Circulating Library," *Studies in English Literature, 1500-1900* 30, no. 4 (1990): 574-580; Edward Jacobs, "Eighteenth-Century British Circulating Libraries and Cultural Book History," *Book History* 6 (2003): 2-3.

62 Lee Erickson, "The Economy of Novel Reading: Jane Austen and the Circulating Library": 573-90.

63 Guinevere L. Griest, "A Victorian Leviathan: Mudie's Select Library," *Nineteenth-Century Fiction* 20, no. 2 (1965): 103-106.

64 Lewis Roberts, "Trafficking in Literary Authority: Mudie's Select Library and the Commodification of the Victorian Novel," *Victorian Literature and Culture* 34, no. 1 (2006): 3-15.

65 Lewis Roberts, "Trafficking in Literary Authority: Mudie's Select Library and the Commodification of the Victorian Novel": 17-18.

66 Guinevere L. Griest, "A Victorian Leviathan: Mudie's Select Library": 109-110.

67 https://www.ucl.ac.uk/bloomsbury-project/institutions/mudie.htm

68 Guinevere L. Griest, "A Victorian Leviathan: Mudie's Select Library": 119-123.

69 Guinevere L. Griest, "A Victorian Leviathan: Mudie's Select Library": 109

70 영국 도서관 웹사이트 https://www.bl.uk/collections/early/victorian/yellow/yellow2.html

71 Guinevere L. Griest, "A Victorian Leviathan: Mudie's Select Library": 115-116.

72 Nicola Wilson, "Boots Book-Lovers' Library and the Novel: The Impact of a

Circulating Library Market on Twentieth-Century Fiction," *Information & Culture* 49, no. 4 (2014): 427-430.

73 https://www.bbc.com/travel/article/20201119-how-coffee-forever-changed-britain

74 George S. McCue, "Libraries of the London Coffeehouses," *The Library Quarterly: Information, Community, Policy* 4, no. 4 (1934): 624-27.

75 https://www.bbc.co.uk/programmes/b084zk6z

76 Nicholas Mason, "'The Sovereign People Are in a Beastly State': The Beer Act of 1830 and Victorian Discourse on Working-Class Drunkenness," *Victorian Literature and Culture* 29, no. 1 (2001): 111- 122.

77 Richard N. Price, "The Working Men's Club Movement and Victorian Social Reform Ideology," *Victorian Studies* 15, no. 2 (1971): 117-47.

78 Alistair Black, "The Library as Clinic: A Foucauldian Interpretation of British Public Library Attitudes to Social and Physical Disease, ca. 1850-1950," *Libraries & Culture* 40, no. 3 (2005): 416-434.

79 Lewis C. Roberts, "Disciplining and Disinfecting Working-Class Readers in the Victorian Public Library," *Victorian Literature and Culture* 26, no. 1 (1998): 105-122.

80 Historic England, *The English Public Library, 1850-1939* (English Heritage, 2014); 2.

81 위의 글., 3.

82 Alistair Black, "False Optimism: Modernity, Class, and the Public Library in Britain in the 1960s and 1970s," *Libraries & Culture* 38, no. 3 (2003): 201-209.

83 영화 〈건지 감자껍질파이 북클럽〉 중 네 살짜리 어린 소녀 키트의 대사.

84 Zulmara Cline and Juan Necochea, "My Mother Never Read to Me," *Journal of Adolescent & Adult Literacy* 47, no. 2 (2003): 122-26.

85 Robin Bernstein, ""You Do It!": Going-to-Bed Books and the Scripts of Children's Literature," *PMLA*. 135 (5) (2020): 878-880.

86 Shirley Brice Heath, "What No Bedtime Story Means: Narrative Skills at Home and School," *Language in Society* 11, no. 1 (1982): 49-76.

87 'It's not just you who does the jail sentence, it's the whole family', *The Guardian,* 2019년 3월 19일

88 위 기사.

89 위 기사

90 2017년 8월 영국 법무부 로드 파머(Lord Farmer)가 작성한 보고서. "The Importance of Strengthening Prisoners' Family Ties to Prevent Reoffending and Reduce

intergenerational Crime,"

91 https://www.stratfordliteraryfestival.co.uk/outreach/workshops-in-prisons

92 https://www.stratfordliteraryfestival.co.uk/outreach/workshops-in-prisons

93 영화 〈건지 감자껍질파이 북클럽〉 중 여주인공 작가가 책 읽는 우체국 소년에게 건네는 말.

94 2020년 영국 정부 통계(Office for National Statistics). 원예 산업 연합 (Horticultural Trade Association)에 따르면 영국 전체 인구 6700만 중 가드닝을 하는 인구는 약 2700만 명이다. 2019년 가드닝 시장 규모는 약 45조이고 약 67만 명이 가드닝 산업에 종사하고 있다.

95 "Phonics method helps close attainment gap, study finds," *The Guardian*, 2016년 4월 24일; "Focus on phonics to teaching reading is 'failing children', says landmark study," *The Guardian,* 2022년 1월 19일.

96 미국 텍사스 주립대 도서관 웹페이지 참조. https://libguides.tamut.edu/caldecott/history

97 Anne H. Lundin, "Victorian Horizons: The Reception of Children's Books in England and America, 1880-1900," *The Library Quarterly: Information, Community, Policy* 64, no. 1 (1994): 34-36.

98 영국 도서관 웹페이지 참조. https://www.bl.uk/collection-items/the-lilliputian-magazine

99 영국 도서관 웹사이트 https://www.bl.uk/romantics-and-victorians/articles/the-origins-of-childrens-literature

100 이 분야를 선구적으로 개척한 책이 Phillipe Aries, *Centuries of Childhood: A Social History of Family Life* (1962).

101 Bette P. Goldstone, "Views of Childhood in Children's Literature Over Time," *Language Arts* 63, no. 8 (1986): 791-798.

102 J. H. Plumb, "The New World of Children in Eighteenth-Century England," *Past & Present*, no. 67 (1975): 64-67.

103 Bette P. Goldstone, "Views of Childhood in Children's Literature Over Time": 793-795.

104 J. H. Plumb, "The New World of Children in Eighteenth-Century England": 64-95.

105 M. O. Grenby, "Adults Only? Children and Children's Books in British Circulating Libraries, 1748-1848," *Book History* 5 (2002): 31-33.

106 E.P. Thompson, *The Making of the English Working Class* (NY, 1963), 349.

107 Jane Humphries, "Childhood and Child Labour in the British Industrial Revolution," *The Economic History Review* 66, no. 2 (2013): 400-401.

108 Robert B. Bain, "Children and the Industrial Revolution: Changes in Policy," *OAH Magazine of History* 15, no. 1 (2000): 52.

109 Robert B. Bain, "Children and the Industrial Revolution: Changes in Policy": 54.

110 E.P. 톰슨, 『영국 노동계급의 형성 상』, 창작과 비평사 (2000), 459-482.

111 뉴 래너크에 대한 자세한 설명은 https://www.newlanark.org/introducing-robert-owen

112 영국 기록 보존소 https://www.nationalarchives.gov.uk/education/resources/1833-factory-act/

113 Bette P. Goldstone, "Views of Childhood in Children's Literature Over Time," Language Arts 63, no. 8 (1986): 795.

114 Marjory Lang, "Childhood's Champions: Mid-Victorian Children's Periodicals and the Critics," Victorian Periodicals Review 13, no. 1/2 (1980): 17.

115 Marjory Lang, "Childhood's Champions: Mid-Victorian Children's Periodicals and the Critics": 23-26.

116 David Vincent, "The Progress of Literacy," Victorian Studies 45, no. 3 (2003): 413-414.

117 M. O. Grenby, "Adults Only? Children and Children's Books in British Circulating Libraries, 1748-1848": 24-26.

118 Newbery 역대 수상 작품은 웹사이트를 통해 확인 가능하다. https://abqlibrary.org/newbery/All

119 영화 〈건지 감자껍질파이 북클럽〉 중 남자 주인공이 영국 18-19세기 작가 찰스 램의 에세이를 좋아하는 이유.

120 Tara Moore, "Christmas Books and Victorian Book Reviewing," Victorian Periodicals Review 45, no. 1 (2012): 49-50.

121 Tara Moore, "Christmas Books and Victorian Book Reviewing": 52-54.

122 Laurel Brake, "Literary Criticism and the Victorian Periodicals," The Yearbook of English Studies 16 (1986): 108.

123 Tara Moore, "Christmas Books and Victorian Book Reviewing": 50.

124 Laurel Brake, "Literary Criticism and the Victorian Periodicals": 108-109.

125 조지 오웰 재단 홈페이지. https://www.orwellfoundation.com/the-orwell-foundation/orwell/essays-and-other-works/confessions-of-a-book-reviewer/

126 George Orwell, "Confessions of a Book Reviewer," Tribune (1946년 5월 3일).

127 조지 오웰의 생애는 오웰 재단 웹사이트에서 알 수 있다. https://www.orwellfoundation.com/

128 George Orwell, "Bookshop Memories," Fortnightly (1936년 11월).

129 "For what am I fighting?": George Orwell on Arthur Koestler's "Darkness at Noon,"

New Statesman (2013년 1월 13일).

130 George Orwell, "Why I write," Gangrel no. 4 (1946).

131 Booker 상 재단 웹페이지 https://thebookerprizes.com/the-booker-library/features/calling-all-book-clubs-join-our-booker-prize-book-club-challenge

132 https://thebookerprizes.com/the-booker-library/features/meet-the-official-booker-prize-2022-book-clubs

133 "Marcus Rashford: my life was far from fairy tale", The Guardian, 2021년 12월 11일.

134 https://literacytrust.org.uk/news/help-us-support-the-383775-children-who-dont-have-a-book-this-christmas/

135 "Marcus Rashford launches book club for disadvantaged children", BBC (2021년 4월 19일)

136 K. A. Manley, "Rural Reading in Northwest England: The Sedbergh Book Club, 1728-1928," Book History 2 (1999): 78-95.

137 L. A. Pars, "The Jesus Book Club," Transactions of the Cambridge Bibliographical Society 5, no. 2 (1970): 132-37.

138 K. A. Manley, "Rural Reading in Northwest England: The Sedbergh Book Club, 1728-1928": 89-90.

139 Dalton 북클럽 홈페이지 https://daltonbookclub.org/

140 심지어 지역 공공 도서관도 가입했다. 이들은 서점에서 20% 할인으로 구매했지만 '이 달의 책'을 통해 사는게 더 쌌다. William Webb, "Libraries and the Book-of-the-month Club," Bulletin of the American Library Association 28, no 4, 1934; 212.

141 Joseph W. Kappel, "Book Clubs and the Evaluation of Books," The Public Opinion Quarterly 12, no.2 (1948); 244-252.

142 Matthew Fishburn, "Books Are Weapons: Wartime Responses to the Nazi Bookfires of 1933," Book History 10 (2007): 223-224.

143 Matthew Fishburn, "Books Are Weapons": 239-242.

144 Gordon Barrick Neavill, "Victor Gollancz and the Left Book Club," The Library Quarterly: Information, Community, Policy 41, no. 3 (1971): 197-199.

145 Stuart Samuels, "The Left Book Club," Journal of Contemporary History 1, no. 2 (1966): 65-67.

146 Gordon Barrick Neavill, "Victor Gollancz and the Left Book Club," (1971): 200-201.

147 Stuart Samuels, "The Left Book Club," (1966): 72-77.

148 Joseph W. Kappel, "Book Clubs and the Evaluation of Books," The Public Opinion

Quarterly 12, no.2 (1948); 243–244.

149 위와 같음

150 Bernhard Dietz, "The Neo-Tories and Europe: A Transnational History of British Radical Conservatism in the 1930s," Journal of Modern European History 15, no.1 (2017); 85–100.

151 Dan Stone, "The English Mistery, the BUF, and the Dilemmas of British Fascism," The Journal of Modern History 75, no. 2 (2003): 341–344.

152 2021년 화재때 책은 소실되었고 테이블은 연기와 물로 손상되었다. 주인은 BBC와의 인터뷰에서 테이블은 복구가 가능하다고 했다. https://www.bbc.com/news/uk-scotland-edinburgh-east-fife-58737507

153 June Hargrove, "Qui Vive? France! War Monuments from the Defense to the Revanche," Studies in the History of Art 68 (2005): 54–82.

154 Randall McGowen, "Civilizing Punishment: The End of the Public Execution in England," Journal of British Studies 33, no. 3 (1994): 260–263.

155 Stanley M. Max, "Tory Reaction to the Public Libraries Bill, 1850," The Journal of Library History (1974–1987) 19, no. 4 (1984): 506–508.

156 Susanna Avery-Quash, "Making Britain Healthy, Wealthy and Wise: Henry Cole and the Society of Arts," RSA Journal 146, no. 5487 (1998): 126–129.

157 https://www.english-heritage.org.uk/visit/blue-plaques/about-blue-plaques/history-of-blue-plaques/

158 Miles Glendinning, "The Conservation Movement: A Cult of the Modern Age," Transactions of the Royal Historical Society 13 (2003): 359–376.

159 John Pendlebury and Strange Ian, "Centenary Paper: Urban Conservation and the Shaping of the English City," The Town Planning Review 82, no. 4 (2011): 363.

160 Pendlebury and Ian, "Centenary Paper: Urban Conservation and the Shaping of the English City": 365–375.

161 https://www.english-heritage.org.uk/visit/blue-plaques/blue-plaque-stories/eugenics/

162 https://www.british-history.ac.uk/vch/cambs/vol5/pp198-214

163 "Rock star whose lyrics defined a landscape enlisted to help save meadows," Guardian, 2003년 6월 29일.

164 과수원 웹페이지 https://www.theorchardteagarden.co.uk/our-history/

165 Letter from Vanessa Stephen Bell to Clive Bell

166 S.P. Rosenbaum, "Preface to a Literary History of the Bloomsbury Group," New

Literary History 12, No.2 (1981): 332. 블룸즈버리 그룹은 1956년에 마지막 모임을 가졌다.

167 S.P. Rosenbaum, "Preface to a Literary History of the Bloomsbury Group" (1981): 333.

168 https://www.english-heritage.org.uk/visit/blue-plaques/john-maynard-keynes/

169 Bertrand Russell, Autobiography (London: Routledge,2000), 67.

170 영국 도서관 웹사이트에는 블룸즈버리그룹과 1910년 인상파 전시회의 관계에 대한 설명이 있다. https://www.bl.uk/20th-century-literature/articles/culture-quake-the-post-impressionist-exhibition-1910

171 https://archive.nytimes.com/www.nytimes.com/books/first/h/hale-friends.html

172 https://www.cam.ac.uk/research/news/going-with-the-slow-flow

173 Gill Lowe, "Wild swimming" in Virginia Woolf and the Natural World (Liverpool University Press, 2011), 111.

174 Gill Lowe, "Wild swimming," 108.

175 Kathryn Rountree, "Localizing Neo-Paganism: integrating global and indigenous traditions in a Mediterranean Catholic society," The Journal of the Royal Anthropological Institute 17, no. 4 (2011): 846-847.

176 Ruth Livesey, "Socialism in Bloomsbury: Virginia Woolf and the Political Aesthetics of the 1880s," The Yearbook of English Studies 37, no.1 (2007): 126-128.

177 Paul Delany, ""Mr Noon" and Modern Paganism," The D.H. Lawrence Review 20, no.2 (1988).

178 이들 인적 사항은 케임브리지대 킹스 칼리지 웹사이트에 있다. https://www.kings.cam.ac.uk/archive-centre/introduction-to-archives/biographies

179 Austin Robinson, "John Maynard Keynes 1883-1946," The Economic Journal 57, no. 225 (1947): 14.

180 블룸즈버리 그룹은 1차 세계대전으로 흐지부지된 그룹을 다시 세우기 위해 1920년 "회고록 클럽" (The Memoir club)을 만들었다. 이 글은 케인스가 회고록 클럽에 제출할 목적으로 1938년에 썼으나 사후1949년에 발표되었다.

181 Peter V. Mini, "The Anti-Benthamism of J.M.Keynes: Implications for the General Theory," The American Journal of Economics and Sociology 50, no.4 (1991): 454.

182 Ray Monk, "He was the most revered philosopher of his era. So why did GE Moore disappear from history?" Prospect, 2020년 4월 3일.

183 Badley W. Bateman, "G.E. Moore and J.M. Keynes: A Missing Chapter in the History of the Expected Utility Model," The Ameirican Economic Review 78, no.5 (1988):1098.

184 Badley W. Bateman, "G.E. Moore and J.M. Keynes" (1988):1100.

185 Michele Barrett, "Virginia Woolf's Research for "Empire and Commerce in Africa (Leonard Woolf, 1920," Woolf Studies Annuals 19 (2013):83-122.

186 Ruth Livesey, "Socialism in Bloomsbury: Virginia Woolf and the Political Aesthetics of the 1880s," The Yearbook of English Studies 37, no.1 (2007).

187 Laura Moss Gottlieb, "The War between the Woolfs," in Virginia Woolf and Bloomsbury (London: Palgrave Macmillan, 1987), 242.

188 Anthony Fletcher, "Patriotism, Identity, and Commemoration," History 90, no.4 (2005).

189 현재 오래된 사제관(Old Vicarage) 와 방앗간집(Mill House)은 문화재 (Grade II)로 지정되어 있다. 소유도 개인 소유이고 사람이 거주할 수 있지만 단, 외관 변경은 불가능하며 내부 수리도 허가받아야 한다.

190 Laurence Goldstein, Clear and Queer Thinking (Rowman & Littlefield, 1999), 179.

191 "Wittgenstien: Letter to Bertrand Russell (1919)," Harvard Review, no. 47 (2015): 13.

192 "In praise of··· Wittgenstin," The Guardian, 2011년 4월 27일.

193 "Green light given for huge British Library extension," The Guardian, 2023년 2월 3일

참고문헌

저서 및 논문

Aries, Phillipe. Centuries of Childhood: A Social History of Family Life. Alfred A. Knopf, New York, 1962.

Avery-Quash, Susanna. "Making Britain Healthy, Wealthy and Wise: Henry Cole and the Society of Arts." RSA Journal 146, no. 5487 (1998): 126-129.

Bain, Robert B. "Children and the Industrial Revolution: Changes in Policy." OAH Magazine of History 15, no. 1 (2000): 48-56.

Barnard, John. "London Publishing, 1640-1660: Crisis, Continuity, and Innovation." Book History 4 (2001): 1-16.

Barrett, Michele. "Virginia Woolf's Research for "Empire and Commerce in Africa (Leonard Woolf, 1920." Woolf Studies Annuals 19 (2013): 83-122.

Bateman, Badley W. "G.E. Moore and J.M. Keynes: A Missing Chapter in the History of the Expected Utility Model." The Ameirican Economic Review 78, no.5 (1988): 1098-1106.

Bently, Lionel and Jane C. Ginsburg. "'The Sole Right... Shall Return to the Authors': Anglo-American Authors' Reversion Rights from the Statute of Anne to Contemporary U.S. Copyright." Berkeley Technology Law Journal 25, no. 3 (2010): 1475-1599.

Bernstein, Robin. ""You Do It!": Going-to-Bed Books and the Scripts of Children's Literature." PMLA. 135 (5) (2020): 877-894.

Black, Alistair. "The Library as Clinic: A Foucauldian Interpretation of British Public Library Attitudes to Social and Physical Disease, ca. 1850-1950." Libraries & Culture 40, no. 3 (2005): 416-434.

Black, Alistair. "False Optimism: Modernity, Class, and the Public Library in Britain in the 1960s and 1970s." Libraries & Culture 38, no. 3 (2003): 201-213.

Bounford, Julie E. This Book is About Heffers: The Bookshop That is Known All Over the World. Gottahavebooks, 2016.

Brake, Laurel. "Literary Criticism and the Victorian Periodicals." The Yearbook of English Studies 16 (1986): 92–116.

Chavez, Julia. "The Gothic Heart of Victorian Serial Fiction." Studies in English Literature, 1500–1900 50, no. 4 (2010): 791–810.

Cline, Zulmara and Juan Necochea. "My Mother Never Read to Me." Journal of Adolescent & Adult Literacy 47, no. 2 (2003): 122–126.

Connell, Philip. "Bibliomania: Book Collecting, Cultural Politics, and the Rise of Literary Heritage in Romantic Britain." Representations no. 71 (2000): 24–47.

Deazley, R. (2008) 'Commentary on International Copyright Act 1838.' In Primary Sources on Copyright (1450–1900), eds L. Bently & M. Kretschmer.

Delany, Paul. ""Mr Noon" and Modern Paganism." The D.H. Lawrence Review 20, no.2 (1988): 251–161.

Delap, Lucy. "Feminist Bookshops, Reading Cultures and the Women's Liberation Movement in Great Britain, c.1974–2000." History Workshop Journal no 81 (2016): 171–196.

Dietz, Bernhard. "The Neo-Tories and Europe: A Transnational History of British Radical Conservatism in the 1930s." Journal of Modern European History 15, no.1 (2017): 85–108.

Erickson, Lee. "The Economy of Novel Reading: Jane Austen and the Circulating Library." Studies in English Literature, 1500–1900 30, no. 4 (1990): 573–590.

Fishburn, Matthew. "Books Are Weapons: Wartime Responses to the Nazi Bookfires of 1933." Book History 10 (2007): 223–251.

Fletcher, Anthony. "Patriotism, Identity, and Commemoration." History 90, no.4 (2005): 532–549.

Fraser, Augus. "John Murray's Colonial and Home Library." The Papers of the Bibliographical Society of America 91, no. 3 (1997): 339–408.

Furgus, Jan and Ruth Portner. "Provincial Bookselling in Eighteenth-Century England: The Case of John Clay Reconsidered." Studies in Bibliography, Vol.40 (1987): 147–163.

Glendinning, Miles. "The Conservation Movement: A Cult of the Modern Age." Transactions of the Royal Historical Society 13 (2003): 359–376.

Glover, T.R. David of Cambridge. Cambridge: Cambridge University Press, 2015.

Goldstein, Laurence. Clear and Queer Thinking. Rowman & Littlefield, 1999.

Goldstone, Bette P. "Views of Childhood in Children's Literature Over Time." Language

Arts 63, no. 8 (1986): 791–798.

Gottlieb, Laura Moss "The War between the Woolfs." In Virginia Woolf and Bloomsbury. London: Palgrave Macmillan, 1987.

Grenby, M. O. "Adults Only? Children and Children's Books in British Circulating Libraries, 1748–1848." Book History 5 (2002): 19–38.

Griest, Guinevere L. "A Victorian Leviathan: Mudie's Select Library." Nineteenth–Century Fiction 20, no. 2 (1965): 103–126.

Hargrove, June. "Qui Vive? France! War Monuments from the Defense to the Revanche." Studies in the History of Art 68 (2005): 54–81.

Heath, Shirley Brice. "What No Bedtime Story Means: Narrative Skills at Home and School." Language in Society 11, no. 1 (1982): 49–76.

Historic England. The English Public Library, 1850–1939. English Heritage, 2014.

Hoffman, Edwin D. "The Bookshops of New York city, 1743–1948." New York History 30 no1 (1949): 53–65.

Huda, Shireen. "The Major London Auction Houses." In Pedigree and Panache: A History of the Art Auction in Australia. ANU Press, 2008.

Humphries, Jane. "Childhood and Child Labour in the British Industrial Revolution." The Economic History Review 66, no. 2 (2013): 395–418.

Jacobs, Edward. "Eighteenth–Century British Circulating Libraries and Cultural Book History." Book History 6 (2003): 1–22.

Kappel, Joseph W. "Book Clubs and the Evaluation of Books." The Public Opinion Quarterly 12, no.2 (1948): 243–252.

King, Noel J. "Jane Austen in France." Nineteenth–Century Fiction 8, no. 1 (1953): 1–26.

Kirsop, Wallace. "Booksellers and Their Customers: some Reflections on Recent Research." Book History 1 (1998): 283–303.

Lang, Marjory. "Childhood's Champions: Mid–Victorian Children's Periodicals and the Critics." Victorian Periodicals Review 13, no. 1/2 (1980): 17–31.

Law, Graham. "'A Vile Way of Publishing': Gissing and Serials." Victorian Review 33, no. 1 (2007): 71–86.

Livesey, Ruth. "Socialism in Bloomsbury: Virginia Woolf and the Political Aesthetics of the 1880s." The Yearbook of English Studies 37, no.1 (2007): 126–144.

Lowe, Gill. "Wild swimming" in Virginia Woolf and the Natural World. Liverpool University Press, 2011.

Lundin, Anne H. "Victorian Horizons: The Reception of Children's Books in England and America, 1880-1900." The Library Quarterly: Information, Community, Policy 64, no. 1 (1994): 30-59.

Maclaren, Eli. Dominion and Agency: Copyright and the Structuring of the Canadian Book Trade, 1867-1918. University of Toronto Press, 2011.

Manley, K. A. "Rural Reading in Northwest England: The Sedbergh Book Club, 1728-1928." Book History 2 (1999): 78-95.

Mason, Nicholas. "'The Sovereign People Are in a Beastly State': The Beer Act of 1830 and Victorian Discourse on Working-Class Drunkenness." Victorian Literature and Culture 29, no. 1 (2001): 109-127.

Max, Stanley M. "Tory Reaction to the Public Libraries Bill, 1850," The Journal of Library History (1974-1987) 19, no. 4 (1984): 504-524.

McClay, David. "Darwin and His Publisher." Science Progress (1933-) 92, no. 3/4 (2009): 211-240.

McCue, George S. "Libraries of the London Coffeehouses." The Library Quarterly: Information, Community, Policy 4, no. 4 (1934): 624-627.

McGowen, Randall. "Civilizing Punishment: The End of the Public Execution in England." Journal of British Studies 33, no. 3 (1994): 257-282.

Mini, Peter V. "The Anti-Benthamism of J.M.Keynes: Implications for the General Theory." The American Journal of Economics and Sociology 50, no.4 (1991): 453-468.

Moore, Tara. "Christmas Books and Victorian Book Reviewing." Victorian Periodicals Review 45, no. 1 (2012): 49-63.

Morgan, Charles. The House of Macmillan. London: Macmillan, 1944.

Murray, John. "Darwin and his Publisher." Science Progress in the Twentieth Century (1906-1916) 3, no. 12 (1909): 289-295.

Neavill, Gordon Barrick. "Victor Gollancz and the Left Book Club." The Library Quarterly: Information, Community, Policy 41, no. 3 (1971): 197-215.

Nipps, Karen. "Cum Privilegio: Licensing of the Press Act of 1662." The Library Quarterly: Information, Community, Policy 84, no. 4 (2014): 494-500.

Orwell, George. "Bookshop Memories." Fortnightly (November,1936).

Orwell, George. "Why I write." Gangrel no. 4 (1946).

Orwell, George. "Confessions of a Book Reviewer." Tribune (May 3, 1946).

Pars, L. A. "The Jesus Book Club." Transactions of the Cambridge Bibliographical Society

5, no. 2 (1970): 132–137.

Pendlebury, John and Strange Ian. “Centenary Paper: Urban Conservation and the Shaping of the English City.” The Town Planning Review 82, no. 4 (2011): 361–392.

Pettegree, Andrew and Arthur der Weduwen. Bookshop of the World: Making and Trading Boooks in the Dutch Golden Age. Yale university Press, 2019.

Plumb, J. H. “The New World of Children in Eighteenth-Century England.” Past & Present, no. 67 (1975): 64–95.

Potten, Ed. “The Rest of the Iceberg: Reassessing Private Book Ownership in the Nineteenth Century.” Transactions of the Cambridge Bibliographical Society 15, no. 3 (2014):125–149.

Price, Richard N. “The Working Men’s Club Movement and Victorian Social Reform Ideology.” Victorian Studies 15, no. 2 (1971): 117–147.

Raven, James. The Business of Books: Booksellers and the English Book Trade, 1450–1850. Yale University Press, 2007.

Roberts, Lewis C. “Disciplining and Disinfecting Working-Class Readers in the Victorian Public Library.” Victorian Literature and Culture 26, no. 1 (1998): 105–132.

Roberts, Lewis. “Trafficking in Literary Authority: Mudie’s Select Library and the Commodification of the Victorian Novel.” Victorian Literature and Culture 34, no. 1 (2006): 1–25.

Robinson, Austin. “John Maynard Keynes 1883–1946.” The Economic Journal 57, no. 225 (1947): 495–518.

Rose, Mark. “The Author as Proprietor: Donaldson v. Becket and the Genealogy of Modern Authorship.” Representations no. 23 (1988): 51–85.

Rosenbaum, S.P. “Preface to a Literary History of the Bloomsbury Group.” New Literary History 12, No.2 (1981): 329–344.

Rountree, Kathryn. “Localizing Neo-Paganism: integrating global and indigenous traditions in a Mediterranean Catholic society.” The Journal of the Royal Anthropological Institute 17, no. 4 (2011): 846–872.

Russell, Bertrand. Autobiography. London: Routledge, 2000.

Samuels, Stuart. “The Left Book Club.” Journal of Contemporary History 1, no. 2 (1966): 65–86.

Sher, Richard B. “Corporatism and Consensus in the Late Eighteenth-century Book Trade: The Edinburgh Booksellers’ Society in Comparative Perspective.” Book History

1 (1998): 32-93.

Sher, Richard B. The Enlightenment and the Book, Scottish Authors and Their Publishers in Eighteenth-Century Britain, Ireland, and America. Chicago; University of Chicago Press, 2008.

Slater, Michael. "America Brought to Book, 1842." In Charles Dickens. Yale University press, 2009.

Stone, Dan. "The English Mistery, the BUF, and the Dilemmas of British Fascism." The Journal of Modern History 75, no. 2 (2003): 336-358.

Sutherland, Jonathan. The Stanford Companion of Victorian Fiction. Stanford University Press, 1990.

Sutherland, Kathryn. "Jane Austen's Dealings with John Murray and his Firm." The Review of English Studies 64, no. 263 (2013): 105-126.

Thompson, E.P. The Making of the English Working Class. Victor Gollancz, 1963.

Thornton, Amara. "John Murray." In Archaeologists in Print. UCL Press, 2018.

Thornton, Amara. Archiologists in Print. UCL Press, 2018.

Vincent, David. "The Progress of Literacy." Victorian Studies 45, no. 3 (2003): 405-431.

Webb, William. "Libraries and the Book-of-the-month Club." Bulletin of the American Library Association 28, no 4 (1934): 212-213.

Wells, Juliette. Reading Austen in America. Bloomsbury academic, 2017.

Wilf, Steven. "Copyright and Social Movement in Late Nineteenth-Century America." Faculty Articles and Papers 42 (2011): 123-160.

Wilson, Nicola. "Boots Book-Lovers' Library and the Novel: The Impact of a Circulating Library Market on Twentieth-Century Fiction." Information & Culture 49, no. 4 (2014): 427-449.

웹사이트

그란체스터 과수원. https://www.theorchardteagarden.co.uk/our-history/

뉴 래너크. https://www.newlanark.org/introducing-robert-owen

돌턴 (Dalton) 북클럽. https://daltonbookclub.org/

부커상 (Booker) 재단. https://thebookerprizes.com

영국 기록 보존소. https://www.nationalarchives.gov.uk

영국 도서관. https://www.bl.uk

영국 BBC. https://www.bbc.co.uk

잉글리시 헤리티지. https://www.english-heritage.org.uk/

잡지 〈네이처〉. https://www.nature.com/nature/history-of-nature.

조지 오웰 재단. https://www.orwellfoundation.com

책 읽는 사람, 만드는 사람, 파는 사람
: 영국의 책사랑은 어떻게 문화가 되었나

초판 1쇄 2023년 10월 27일
초판 3쇄 2024년 6월 21일
지은이 권신영
편집 이푸른
디자인 유리악어
펴낸이 이채진
펴낸곳 틈새의시간
출판등록 2020년 4월 9일 제406-2020-000037호
주소 경기도 파주시 하늘소로16, 105-204
전화 031-939-8552
이메일 gaptimebooks@gmail.com
ISBN 979-11-983875-5-4(03300)